지금 중요한 것은
무엇인가

What Matters Now by Gary Hamel

Copyright ⓒ 2012 by Gary Hamel
All rights reserved. This translation published under license.
Korean translation copyright ⓒ2012 by Sigongsa Co., Ltd.
Korean translation rights are arranged with John Wiley & Sons International Rights, Inc.
through Amo Agency, Seoul, Korea

이 책의 한국어판 저작권은 아모 에이전시를 통해 저작권자와 독점 계약한 시공사에 있습니다.
신 저작권법에 의해 한국 내에서 보호를 받는 저작물이므로 무단 전재와 무단 복제를 금합니다.

WHAT NOW MATTERS

게리 해멀이 던지는 비즈니스의 5가지 쟁점

지금 중요한 것은 무엇인가

게리 해멀 지음 | 방영호 옮김 | 강신장 감수

GARY HAMEL

알키

| 감수의 글 |

인간의 얼굴을 한 경영

빅뱅의 시대

1976년 즉석카메라 업체 폴라로이드는 필름 업체의 챔피언 이스트먼코닥을 특허 침해 소송에 끌어들였다. 16년간의 소송에서 승리한 폴라로이드는 코닥으로부터 8억 7,300만 달러라는 천문학적인 배상액을 얻어냈지만 11년 뒤인 2001년 파산하고 말았다. 패자인 코닥 역시 2012년 초 파산했다.

휴대전화 시장의 절대 강자 노키아는 2009년 10월 애플과의 특허권 소송에서 승리하여 막대한 특허 라이선스 수익을 얻어냈다. 하지만 이제 스마트폰 시장에서 후발 주자로 밀려나 존폐의 기로에 서 있다.

폴라로이드, 코닥, 노키아와 같은 세계적인 기업들은 최고의 인재들을 두고 있었고 지속적인 혁신을 해왔음에도 불구하고, 이미 사라져버렸거나 절체절명의 위기에 처해 있다. 같은 일들이 포드, GM 같은 미국 기업과 소니, 샤프, 파나소닉, 닌텐도 같은 일본의 명문 기업들에게서 벌어지고 있다. 절대 강자라고 불려왔던 강력한 기업들이 순식간에 나락으로 추락하는 '빅뱅의 시대'가 온 것이다.

초월의 시대

대한민국은 오랜 식민 지배와 전쟁을 거쳐 모든 여건이 가장 피폐한 최악의 상황에서 출발했지만, 지난 50년 동안의 피땀 어린 노력을 통해 산업화-민주화-정보화라는 선진국의 조건, 즉 트리플 크라운을 달성했다. 그 결과 2012년에는 세계에서 일곱 번째로 50-20클럽(인구 5,000만 명 이상+국민소득 2만 달러 이상)에 가입하는 쾌거를 이루었다.

우리는 세계에서 가장 치열한 교육열로 수많은 인재를 양성했고 이를 기반으로 선진 기업과 선진 제품을 넘어서는 추월전을 전개하여 대성공을 이룩했다. 하지만 추월의 시대는 끝났다. 더 이상 카피할 것도, 벤치마킹할 대상도 없어졌다. 이제 우리 스스로가 최초가 되어 새로운 카테고리를 창조해야 하는 '초월超越의 시대'를 맞게 된 것이다.

인문의 시대

최근 만난 말 중에서 가장 강렬했던 것은 고故 스티브 잡스의 이야기였다.

"소크라테스와 점심을 함께할 수 있다면, 애플이 가진 모든 기술을 그것과 바꾸겠다."

소크라테스가 상징하는 것은 인문의 세계이다. 세계 최고의 기업 애플의 CEO였던 그가 자신들이 지닌 기술을 모두 걸겠다는, 다소 과격해 보이는 이 말을 한 까닭은 간단하다. 그 말 속에는 '인간에 대한 진심 어린 이해와 동정'이 그 어떤 기술보다 중요하다는 뜻이 담겨 있다.

애플은 1976년 최초의 컴퓨터 애플 I 으로부터 시작하여 아이팟, 아이폰, 아이패드까지, 야구선수로 치면 대략 10타수 9안타 정도 되는 전대미문의 기록을 올렸다. 첫 제품부터 애플을 이끌어온 힘은 바로 인문의 힘이었다고 고인이 된 스티브 잡스는 말하고 있다.

"애플은 변함없이 인문학과 기술의 교차점에 서 있었다."

이제 우리의 미래는 어쩌면 사람을 보는 힘, 마음을 보는 힘, 즉 인문의 힘을 얼마나 지니고 있느냐에 달려 있는 것인지도 모른다. 그야말로 '인문의 시대'가 도래한 것이다.

이 책의 가치

내가 본 이 책의 첫 번째 가치는 빅뱅의 시대, 초월의 시대, 인문의 시대라는 전환점에 처한 한국의 경영자들에게 강력하고도 종합적이며 통찰적인 처방을 주고 있다는 점이다. 게리 해멀은 이 책에서 빅뱅의 파도를 피하면서 새로운 카테고리를 만드는 초월전을 구사하고, 나아가 자율과 고귀한 가치에 기반을 둔 인본주의적 경영을 고민할 수 있는 절호의 기회를 알려주고 있다.

이 책의 분명하고도 탁월한 두 번째 가치는 제목처럼 우리에게 '지금 중요한 것은 무엇인가 what matters now'를 알려준다는 것이다. 경영을 하는 사람들뿐만 아니라 우리 모두는 당장 눈앞에 펼쳐진 일들로 인해 너무 바쁘다. 너무 바빠서 정작 지금 내게 가장 중요한 것이 무엇인지 잘 찾기 어렵다. 만약 이 질문에 좋은 답을 찾게 된다면, 그 답은 분명 당신을 움직일 것이다. 호기심의 스위치를 올리고, 열정의 등불을 켜게 만들 것이라고 믿는다.

이 책에서는 운 좋게도 세계 최고의 경영 고수가 찾아낸 멋진 화두 다섯 가지, 즉 '가치$_{Values}$', '혁신$_{Innovation}$', '적응성$_{Adaptability}$', '열정$_{Passion}$', '이념$_{Ideology}$'을 만나게 된다. 단언컨대 이것들은 우리 모두를 행동으로 이끌 것이다.

이 책의 독법 讀法

게리 해멀의 신간을 가장 먼저 볼 수 있는 기회를 얻게 되어 기쁘고 설레는 마음으로 표지를 열었다. 저자는 전작들을 통해 늘 우리가 미처 보지 못했던 것들을 보여주었기에, 이 책은 또 어떤 중요한 메시지를 전달해줄 것인지 기대감이 컸다.

1장은 약간 어렵고 복잡했다. 그래서 과감히 1장을 뛰어넘고 2장과 3장을 먼저 본 후 1장으로 되돌아왔다. 그렇게 한다고 해서 저자의 의도가 충분히 전달되지 않는 건 아니다. 게다가 이런 방법이 오히려 이 책과 독자와의 거리를 좀 더 좁히는 길이 될 수 있다고 믿는다.

이 책이 던지는 쟁점들을 따라가다 보면 지금 우리가 반드시 고민하고 해결해야 할 통찰력 넘치는 숙제 혹은 명령을 만나게 된다. 그중에서도 아래의 꼭지들은 특히 우리에게 혜안과 혁신에의 강력한 에너지를 줄 것이다.

- 자본주의의 위험한 자만심을 버려라
- 고귀함을 되찾아라
- 최고의 혁신기업 목록을 만들라
- 애플을 해부하고 분석하라
- 엔트로피의 적이 되라
- 조직의 미래 경쟁력을 강화하라
- 열정의 공동체를 구축하라
- 통제의 쳇바퀴를 반대로 돌려라
- 위계질서 없이 조직을 관리하라
- 관리 부담에서 벗어나라

결국은 사람이 먼저다

이 책의 바탕에는 무엇보다 인간에 대한 깊은 애정이 깔려 있다. 그가 주장하는 경영 혁신의 방향 역시 '인간의 얼굴을 한 경영'이다. 그는 조직원 개개인의 열정과 몰입 수준을 최고조로 이끌어낼 수 있는 체제, 즉 권한과 책임을 많이 나누어 갖는 수평적 체제를 갖추어야 한다고 주장한다. 그 어떤 인센티브도 '성취욕'보다 더 많이 사람의 열정을 더 끌어낼 수는 없는 법이다.

그는 이러한 자신의 주의 주장을 단지 말로만 혹은 문자로만 전하는 데 그치지 않고 실행하기 위해 '세계 최초의 열린 혁신 프로젝트'를 진행하고 있다. 연구자를 넘어 실제로 현재 기업들의 경영 체질을 완전히 바꾸어 조직원 중심의 체제를 구축하는 데 앞장서겠다는 의지가 대단히다. 그간 게리 해멀은 '경영 철학자'라는 호칭으로 불리곤 했는데, 이제 그에게 '혁신 운동가'라는 새로운 별칭을 달아주어야 할 것 같다.

그의 마지막 말을 상기해 본다.

"우리는 새로운 시작을 할 수 있는 기회를 가졌다. 비윤리적이고, 융통성 없고, 비인간적인 조직과 함께할 필요가 없다. 우리는 숭고한 사명을 추구하는 조직, 모든 창의적 충동을 높이 사는 조직, 시대에 앞서서 변화하는 조직, 관료제를 탈피한 조직을 구축할 수 있다."

좋은 책을 먼저 만날 수 있는 기쁨을 주신 알키 편집부에게 고마움을 전하며, 무엇보다 저자의 생각을 정확하고도 빛나는 한글로 바꾸어주신 번역가 방영호 선생님의 노고에 대해서도 독자들을 대신하여 진심 어린 감사의 말씀을 드린다.

강신장(IGM 세계경영연구원, 원장)

| 들어가는 글 |

비즈니스의 운명을 좌우할
최대 쟁점 5가지

이 책에서는 한 가지 영역에 국한된 소재를 다루지 않았다. 리더십, 팀, 동기부여 같은 경영에 관한 평범한 소재를 다루려고 이 많은 페이지를 할애한 것이 아니다. 그보다는 비즈니스 세계에서 극심한 변화와 치열한 경쟁을 이겨내고, 멈추지 않는 혁신의 바람을 타고 가기 위한 조직 관리 이론을 다방면에서 고찰했다.

이 책은 개선책을 알려주지 않는다. 이 책은 조직의 변두리에서 구멍 난 곳을 땜질하느라 정신없는 사람들에게 제공하는 매뉴얼이 아니다. 이 책에서는 기존에 우리가 해온 조직 관리를 새로이 하라고, 자본주의, 조직, 조직적 삶에 관한 기본 전제를 다시 생각하라고 간곡히 호소한다.

또한 이 책에서는 오늘날 성공을 이룬 기업들의 무용담을 늘어놓거나 성공 가도를 달려온 기업들을 찬양하지 않는다. 이 책은 인류와 미래에 적합한 조직을 구축하기 위한 설계도만을 제공한다.

분명한 사실은 소셜 미디어, '빅 데이터big data', 신흥 시장, 가상 협동, 위기관리, 열린 혁신, 지속 가능성 등 오늘날 중요하게 다뤄야 할 개념들이 산적해 있다는 점이다. 그럼에도 확실성에 금이 가고 신뢰가 무너진 지금의 사회에서 그보다 더욱 중요하게 다뤄야 할 것들이 있다. 오늘날 조직이 끊임없는 도전에 직면하고 있는 사이, 리더십은 한계에 도달하고 있다. 이 때문에 우리는 지금 정말로 중요한 것을 분명히 해야만 한다. 스스로에게 물어보자. 우리의 운명을 좌우하는 근본적인 도전은 무엇일까? 그러한 도전을 극복하면 우리 조직은 장차 번영할 수 있을까? 만약 그러한 문제들을 극복하지 못한다면 우리 조직은 향후 몇 년간 침체의 늪에 빠져들지는 않을까? 이런 물음을 토대로 지금의 비즈니스 세계에서 다뤄야 할 최대 쟁점 다섯 가지를 도출했다. 지금부터 가치, 혁신, 적응성, 열정, 이념, 이 다섯 가지 개념을 가장 큰 쟁점으로 선택한 이유를 설명하겠다.

가치Values

자유시장경제에서는 도를 넘어서는 일이 벌어지기 마련이다. 그런데 최근 들어 탐욕스러운 은행가들과 부도덕한 CEO들이 그 어느 때보다도 작정하고 무책임한 일을 벌이는 것 같다. 공정한 세상에서라면 그들은 자본주의를 욕보인 죄로 소송을 당할 것이다. 놀랄 일도 아니지만, 오늘날 대기업들은 우리 사회에서 가장 신뢰하기 어려운 집단으로 전락했다. 이런 사회 분위기가 뒤집어지려면 기업에 그야말로 도덕의 부흥이 일어나야 한다.

기업의 이해 당사자들이 늘 같은 입장에 서지는 않지만, 그들은 한 가지 중요한 사항을 두고 의견을 같이하는 것 같다. 지금은 그 어느 때보다 더욱더 높은 가치를 창출해야 한다는 것이다.

혁신 Innovation

　서로 밀접하게 연결된 글로벌 경제에서는 인기 상품과 성공 전략을 경쟁 기업들이 순식간에 모방하고 만다. 이런 비즈니스 환경에서는 끊임없이 혁신하지 않으면 성공은 신기루처럼 사라지고 만다. 그럼에도 아무리 주위를 둘러봐도 일상 활동에서 혁신을 이룩하는 기업이 눈에 띄지 않는다. 대다수의 기업들은 여전히 '시스템' 때문이 아니라 '시스템과 상관없이' 혁신을 달성한다. 이 점이 바로 문제이다. 혁신이야말로 장기 가치를 창출하는 유일한 지속 가능 전략이라는 점에서 문제를 풀어야 한다. 지난 10년간 혁신에 관한 이야기를 했으니 이제 이상과 현실의 차이를 좁혀야 할 때가 왔다. 그러기 위해 우선순위를 재조정하고 의식구조를 바꿔야 한다. 쉽지 않을 것이다. 그렇지만 그 어느 때보다 바로 지금, 혁신이 중요하기에 우리에게 선택권은 없다.

적응성 Adaptability

　비즈니스 세계에 변화가 가속화되고 있다. 따라서 전략을 갱신하는 속도를 높여야만 한다. 그런데 문제가 있다. 심도 있는 변화를 추진하는 과정에서 우리는 거의 언제나 위기로 내몰린다. 이런 유형의 위기는 서서히, 굉장한 충격을 주며, 값비싼 손실을 낳는다. 오늘날 사회조직을 들여다보면, 대개 과거의 유물 같은 것들은 넘쳐나지만, 변화를 주도하게 하는 동기 요소는 거의 없다. 또한 '과거의 정당'이 '미래의 정당'보다 더 위세를 부리는 실정이다. 기존 정치인들이 돌연히 나타난 정치 신인에게 밀려나는 것도 다 그런 이유 때문이다. 갑자기 부상한 정치 신인은 과거에 영향을 받지 않는다. 업계 선도자들이 하룻밤 사이에 꼴찌로 전락하는 지금의 세상에서는 오로지 성공을 재창출해야만 성공을 지속할 수 있다.

열정 Passion

혁신과 변화를 이룩하고자 하는 의지는 열정에서 비롯된다. 또한 현재 상황에 강한 불만을 느끼는 데서 혁신과 변화가 시작된다. 그러나 애석하게도 일반 기업 현장에는 활력을 빼앗는 분위기가 만연하다. 기업들은 대부분 대수롭지 않은 규정과 틀에 박힌 목표, 피라미드식 서열 구조 속에서 직원들의 정서적 활력을 빼앗는다. 지식 경제 knowledge economy에서는 대수롭지 않을지 모르지만, 창조적 경제 creative economy에서는 정서적 활력이 필수불가결한 요소이다. 오늘날 고객들은 무언가 특별한 것을 기대하지만, 고객의 그런 욕구를 충족해주는 기업은 거의 없다. 이는 경쟁력이 부족해서가 아니라 열정이 부족한 탓이다. 삶에서도 그렇지만 비즈니스에서도 '무미건조하게' 살아가거나 '영감'을 발휘하며 살아가는 문제는 열정을 느끼는지 여부에 따라 그 결과가 달라지게 되어 있다. 평범해서는 생존할 수 없는 시대가 되었다. 지금 그 어느 때보다도 변화에 대한 적응성을 더욱 높여야 한다.

이념 Ideology

왜 우리 기업 조직들은 새로운 환경에 잘 적응하지도, 혁신을 제대로 이뤄내지도 못하는 듯 보일까? 왜 우리 기업 조직들은 직원들에게 영감을 잘 불러일으키지 못할까? 왜 우리 기업 조직들은 내부의 조직 구성원들과는 달리 고결한 이미지를 보이지 못할까? 무엇이 우리 기업들을 인간미 없는 집단으로 만들까? 답은 경영 이념 management ideology에 있다. 경영 이념은 통제의 개념에서 벗어나야 한다. 하지만 아무리 이해하기 쉬운 근거를 제시해도 경영 이념이라고 하면 경영자들은 대부분 통제의 개념에 사로잡힌다. 통제의 개념은 또한 경영 시스템의 주요 원칙으로 통한다. 예산과 성과 목표, 운영 정책, 업무 규정에 일치하는 결과를 내어 경제적 가치 economic value를 창출한다 해도 그것은 예전만 못하다. 오늘날 비즈니스 세계에서 경제적 가치를 창출하려면, 상상도 못 할 법한 멋진 상품을 출시하거나 굉장히 색다른 캠페인을 펼치거나, 혹은 고객에게 영원히 기억될 체험을 선사해야 한다. 그런데 극복해야 할 문제가 있다. 즉, 통제의 이념이 지배하는 체제에서는 색다른 것이 망치질을 당한다. 우리는 매우 분명한 선택을 해야 한다. 조직이 지금보다 더 적응성을 발휘하지 못하거나 혁신을 달성하지 못하고 혹은 직원들의 의욕을 고취시키지 못할 것이라는 사실을 감수할 수도 있다. 아니면, 통제의 개념을 맹신하는 데 대한 대안을 찾을 수도 있다. 비즈니스 프로세스나 비즈니스 모델을 개선한다고 해서 끝나는 게 아니다. 비즈니스 원칙들을 개선해야 한다. 이것이 그 어느 때보다 지금 경영 이념이 중요한 이유다.

지금까지 중대하고도 골치 아픈 쟁점들을 소개했다. 이 문제들과 씨름하기 위해서는 우리에게 익숙한 '보통의 경영'이라는 범주에서 벗어나 모험을 해야 한다. 이 문제들은 또한 미묘한 차이가 있고 다양한 유형으로 구분된다. 그래서 일정한 기준에 따라 문제의 범위를 좁혀서 결과를 몇 가지로 어림잡기보다 다섯 가지 중대한 주제를 각각 상호 보완적 관점에서 다루어 25개의 장으로 책을 구성했다. 걱정하지 마시라. 각 장을 간략하게 구성했고, 관심 있는 부분을 선택해서 먼저 읽을 수 있도록 해두었다. 책 전체를 빠짐없이 읽을 필요는 없다. 관심이 가는 부분을 먼저 읽어도 좋다. 순서가 정해진 연회가 아니라 다양한 먹을거리가 있는 타파스 바tapas bar에 들렀다고 생각하자. 마음껏 즐기길 바란다.

게리 해멀

WHAT MATTERS NOW

차례

감수의 글 5
들어가는 글 11

1장 | 지금 중요한 것은 가치이다

1. 중요한 것을 앞에 두라 23
우리는 끝까지 추락했다 | 비즈니스의 가치 혁명 | 리더의 다섯 가지 물음

2. 시련 속에서 학습하라 33
빌려 쓰기 쉬운 돈 | 복잡성이 낳는 환상 | 간단한 해법 | 속임수, 자만심 그리고 탐욕 | 사실에 대한 부정 | 눈뜬장님들의 행진 | 되돌릴 수 없는 실수들 | 처참한 실수를 저지른 이유 | 자본주의의 문제 치유하기 | 우리가 할 수 있는 것들

3. 땀의 가치를 재발견하라 60
돈에 혈안이 된 은행가들 | 진정한 교훈

4. 자본주의의 위험한 자만심을 버려라 67
대기업과 CEO가 문제다 | 더 나은 자본주의의 방해물 | 자유로운 기업 활동을 위해

5. 고귀함을 되찾아라 77
조직의 핵심 가치 | 선, 정의, 아름다움

2장 | 지금 중요한 것은 혁신이다

1. 혁신을 고수하라 87
우리는 혁신 덕분에 존재한다 | 우리는 혁신 덕분에 번영한다 | 우리는 혁신 덕분에 행복을 누린다 | 우리는 혁신 덕분에 미래를 열어간다

2. 최고의 혁신 기업 목록을 만들라 93
로켓형 혁신 기업 | 수상자형 혁신 기업 | 예술가형 혁신 기업 | 사이보그형 혁신 기업 | 거듭난 혁신 기업

3. 디자인 의식을 고쳐시켜라 107
감흥을 주는 디자인이란 | 디자인적 사고

4. 혁신의 문외한을 혁신의 프로로 만들라 116
누구나 혁신할 수 있다, 그러나 | 경영자들의 편견 | 유능한 혁신자의 습관

5. 애플을 해부하고 분석하라 137
애플의 놀라운 성과 퍼레이드 | 애플의 비즈니스 전략 | 애플의 성공을 재현하려면

3장 | 지금 중요한 것은 적응성이다

1. 변화하는 방식을 바꿔라 155
변화의 수준 | 변화의 방식을 바꿔야 하는 이유 | 적응성이 뛰어난 조직

2. 엔트로피의 적이 되라 164
종교와 도덕성 | 교회 위상의 변화 | 문제는 제도적 관성이다 | 비즈니스계의 엔트로피 증가의 법칙 | 엔트로피 증가 예방책 | 자기 개혁의 뿌리

3. 하향세를 진단하라 185
첫 번째 현상: 중력 법칙 같은 우세한 법칙이 작용한다 | 두 번째 현상: 전략의 효과가 사라진다 | 세 번째 현상: 성공의 의미가 변질된다

4. 기업의 파산을 비통해하라 197
기업의 생존과 파산 | 기업의 파산은 비통한 일이다

5. 조직의 미래 경쟁력을 강화하라 207
예측: 미래가 다가오는 것을 보지 못한다면 미래를 앞서 나갈 수 없다 | 지적 유연성: 유연한 조직은 유연한 사고를 필요로 한다 | 전략적 다양성: 숲 속의 새 떼를 확인한 후, 손 안에 쥔 새를 날려 보내야 한다 | 전략적 유연성: 민첩한 기업이 거대한 기업보다 앞서 나간다 | 조직적 유연성: 자율권은 마지못해 포기하더라도 유연성만큼은 힘써 고수하라 | 조직의 회복력을 높이는 가치: 조직의 DNA에 적응성을 배양해야 한다

4장 | 지금 중요한 것은 열정이다

1. 불미스러운 작은 비밀을 드러내라 233
업무 몰입도의 문제 | 직장 내 인간 역량의 계층 | 인간이 먼저, 조직이 뒤에

2. 조직보다 구성원을 먼저 생각하라 244
신뢰가 무너지는 순간 | 리더를 바라보는 시선 | 두 가지 기업 모델

3. 열정의 공동체를 구축하라 255
영국 성공회의 문제 | 교회를 개혁하라 | 뜻을 모은 사람들 | MSC 모델의 장단점 | 상향식 변화 실험

4. 통제의 쳇바퀴를 반대로 돌려라 272
즉석에서 실험하라 | 너무 서두르지 마라 | 엉뚱한 아이디어를 실현하라 | 자율권을 부여하는 비결

5. 페이스북 세대를 위한 경영을 재창출하라 284
경영 혁명의 세 가지 요인 | 소셜 웹의 열두 가지 특성 | 페이스북 세대의 열정을 이해하라

5장 | 지금 중요한 것은 이념이다

1. 경영 이념에 이의를 제기하라 297
어디에 가중치를 둘 것인가 | 경영의 세 가지 물음

2. 위계질서 없이 조직을 관리하라 314
고어사의 차별성 | 고어사의 비전 | 위계 없는 회사의 리더와 리더십 | 의사결정의 속도와 방향 | 새로운 사람이 들어올 때 | 공장 위치 선정과 사업 분할 | 조직의 질서 유지 | 상충 요소 사이의 균형 | 고어사의 방식이 확산되지 못한 이유 | 미래 조직의 모습

3. 관리 부담에서 벗어나라 334
시장과 계층제 | 모닝 스타를 만나라 | 자기 경영을 분석하라 | 스스로 자신의 길을 가게 하라 | 자기 경영의 이점 | 완벽한 것은 없는 법 | 관리자와 조직 관리 업무 | 시장-계층제 | 자기 경영의 기초

4. 조직의 피라미드를 뒤집어라 375
어떻게 성장할 것인가 | 주저하지 말고 시작하라

5. 원대한 목표를 향해 나아가라 388
정신을 치유하라 | 역량을 이끌어내라 | 쇄신을 촉진하라 | 권한을 분산하라 | 조화를 추구하라 | 의식구조를 개조하라 | 이분법적 사고를 넘어서 | 이제 시작이다

주 411

지금
중요한
것은
가치이다

1

VALUES

중요한 것을 앞에 두라

여러분이 어느 조직에서 얼마나 높은 지위에 있든 리더의 역할을 하고 있다면, 여러분은 경력과 역량, 자원과 환경, 조직의 가치를 관리하는 청지기(집사) 역할을 하고 있는 셈이다. 하지만 애석하게도 리더라고 해서 다 슬기로운 청지기 역할을 하지는 않는다. 마치 용병처럼 행동하는 관리자도 많다. 이런 관리자들은 미래를 담보로 하여 단기간의 수익을 부풀리기도 하고 오로지 승진에 안달하기도 한다. 또 힘없는 직원들을 하인처럼 부리기도 하고 고객들을 속이기도 한다. 뿐만 아니라 경쟁에서 유리한 위치에 오르기 위해 알력 다툼을 조장하기도 한다. 그 어느 때보다 지금 중요한 것은 경영자들이 청지기로서의 책임을 수용해야 한다는 점이다.

우리는 끝까지 추락했다

관리란 다음의 다섯 가지를 의미한다.

- 신의 : 누군가가 관할하는 재능과 재산을 사사로운 이익을 얻는 수단으로 삼지 않고 위탁받은 것이라고 생각해야 한다.
- 관용 : 자기 이익보다 다른 사람들의 이익을 먼저 생각해야 한다.
- 신중 : 누군가가 현재를 기회로 활용하는 바로 그때 미래를 지키는 자세를 견지해야 한다.
- 책임 : 조직 전체에 영향을 미치는 문제를 나서서 해결해야 한다.
- 공정 : 지위 고하를 막론하고 조직에 기여한 만큼 확실히 보상을 제공해야 한다.

최근 들어 이런 미덕은 더욱 찾아보기 힘든 것 같다. 거대 에너지 기업 엔론의 교활한 회계 부정 스캔들부터 이탈리아 식품업체 파르말라트Parmalat의 분식 회계 사건을 생각해보라. 또 다국적 기업 쉘Shell이 석유 매장량을 과장해온 사실, BP가 안전 규정을 무시해온 일, 버니 매도프Bernie Madoff의 500억 달러(68조 원) 금융 사기 사건, 휼렛패커드Hewlett-Packard의 스파이 사건을 생각해보라. 여기서 끝이 아니다. 미국 최대 모기지 업체 컨트리와이드 파이낸셜Countrywide Financial이 포식동물처럼 대출을 시행하고 서브프라임 부실을 은폐한 사건, 과도한 대출로 처참한 결과를 초래한 리먼 브러더스Lehman Brothers 사태, 부패로 무산된 인도의 무선 스펙트럼 판매, 뉴스 코프

News Corp의 전화 해킹 파문 등을 생각해보라.

　우리는 끝까지 추락했다. 기업들이 이런 식의 불공정한 행위를 저지르고 있다는 사실에도 불구하고 오늘날 비즈니스계 거물들이 수십 년 전의 사람들보다 원칙을 바로세우지 않았다는 사실을 좀처럼 믿지 못하겠다. 노상강도를 뜻하는 독일어 'raubritter'나 영어 'robber baron'은 중세 시대부터 사용된 말이다. 이 말은 라인 강 일대에서 통행료를 징수한 기사들을 칭하는 말로 처음 사용되었다가 19세기에 들어 노동을 착취하고 환경을 파괴한 악덕 자본가를 칭하는 말로 다시 사용되었다. 이 말이 다시 유행할 것 같다.

　21세기의 비즈니스 리더들이 유독 도덕관념이 없는 것처럼 보인다면, 그 이유는 그물처럼 엮인 글로벌 경제에서 경영자들의 부정행위로 인한 파급효과가 과장되고 확대되기 때문이다. 2011년 유럽을 강타한 재정 위기를 떠올려보자. 국내 기업들만 활동하는 비즈니스 세계에서 그리스의 신용 등급 하락은 소규모 재앙일지 모른다. 그러나 국가 간 서로 연결된 글로벌 비즈니스 세계에서는 사정이 전혀 다르다. 글로벌 비즈니스 환경에서는 탐욕스런 수법이 급속히 모방되고, 무모함으로 인한 위기가 바이러스처럼 번진다. 이와 같은 글로벌 환경의 역학으로 인해 프랑스와 독일의 은행들은 지급 능력이 없는 'PIGS(유럽 국가 가운데 심각한 재정 적자를 겪고 있는 포르투갈, 이탈리아, 그리스, 스페인을 말함-옮긴이)'에 9,000억 달러가 넘는 돈을 쏟아부었다. 이로써 도덕적 해이에 빠진 사람들이 미국의 은행가들만이 아니라는 사실이 드러났다.

　하지만 은행가들만 걱정한다고 될 문제가 아니다. 그물처럼 얽혀 있는 세계에서는 보안 기준을 허술하게 했다가 수억 명 이상의 고객들에게 개인 정보 유출 피해를 입힐지 모른다. 또 식품 업자들이 세심히 신경 쓰지 않는다면 전 세계가 식품 오염에 대한 불안감에 휩싸일지 모른다. 뿐만 아니라 잘못된 판단으로 상품의 품질을 떨어뜨릴 경우 글로벌 리콜 사태가 벌어질지도 모른다.

비즈니스의 가치 혁명

핵심을 말하겠다. 글로벌 무대에서는 기업들의 의사 결정이 고스란히 결과로 나타나기 때문에 기업들의 윤리 기준은 유례없는 본보기가 되어야 한다. 미모의 여성과 사귀기 위해 회사 돈 2만여 달러를 무단으로 사용했다가 실리콘밸리와 월스트리트를 떠들썩하게 만든 휴렛패커드의 전 회장 마크 허드Mark Hurd를 생각해보라. 그가 비교적 사소한 윤리 규정을 어기고 자리에서 밀려났다면, 금세 안쓰러운 마음이 들지도 모른다. 이 사건이 공정하게 처리되었는지는 모르겠다. 하지만 영향력 있는 리더들이 엄격한 윤리 기준을 따라야 한다는 것은 삼척동자도 알 만한 사실이다.

글로벌 경제에서 비윤리적 행위로 인한 파급효과가 증폭되듯이, 인터넷에서도 마찬가지다. 인터넷에서는 꼼수를 부렸다가 '유명 인사'가 되는 경우가 수없이 많다. 몇 개 기업을 예로 들어보겠다. 나이키Nike, 애플Apple, 델Dell은 아시아 하청 업체들의 부당한 고용 실태를 눈감아준 탓에 불벼락을 맞았다. 인터넷에는 숨을 곳이 없다. 사악한 행위는 곧이어 폭로되고 만다.

인터넷에서는 또한 일종의 새로운 글로벌 의식, 즉 상호 연관성에 대한 의식이 더욱 확산되고 있다. 가면 갈수록 우리는 같은 행성에 살고 같은 공기를 마시고 같은 바다를 공유하고 있다는 사실을 더욱 더 인식한다.

일상생활에서, 비즈니스를 하면서, 우리는 한결같이 공정함의 잣대를 높이 쳐들고 그 기준에 어긋나는 것을 불쾌하게 여긴다. 인터넷 때문에 불미스러운 일이 순식간에 알려지고 전 세계가 분노의 도가니가 되기도 한다. 전 세계에 걸쳐 윤리적 기대치가 높아지고 있다.

대기업과 거대 정부는 서로 다른 유형의 영향력을 행사하지만 나름의 가치들을 전면에 내세운다는 점에서 같은 유형으로 묶일 수 있다. 그런데 시민이자 소비자인 우리는 로비스트와 입법자들이 풍요로운 식탁을 준비한다고 해도 우리가 좋아하는 음식은 차리지 않는다는 것쯤은 안다. 또한 권력이 집중되지 않아야 민주주의와 경제가 더 발전한다는 것을 본능적으로 안다. 하지만 권력 독점은 흔한 일이기에 책임 있는 지위에 있는 사람들이 신뢰를 저버리지 않도록 우리가 무슨 일이든 해야 한다.

이 모든 이유로 우리는 비즈니스에서 가치 혁명을 일으켜야 한다. 그리고 그것은 한순간에 이루어지지 않는다. 2010년 미국 갤럽에서는 여러 직업의 윤리 수준을 평가하는 여론조사를 벌였다. 이때 응답자의 15퍼센트만이 경영자의 윤리 기준이 높거나 매우 높다고 답했다(간호사들은 응답자의 81퍼센트가 그렇다고 답해 1위를 차지했으며, 기업 로비스트들은 7퍼센트만이 경영자의 윤리 기준이 매우 높다고 답했다.)¹⁾ 창의적인 한 사람으로 인해 기업들이 무소불위의 권력을 갖는 건 아니다. 또 그런 기업들의 권리는 사회적으로 형성되고, 사회가 요구하면 언제든 재형성될 수 있다(이 사실은 2002년 제정된 '사베인스-옥슬리법Sarbanes-Oxley Act', 그리고 2010년 제정된 '도드-프랭크법Dodd-Frank Act'의 조항만 봐도 충분히 증명된다. 두 법령은 기업의 특혜를 대폭 줄이는 방향으로 제정되었다).

반가운 소식은 가치 혁명이 이미 시작되었다는 것이다. 이제 아무도 경영자들이 깨달음을 얻을 때까지 기다려주지 않는다. 한 통계에 따르면, 2005년에서 2010년 사이에 미국의 펀드 총자산이 단 3퍼센트 증가한 반면에 미국의 사회적 투자 관련 단체인 사회투자포럼Social Investment Forum Foundation 등 '사회적 책임'과 관련된 펀드 투자 자산은 34퍼센트나 증가했다. 현재 미국 펀드 자산은 총 25조 달러가 넘는다. 그중 사회적 책임과 관련된 펀드에 1억 달러가 투자되었다.²⁾ 또 다른 조짐도 보이고 있다. 10년 전만 해도 자동차 잡지에서 자동차 이산화탄소 배출에 관한 기사를 찾아볼 수 없었다. 그러나 이제 유럽에서만큼은 자동차 환경오염 관련 내용을 흔히 접할 수 있다. 또한 10년 전만 해도 기업의 마케팅 광고에서 '공정한 거래'에 관한 슬로건을 찾아보기 어려웠지만, 지금은 달라졌다. 그뿐만이 아니다. 10년 전만 해도 경영자의 연봉에 관심을 가지는 사람이 별로 없었지만, 지금은 경영자의 연봉이 흔한 관심거리가 되었다.

이 모든 사실을 감안할 때, 여러분과 여러분 조직에 대한 문제가 간단히 정리된다. 가치를 창출하는 리더가 될 것인가? 가치 창출을 가로막는 리더가 될 것인가? 사기 행각을 벌인 CEO들이나 탐욕스런 은행가들을 욕하기는 쉽다. 그런데 여러분은 어떨까?(그리고 나는 어떨까?) 우리 스스로 충실한 청지기 역할을 하지 않으면서 다른 사람들이 충실한 청지기가 되어주길 기대할 수는 없는 일이다. 도덕성의 문제를 일으켜서 사회를 시끄럽게 만드는 경영자들이 하루가 멀다 하고 나타나고 있다. 우리는 이들을 배척하고 자본주의의 도덕성을 지키는 책임을 짊어져야 한다.

리더의 다섯 가지 물음

경제학의 아버지로 불리는 애덤 스미스Adam Smith부터 객관주의Objectivism의 창시자 아인 랜드Ayn Rand에 이르기까지 자본주의의 옹호자들은 개개인이 모두 자유롭게 자신의 이익을 추구할 때 공동의 선이 극대화된다고 주장했다. 그들의 주장을 믿지만, 한 가지 사실을 반드시 유념해야 한다. 핵분열로 인한 방사능 물질이 격납 용기 안에 있어서 밖으로 유출되지 않듯이, 무분별한 사리사욕을 억제하는 윤리 원칙을 세워야 한다. 그렇지만 애석하게도 지금의 비즈니스 세계는 밑바닥부터 편협한 자기중심주의로 심각하게 오염되고 있다.

우리는 부모로서 아이들을 사회의 일원으로 성장시키는 데 엄청난 노력을 쏟는다. 반항심 많은 10대 아들이 학교를 빠지면서까지 하고 싶은 일을 해야 하며 여자 친구와 살림을 차려도 괜찮다고 생각한다면 어떨까? 부모인 우리는 대부분 아들과는 다른 관점에서 세상을 바라본다. 그것이 부모가 할 일이다. 아이들이 자신의 삶을 잘 관리하도록 가르쳐야 하는 것이다.

그런데 여러분이 관리자나 경영자라면 문제가 달라진다. 여러분의 관리 범위가 여러분 자신과 여러분의 가족을 훨씬 넘어서기 때문이다. 그렇지만 최근 들어 비즈니스 리더들이 관리인으로서의 책임을 등한시하는 일이 많아졌다. 이런 이유로 경영자들에 대한 신뢰가 바닥까지 추락했다. 경영자라면 책장을 넘기기 전에 스스로 물어보자. 나는 정말로 관리인으로 살고 있는가?

- 나는 얼마나 신의를 다하는가? 나는 토지 관리인처럼 남이 위탁한 일을 하는 사람인가?
- 나는 얼마나 관대한가? 나는 자기희생을 하는 부모처럼 남들을 먼저 생각하는가?
- 나는 얼마나 신중한가? 나는 열성적인 환경보호 활동가처럼 물려받은 유산을 보호하고 그 가치를 높여야 한다는 책임감을 느끼는가?
- 나는 얼마나 책임감이 강한가? 나는 대형 여객선의 선장처럼 내 판단과 실수를 책임지려고 하는가?
- 나는 얼마나 공정한가? 나는 중립적인 중재자처럼 모든 면에서 공정한 결과를 얻기 위해 최선을 다하는가?

이 물음들이 실제로 무엇을 의미하는지 고찰하고 있다면, 내 경험담이 도움이 될지 모르겠다. 나는 런던경영대학원에서 오랫동안 MBA 2학년 과정을 강의했는데, 마지막 수업 때면 학생들에게 다음과 같이 마지막 당부의 말을 전하곤 했다.

MBA를 마친 후 첫 직장에 들어가면 다음과 같은 전제를 두어야 한다.

첫째, 일찍 남편을 여읜 여러분의 홀어머니는 평생 저축한 돈을 회사에 투자했다. 유일한 자산을 회사에 투자한 어머니는 회사의 유일한 주주이다. 분명히 여러분은 어머니가 평안하고 행복한 퇴직 생활을 하시도록 최선을 다할 것이다. 그런 이유로 여러분은 단기간에 배당금을 얻기 위해 장기적인 가치를 절대로 포기하지 않을 것이다.

둘째, 여러분의 상사는 여러분의 형제자매이다. 늘 상사를 존중하되, 불합리한 상황에서는 망설이지 말고 여러분의 의견을 솔직히 밝혀라. 여러분은 상사에게 절대로 아첨하지 않을 것이다.

셋째, 여러분의 직원들은 여러분의 어린 시절 친구들이다. 여러분은 늘 친구들을 믿고 친구들의 길을 순탄하게 열어주기 위해 무슨 일이든 할 것이다. 필요할 경우에는 서로 책임을 다할 때 우정이 성립됨을 친구들에게 일깨워줄 것이다. 절대로 친구들을 '자원'으로 취급하지 않을 것이다.

넷째, 여러분의 회사 주요 고객들은 여러분의 아이들이다. 여러분은 아이들을 기쁘고 즐겁게 해주고 싶어 한다. 그렇기에 아이들을 속이거나 이용하자고 부추기는 사람과 격론을 벌일 것이다. 절대로 고객을 돈벌이 수단으로 이용하지 않을 것이다.

다섯째, 여러분은 자수성가한 사람이다. 여러분은 좋아하는 일을 찾아서 하지, 억지로 일을 하고 싶어 하지 않는다. 여러분은 승진하기 위해 혹은 칭찬 일색의 성과 평가를 받기 위해 절대로 자신의 신조를 버리지 않는다. 원칙을 굽히느니 그런 일을 그만둘 것이다.

이 전세에 따라 행동한다면, 여러분은 조직 생활에 성공할 것이며 나아가 다른 사람들의 삶에 좋은 영향을 미치는 관리인으로 성장할 수 있을 것이다.

21세기에 닥친 전례 없이 복잡한 도전 과제와 씨름하면서, 지금 우리에게 중요한, 우리가 근본으로 삼는 가치들을 필생의 원칙으로 삼아야 한다.

시련 속에서
학습하라

이 책을 쓰고 있을 즈음 미국의 경제가 흔들거리고 있었다. 엄밀히 말해서 2010년을 전후로 대불황이 막을 내렸음에도 실업률은 떨어질 기미를 보이지 않고 있다. 경제성장은 애처롭게도 아직까지 까마득한 일이다. 미국의 노동인구 비율은 25년 이래 최저치를 기록했고, 일자리를 찾는 사람들이 매달 12만 5,000명씩 늘어나고 있다. 이런 상황에서 불황 이전의 고용 수준으로 돌아가는 데 족히 10년은 걸릴 것으로 보인다. 많은 유럽 국가들도 사정이 그다지 다르지 않다. 부동산 가격은 폭락했고, 실업률은 치솟았으며, 경제성장은 정체되고 있다.

모든 부작용의 근원을 우리는 확인하고 있다. 무책임하게 빌려서 흥청망청 탐닉한 이후의 결과는 절대로 피할 수 없는, 확실히 예상할 수 있는 일이었다. 유감스럽게도 이번 경우에 '술판'을 벌인 사람들은 휴양지에서 폭음한 대학생들이 아니라 자본주의의 지휘자들이었다. 미국 연방준비제도이사회의 정책 입안자들은 양조 업자들이었다. 국회의원들은 주류 밀수 업자들, 대형 은행 CEO들은 바텐더들이었다. 물론 수많은 일반 서민들은 싸게 대출해주는 '술집'에서 가진 돈을 탕진했지만, 그들은 '어른들'의 꼬임에 빠져 술을 퍼마신 고등학생이나 다름이 없었다. 이런 상상을 해보자. 부모와 교사가 술집에서 술 취한 고등학생이 앞에서 몸을 흔들어대는 상황에서도 전혀 개의치 않고 술잔을 주고받고 있다. 이제 이해가 되는가?

이는 상상 속에서나 가능한 일일까? 이처럼 신중하지 않게 행동하는 어른이 있을까? 이런 일은 상상하기 어렵다. 하지만 10년 전만 해도, 머리가 비상하기로 소문난 금융업자들과 정책 입안자들이 백치 같은 짓으로 글로벌 금융 위기를 초래할지 과연 누가 상상이나 했겠는가?

1930년대 이래 세계 경제에 닥친 최악의 경기 불황은 금융 위기나 신용 위기 또는 모기지 위기가 아니었다. 그것은 도덕의 위기였다. 심각한 위기를 눈 뜨고 바라보고만 있었으니 말이다. 국회의원이 이른바 섹스팅sexting('sex'와 'ting'의 합성어로 휴대전화를 통해 성적인 내용이나 사진 등을 주고받는 행위를 말한다 - 옮긴이)을 한 일도 있었지만, 지체 높은 사람들이 부도덕한 짓을 하는 모습에 이제는 그리 놀라지 않을지도 모르겠다. 하지만 미국 투자금융업계가 갑작스럽게 몰락하면서 도덕적 타락의 수준이 굉장히 심각하다는 사실이 드러났다.

이 대목에서 혹자는 성경의 '출애굽기Exodus'를 떠올릴지 모른다. 유대인들이 부패하여 야훼 대신 금송아지 신을 섬기지 않았던가.

사회 모든 조직은 도덕적 기반 위에 뿌리를 내리는데, 다른 무엇보다도 사리사욕에 눈이 머는 순간 그 기반이 순식간에 무너지고 만다. 미국의 역사학자 고든 우드Gordon Wood는 저서 《미국 혁명의 급진주의The Radicalism of American Revolution》에서 국가 설립자들이 '무관심'을 고결한 미덕으로 삼아야 한다고 거듭 말했다. 미국 개국공신들은 미국을 건립하면서 스스로 사리사욕과 거리를 두려고 애썼다. 그러는 것을 쓸데없는 짓을 하는 것으로 여기는 사람도 있을 것이다. 하지만 자신의 회사를 파산 신청으로 몰아넣은 리먼 브러더스의 딕 펄드Dick Fuld 회장, 서브프라임 대출 손실에 책임을 지고 사임한 메릴린치의 스탠리 오닐Stanley O'Neal 회장 등을 떠올려보라. 사익을 좇다가 미국 경제를 위기로 몰아넣은 미국 금융계의 거물들을 생각하면 문제가 달라진다. 그들이 저지른 짓을 떠올리면 '무관심'이 얼마나 중요한 덕목인지 확실히 알게 된다.

이번 순서에서는 금융 붕괴와 관련된 소재를 많이 다룬다. 이해하기 어렵고 지루한 부분도 많지만, 잠시 기업 윤리를 되돌아보는 시간을 두는 것이 좋을 듯하다. 들어가기 전에 여러 사실을 들여다볼 필요가 있다. 여기서는 금융업자들에게 비난을 퍼붓는 것에 머물지 말고(글쎄, 그게 다는 아니다), 자신의 이익만을 좇을 때 도덕성의 끈이 풀린다는 사실을 알아야 한다. 금융시장을 위기로 몰아넣은 은행가와 규제 기관을 욕하기는 쉽지만, 똑같은 유혹 앞에서 과연 우리가 그들과 다르게 행동할지 장담할 수 없다. 무슨 수를 쓰더라도 그들이 책임을 지게 해야 한다(누군가는 책임을 져야 하지 않는가? 제발 그렇게 되길 바란다). 또한 그들이 초래한 재앙을 거울삼아 우리 스스로를 되돌아보자.

그다음에는 무엇을 해야 할까? 먼저 금융 위기의 주된 요인에 초점을 두고 살펴보자.

빌려 쓰기 쉬운 돈

2000년 닷컴이 붕괴된 이후 미국 연방준비제도이사회는 앨런 그린스펀Alan Greenspan을 시작으로 벤 버냉키Ben Bernanke까지 이어진 리더십 아래 금리를 비참할 정도로 내려버렸다. 이 때문에 미국 소비자들이 싼 이자로 대출을 잔뜩 받으면서 모기지mortgages(담보대출) 채무불이행defaults 위험성이 급속히 확산되었다.

아시아 국가들의 외환보유액도 일조를 했다. 중국 당국은 페그제(고정환율제)를 통해 위안화 가치를 미국 달러에 고정시킴으로써 계속해서 수출을 확대하고 국내 소비 지출을 줄였다. 이로써 중국은 막대한 외환보유액을 축적했다. 이렇게 모인 자금의 상당 부분이 미국 모기지담보증권MBS, Mortgage Backed Securities을 사들이는 데 들어갔다.

미국 은행들은 모기지를 한데 묶어서 '부채담보증권CDO, Collateralized Debt Obligations'이라는 신용파생상품을 만들었다. 그다음에는 상품을 제3자에게 판매함으로써 부실 대출을 장부에서 지울 수 있었다. 미국에서는 2005년에서 2007년 사이 전체 모기지의 85퍼센트 이상이 증권화되었다.

　예부터 대출은 담보로 자금을 빌려주는 형태로 시행되었다. 그러다가 '자금 조달fund-raising'의 브레이크가 풀리면서 증권화가 확대되고 전례 없는 모기지 대출 붐이 일어났다. 최종 결론은 어떻게 났을까? 대출 심사 기준이 심각하게 허술해졌다. 대출 경쟁에 혈안이 된 은행들은 신용에 상관없이 아무에게나 대출을 해주었다.

　나중에 밝혀진 것처럼, 미국 은행들은 증권화를 확대해놓고도 서브프라임 대출 위기를 막지 못했다. 많은 은행들이 '특수 목적 회사SIV, Special Investment Vehicles'를 통해 회계장부상에 오르지 않는 파생상품 거래를 하여 부채담보증권 보유량을 대거 늘렸기 때문이다. 상업은행들도 부채담보증권 대량 매입자들, 투자은행, 헤지펀드에 수십억 달러를 대출해주었다.

　이론으로 보면 신용부도스와프CDS, Credit Default Swap(국제금융시장에서 채무 불이행 위험을 방지하기 위해 널리 사용되는 파생상품 – 옮긴이)는 부채담보증권 투자자들이 주택 가격의 폭락에 대비할 수 있는 파생상품이었다. 모든 보험 상품에 해당되는 일이지만, 보험은 과거의 운영 내역을 충분히 살핀 후 인수해야 한다. 그러나 서브프라임 시장에 역사상 전례 없는 모기지 붐이 일어나고 그로 인해 대출 심사 기준이 방만해진 상황에서 과거의 채무불이행 비율만 가지고 미래의 재앙을 예측할 수는 없었다. 그래서 부채담보증권을 판매한 AIG 등의 보험회사들은 채무불이행 사태의 위험성을 심각하게도 낮게 평가했다. 이런 착각은 투기 세력들이 신용부도스와프 계약 수요를 급격히 늘리면서 대폭 확산되었디. 경악할 만한 사실도 있다. 글로벌 금융 위기 직전 신용부도스와프 거래 규모는 62조 달러에 달했지만, 모든 거래는 투기로 이루어졌다.

복잡성이 낳는 환상

은행들이 꾸민 신종 금융 수법들은 환각을 일으킬 정도로 복잡했다. 은행들은 모기지 상품을 묶거나 쪼개고 섞어서 판매했다. 또한 은행들은 부채담보증권을 비롯한 파생상품을 묶음으로 판매했다. 이처럼 파생상품의 구조가 복잡하다 보니 투자자들과 신용평가기관은 그 이면에 깔려 있는 위험을 인지하지 못했다.

이런 복잡성이 전혀 우연히 생겨나지 않았다는 점에 주목해야 한다. 복잡성을 흠모하는 은행가들은 항상 금융상품을 복잡하게 만든다. 그로 인해 소비자들은 부가가치에 대한 환상을 품게 되고, 은행들은 소비자들의 눈을 가리면서 먹잇감에 달려드는 돼지처럼 수수료를 챙겨간다. 그리고 금융상품이 비공개적으로 매매되는 편이 훨씬 더 낫다. 그러면 소비자들이 금융 상품의 실제 가치를 알아차리기 어렵기 때문이다. 세상이 깨닫게 되었듯이, 불행하게도 복잡성으로 인한 위험성은 모호하게 나타나기도 한다.

불 마켓bull market(상승장)에서는 레버리지leverage('지렛대'라는 의미가 있는 레버리지는 금융 용어로 '차입'을 뜻한다. '지렛대 효과'라고도 하는데, 차입금 같은 타인 자본을 지렛대로 삼아 자기 자본 이익률을 높이는 것을 말한다-옮긴이)의 수준이 높을수록 수익성이 좋아진다. 이런 이유로 대형 모기지담보증권 매수자들이 그들의 포트폴리오를 늘리기 위해 대출을 과도하게 받았다. 주요 투자은행들은 대부분 레버리지 비율을 30대 1 이상 높이면서 미국의 주택 가격이 지속적으로 상승한다는 쪽에 과감히 베팅했다.

유례없는 레버리지 효과에 힘입어 투자은행들의 수익이 상승세를 타고 부풀려진 반면, 그로 인한 위험이 하락세를 타고 터무니없을 정도로 악화되었다. 서브프라임으로 횡재한 은행들은 정신없이 돈을 쓸어 담으면서도 레버리지가 양날의 칼임을 망각한 듯 보였다. 얼마 지나지 않아 그 대가를 톡톡히 봤으니 말이다.

유감스럽게도 레버리지의 상당 부분은 상업은행들이 내준 대출이었다. 따라서 채무불이행 비율이 급격히 높아지자 그 은행들은 투자은행과 헤지펀드들이 하락장에서 레버리지를 줄이도록 만들면서 대출금을 회수하러 나서기 시작했다. 이를 위해 은행들은 그 밖의 자산을 팔아치워야 했다. 이 때문에 주식시장이 폭락했다.

부채담보증권은 출시된 지 얼마 안 된 데다 너무 복잡한 상품이었다. 그래서 그 수많은 부실채권을 유통하는 실제 시장이 존재하지 않았다. 때문에 모든 것이 하락세로 접어들었을 때도 재정난에 처한 금융기관들은 계속 외부에 노출될 수밖에 없었다.

또한 제대로 기능을 하는 시장이 없었던 탓에 부채담보증권 매입자들은 그 이색적인 파생상품의 진짜 가치를 파악할 길이 없었다. 투자자들과 규제 기관들이 은행의 재정 위험을 측정하는 것도 쉬운 일이 아니었다. 신뢰할 수 있는 가격 데이터도 없었던 탓에 은행들은 모기지담보증권의 장부 가격을 엄청나게 절하할 수밖에 없었다.

간단한 해법

다수의 고위 은행가들이 서브프라임 위기를 예상할 수 없었다고 주장했는데, 금융위기규명위원회Financial Crisis Inquiry Commission 의장은 서브프라임 위기가 '완벽한 재앙'이라며 통렬히 풍자했다.[1] 역사상 유례없는 미국 주택 가격 상승세(표 1-1 참고)를 지켜본 사람이라면 위기가 고개를 들고 있음을 알 만했다.

나는 2005년 평소 거래했던 증권 중개인을 통해 파생상품 하나를 매수했다. 사실상 주택 시장의 상승세에 베팅을 한 것이었다. 그 파생상품은 미국 최대 주택건설회사의 실적에 따른 주가지수와 연계된 상품이었다. 주가지수가 1퍼센트 떨어질 때마다 내 투자액의 가치가 3퍼센트 상승했다. 그 파생상품 계약은 2008년에 만료되었는데, 덕분에 쏠쏠한 재미를 봤다. 베팅을 더 하지 않았던 것이 후회될 뿐이다.

위기가 모습을 드러내는 것을 목격하고 처음에는 정말로 믿기지 않았다. 둘째가라면 서러울 똑똑이들이 어떻게 하나같이 잘못된 판단을 할 수 있을까? 일대 혼란이 일어나자 각계 전문가들이 나름의 처방을 내놓았다. 주요 규제 기관에 연방 수사관을 파견하고 위기 상황에서 대형 은행들이 스스로 해체 방법을 결정하는 '정리 의향서Living Wills'를 마련하자거나, 자본 보유고를 대폭 늘리자거나, 은행 임원들의 보너스를 제한하자는 식이었다. 당시에 나는 더 간단한 해법을 내놓으면 어떨까 생각했다. 긴급구제자금을 지원받은 모든 은행의 이마에 다음의 몇 마디를 잘 새겨놓으면 어떨까 싶었던 것이다.

표 1-1 S&P 케이스-실러 미국 주택가격지수*

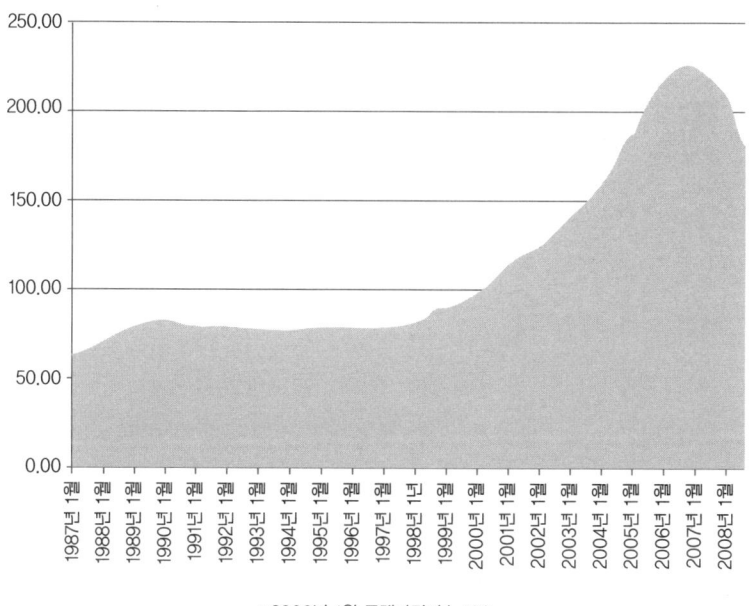

*2000년 1월 주택가격지수 100

연금술은 통하지 않는다

연금술에 탐닉했던 아이작 뉴턴Issac Newton, 그에게 진리였던 사실은 수백 년이 지난 지금도 진리이다. 아무리 똑똑할지언정 금속 찌꺼기로 금을 만들지는 못한다. 즉 찌꺼기로 모아 만든 대출을 AAA 등급의 증권으로 바꿀 수는 없는 법이다.

무한정 지속될 가능성이 있는 것을 원래 없다

100만 달러나 되는 '생애 처음 주택'처럼, 예상되던 동향과 달리

괴리 현상이 벌어지면 상황은 곧 전환된다. 장담할 수 없는 미래에 베팅하지 마라.

위험과 수익은 반드시 밀접한 연관성이 있다
좋은 수익성을 낼 수 있는 사람이 있을지 모르겠지만, 그가 여러분이나 여러분이 아는 누군가는 아닐 것이다.

어리석음은 전염된다
레버리지에 대한 광적인 집착 현상, 금융상품의 복잡성에 현혹되어 우리가 얼마나 많은 시간과 에너지를 소모했는지 되돌아보자. 아무리 똑똑하다 해도 우리는 교복 바지를 줄여 입는 고등학생처럼 유행에 현혹되기 십상이다.

서브프라임 위기의 장본인들은 자신들의 이마에 위 문구들을 반대 방향으로 새겨 넣어야 할 것 같다. 그러면 거울을 볼 때마다 느끼는 게 있을 텐데 말이다.

이마에 문신을 새기든 않든, 월스트리트의 은행가들은 위와 같은 사소한 진리를 잘 알 텐데, 왜 주의를 기울이지 않았을까? 좀 더 노골적으로 말해볼까? 왜 그들은 자본주의 원칙의 수호자로서 책임을 내팽개쳐버렸을까?

서서히 드러났듯이 서브프라임 금융 위기 속에서 셰익스피어 작품에 나올 법한 인간의 부도덕이 하나부터 끝까지 다 밝혀졌다. 서브프라임 금융 위기는 인간적 비행의 결정판이었다. 속임수, 자만심,

근시안적 사고, 탐욕, 사실에 대한 부정이 경악스러울 정도로 다 드러났으니까.

속임수, 자만심 그리고 탐욕

상당수의 모기지 은행가들, 즉 서브프라임 론을 만든 장본인들이 생애 첫 대출을 받는 사람들과 모의하여 소득을 부풀리고 부채를 축소했음을 이제 세상이 다 안다. 더군다나 은행들은 기만적인 판매 수법으로 은밀히 계약을 진행했다. 이에 수많은 소비자들이 죽었다 깨어나도 갚지 못할 돈을 서슴없이 대출받았다.

2009년 FBI(미국연방수사국)가 조사한 결과에 따르면, 모기지 사기로 의심되는 사례가 2005년 721건에서 2009년 2,794건으로 늘어났다고 한다.[2] 이 대목에서 단순한 교훈을 얻는다. 은행에서 최고라고 선전하는 금융상품은 얄팍한 상술로 만들어낸 속임수인 것이 허다하다는 것이다.

서브프라임 사태가 발생하기 전 월스트리트의 금융 귀재들은 자신들이 위험 분석, 분산의 대가라는 착각에 깊숙이 빠져들었다. 그러다가 결국 서브프라임 모기지 론을 증권화한 혐의로 법정에 서고 말았다. 위험 분산과 위험 제거는 다르다. 특히 레버리지로 인해 심각한 출혈이 일어나 위기가 악화될 때 더 그렇다는 것을 애석하게도 그들은 망각했다. 그들은 그들 자신만의 천재성을 확신했다. 그들은 자신들의 머리만 믿고 일관되게 궤변만 늘어놓았다.

월스트리트의 수재들은 그 모든 멋진 신종 '구조화 상품$_{structured\ product}$'을 만들어내고 가격 결정$_{pricing}$을 하면서 굉장히 복잡한 금융 모델을 기반으로 잠재 위험을 예측했다. 금융 모델이라고 해도 자산 가치가 높았던 시기와 관련된 최근 동향 자료가 기반이 된 것이었기 때문에 그들은 자산 가치가 대폭 폭락할 가능성을 예측하지 못했다. 대출 기관이나 투자은행의 전문가들은 미국 전체 주택시장이 오래도록 급격히 침체된 적이 없었다고 하면서도 2000년부터 2007년 사이 주택 가격이 상승세를 탄 것도 유례없는 현상이었다며 반론을 제기할지도 모른다. 한 번 더 이 대목에서 교훈을 얻는다. 100년 전 어마어마한 태풍이 몰아쳤던 사실을 모른다고 해서 지금 그만한 태풍이 오지 않으리란 법은 없다.

'닌자 론$_{Ninja\ Loan}$('no income, no job, no asset'을 줄인 말로 수입, 직업, 자산이 없는 고위험 채무자에게 해주는 대출-옮긴이)을 승인한 모기지 창시자들, 증권을 묶어서 매매한 월스트리트 은행가들, 난해한 최신 파생상품에 투자하고 평균 이상의 수익을 가져다주는 대가로 투자자들부터 막대한 자금을 뜯어낸 헤지펀드들, 신규 사업에 눈이 멀어 생명과도 같은 객관성을 내팽개친 신용평가기관 등 서브프라임이라는 탐욕의 배를 함께 탄 모든 이들이 엄청난 수수료를 벌어들였다는 사실은 두말할 나위도 없다. 수수한 옷차림의 은행가들은 단번에 부를 축적할 수 있다는 유혹에 빠져 광란의 투기자로 변해버렸다.

언제나 그렇지만, 탐욕은 채워도 채워도 채워지지 않는 인간의 어리석음이다.

사실에 대한 부정

　기업들은 가끔 상상조차 하기 힘든 사건에 휩싸이기도 한다. 9·11 테러 사건의 여파로 미국 항공업계가 불황에 빠진 것도 그런 경우이다. 그런데 그런 마비 상태는 흔히 사실을 부정하는 데서 시작된다. 기업들이 미래를 예측하지 못해서 돌발 사태를 겪는 건 아니다. 미래를 받아들이기가 쉽지 않기 때문이다. 신종 금융상품을 동원해 주택 붐을 일으킨 장본인들도 대부분 사실을 직시할 생각을 하지 않고, 불가피하게 닥칠 일들을 무시하고 넘어갔다. 미래는 어느 정도 불확실한 법이다. 여러분이 눈을 감을 때 미래는 그보다 훨씬 더 불확실해진다.

　서브프라임 위기로 인해 미국이 은행가들의, 은행가들에 의한, 은행가들을 위한 금융 시스템을 운영했다는 사실이 드러났다. 소비자들과 주주들은 저주를 받았다. 지금도 여전히 그렇다. 한번 보자. 고위 은행가들 중에 감옥에 있는 사람이 없다. 대형 은행들은 몸집을 더 크게 불렸다. 은행가들이 받는 보너스는 또다시 기록을 경신했다. 여기서 그치는 게 아니다. 지금 이 순간에도 3,000명이 넘는 금융 로비스트들이 금융 위기 이후 제정된 개정법의 효력을 약화시키기 위해 워싱턴에서 로비에 열중하고 있다.[3]

　이와 같은 책임감 결여 현상은 은행가들의 월권행위를 단속하는 감시인들이 한통속이라는 게 드러나면서 사람들에게 인식되기 시작했다. 미국증권거래위원회SEC 의장 크리스토퍼 콕스Christopher Cox, 미 하원 의원이자 2007년부터 2011년까지 미 하원 금융위원회 위원장을 지낸 바니 프랭크Barney Brank 등 경제를 책임져야 하는 사람들은 둘도 없이 가까운 공모자들이었다. 월스트리트 은행가들이 소비자와 주주들을 기만한 사실도 드러났다.

이 대목에서 그들이 돈과 성공, 권력을 얻기 위해 악마에게 권력을 판 파우스트처럼 부당 거래를 일삼고 무책임하게 직무를 유기했음을 확인할 수 있다.

눈뜬장님들의 행진

우리는 납세자이자 시민으로서 정부가 지속 불가능한 붐과 거품에서 경제를 보호해주기를 기대했다. 그러나 정부는 우리의 기대를 저버렸다. 정부는 다양한 세제상 특전과 보조금을 지급하여 전례 없는 주택 붐을 불러일으켰다.

우리는 납세자이자 시민으로서 정부가 경제적 측면에서 도움이 되지 않는 장려책을 만들지 않으리라 여겼다. 그러나 우리의 예상은 빗나갔다. 정부는 저소득층의 주택 문제를 해결한다는 취지로 서브프라임 모기지 정책을 확대하는 데 전폭적으로 지원했다. 모기지 거품 붕괴 조짐이 보인 몇 년 동안, 국책 모기지 기관인 패니 메이Fannie Mae와 프레디 맥Freddi Mac은 뉴센추리 파이낸셜New Century Financial Corp, 퍼스트 프랭클린 파이낸셜First Franklin Financial Corp 등 모기지 기업들을 통해 수십 억 달러 규모의 서브프라임 모기지 론을 매입했다. 두 기관은 미국 정부의 절대적 지원을 받아서 특혜 금리로 자금을 끌어모

앉으며, 결국 1조 4,000억 달러의 모기지담보증권 포트폴리오를 구성했다.

우리는 정부가 금융정책을 신중하게 펼쳐나가리라 예상했다. 하지만 정부는 그러지 않았다. 정부는 투자은행들이 위태롭게 몸집을 부풀릴 때까지 눈뜬장님 행세를 했다. 주택 붐이 한창이던 2004년, 부채를 계속 늘려서 수익을 증대시키는 데 여념이 없었던 월스트리트의 거대 투자은행들은 부채 한도 제한을 당하는 등 미국증권거래위원회로부터 성가신 규제를 받고 있었다. 이에 그들은 힘을 합쳐서 규제 강도를 완화하기 위해 로비를 벌였다. 미국증권거래위원회는 거대 투자은행들의 공동 전선에 봉착하자 뒤로 물러설 수밖에 없었다. 규제 기관들은 억만장자 은행가들의 전지전능함을 맹신하고 업계의 자체 규제라는 환상에 빠져 '금융 카트리나'를 막아야 했던 본연의 의무를 다하지 않았다.

우리는 납세자이자 시민으로서 정부가 금융시장에 투명성과 질서를 확립시켜줄 줄 알았다. 하지만 정부는 본연의 책무를 다하지 못했다. 정부는 신용부도스와프 등의 파생상품에 대한 규제 체계를 만들지 않았다. 직무에 태만한 입법자들 탓에 파급력이 전 세계에 미치는 모기지담보증권 시장이 생겨났다. 그것은 인터넷 경매 사이트보다 못한 조잡한 시장이었다.

우리는 납세자이자 시민으로서 정부가 금융정책의 실패를 책임지고 소비자들에게 보상을 해주리라 기대했다. 그러나 우리의 기대는 빗나갔다. 정부는 기업 인수 붐에 따라 이른바 무너지기에는 너무 큰 '대마불사'의 은행들이 생겨나는 것을 손 놓고 바라만 봤다. 그 결과

1990년대 미국 금융업계는 기업 인수 활동 측면에서 타의 추종을 불허했다. 2004년까지 미국 은행의 단 1퍼센트가 미국 은행 예금의 74퍼센트를 통제했다.

되돌릴 수 없는 실수들

진실은 하나다. 미국의 규제 기관들은 금융 위기를 촉발하는 '비이성적 과열' 현상을 마음만 먹으면 억제할 수 있었다. 하지만 미국의 규제 기관들은 눈뜬장님이었다. 거듭 말하자면 도덕성이 무너진 것이다. 미국의 규제 기관들은 다음과 같은 되돌릴 수 없는 실수를 저질렀다.

이념적 열정으로 인한 인간적 손실을 못 본 체했다
위기로 치달았던 몇 년 동안, 규제 기관들은 하나같이 순진한 어린아이 같았다. 그들은 은행들이 스스로를 감시하니 신뢰할 만하다고 믿었다. 이런 믿음으로 자유시장 광신자들은 거래의 자유(대체로 올바른 개념)와 실수로부터의 자유(대체로 나쁜 개념)를 구분하지 못했다. 2008년 10월 미국증권거래위원회 의장 크리스토퍼 콕스는 "지난 6개월을 돌아보면 자발적 규제가 효과 없다는 사실이 아주 분명해진다"라며 유감을 표했다. 두말하면 잔소리다! 나치즘과 공산주의를 예외로 두고, 그토록 무서운 이념적 열성에 버금가는 것은 쉽게 떠오르지 않는다. 그로 인해 세상은 엄청난 희생을 치렀다.

정치적 목적을 달성하려고 공공의 책임을 저버렸다

월스트리트는 그간 쌓은 막대한 수익으로 막강한 정치적 영향력을 얻었다. 한편 월스트리트의 후원을 받은 국회의원들은 대부분 월스트리트에 맞설 만한 배짱이 없었다. 일례를 들어보자. 〈타임Time〉지에 따르면 1990년에서 2008년까지 AIG는 930만 달러가 넘는 선거 자금을 지원했는가 하면 규제 철폐를 위한 로비 명목으로 7,000만 달러가 넘는 자금을 썼다.[4] 의회에서 감시자 역할을 해야 할 사람들이 밀렵꾼처럼 부정한 노획물을 획득하고 있었던 것이다.

의지가 약한 규제 기관들은 위기를 경고하기보다 방조했다

분명히 워싱턴에 금융 위기를 감독하는 관료들이 있었다. 증권거래위원회, 연방준비은행Fed, 통화감독청OCC, Office of the Comptroller, 법무부Department of Justice, 저축은행감독청OTS, Office of Thrift Supervision, 연방예금보험공사FDIC, Federal Deposit Insurance Corporation 등 워싱턴 관료들은 서브프라임의 확산을 감시하고 그러한 전염이 규제의 틈을 타고 급속히 중대되고 있음을 의식했다. 그러나 워싱턴의 감시자들은 위기를 경고하지 않았다. 그들은 뒤로 물러나서 월스트리트 은행가들이 잇속을 차리는 것을 가만히 보고만 있었다. 그렇다. 규제의 범위에 구멍이 있었다. 그렇지만 국가의 경제를 보호해야 할 책임이 있다면 업무 소관을 따지며 책임을 회피하지 말고 그런 구멍들을 찾아서 메워야 한다. 그들은 서로 경쟁하듯 형편없는 변명을 내놓았다. 그중 압권은 "그건 내 소관이 아니야"였다.

미국 의회와 규제 기관들은 금융기관들만큼 비난을 받아야 마땅하다. 미국 경제를 날려버린 폭탄은 월스트리트에서 터뜨렸을지 모르지만, 그 폭탄을 만든 것은 워싱턴에서였기 때문이다.

월스트리트 은행가들뿐만 아니라 감독 당국의 감시자들이 스스로 잘못을 시인하기를 우리는 아직도 기다리고 있다. 하지만 아무도 나설 것 같지 않다(무엇보다 비난을 빗겨갈 수 있어야 권력을 유지할 수 있으니까). 그들은 오히려 영향력을 확대해달라는 제안만 줄줄이 내놓았다. 너무 소심해서 또는 너무 좋은 방향으로만 일을 처리하려고 해서 기존 권한을 제대로 행사하지 못한다는 얘기였다.

이 대목에서 분명히 해야 할 사항이 있다. 금융 위기 속에서 우리는 자본주의에 실망하지 않았다. 우리는 자본주의의 관리인들에게 실망했다. 도덕성의 우위를 지키기 위해 싸워야 할 사람들이 무기를 내려놓고 자신들의 도덕성을 야만스러운 은행가들에게 경매로 처분해버렸으니 말이다.

이제 두 가지 중요한 물음이 남았다. 무엇 때문에 전체가 도덕적 판단을 잘못하는 지경에 이르는, 그토록 처참한 실수를 저질렀을까? 우리 중 은행가나 정책 수립자가 아닌 사람은 미국 금융 위기를 보고 어떤 교훈을 얻을 수 있을까? 각 물음을 차례차례 고찰해보자.

처참한 실수를 저지른 이유

도덕적 부패는 우리 모두를 고통으로 내모는 저급한 자기중심주의에 뿌리를 두고 있는 것 같다. 우리 모두는 어느 날 부끄러운 줄 모르고 사리를 추구할지 원칙에 따라 사심을 버릴지 한참 고민하다가 간신히 마음을 가다듬는다. 그러나 우리를 바른 길로 이끄는 천사가 늘 승리하지는 않는다. 그렇지 않다면 죄악의 개념이 통용될 리 만무하다.

도덕성의 붕괴는 서서히 진행되는 법이다. 이런 본질 또한 금융 위기의 한 요인으로 작용했다. 도덕규범이 일시에 무너지는 일은 거의 없다. 자기도 모르게 문제를 대수롭지 않게 여기고, 이런 경향이 조금씩 늘어나는 가운데 도덕규범이 무너져 내린다. 그 때문에 상황이 악화되는 것을 못 보고 지나치거나 묵살하기 쉽다. 다리가 서서히 낡아서 무너지듯이, 사회구조가 무너질 때까지 어떤 경보음도 울리지 않는다. 혼란한 상황이 벌어지면 사람들은 머리를 긁적이며 의아해한다. 어떻게 그런 일이 일어날 수 있을까? 바로 '서서히' 일어나기 때문이다.

마지막으로, 사회적 역동성의 차원에서 살펴보자. 우리 사회는 문제에 대해 이의가 제기되지 않을 때 도덕규범의 기준이 낮아지는 경향이 있다. 우리는 흔히 우리의 도덕 기준을 세우기 위해 남들의 행동을 참고한다. 우리 잇속만 차리고 말아야 할지 유혹을 이기고 우리 본분을 다해야 할지 고민하면서, 우리는 다른 누군가가 이미 우리를 위해 기준치를 내려놨다는 사실에 안도하곤 한다. 다시 말해 우리는 자신만의 도덕적 허용 기준을 정당화하기에 좋은 선례를 찾고 그것에 중요한 의미를 부여하려고 한다. 우리는 그렇게 변명거리를 찾아다닌다. 그 때문에 '이 정도는 괜찮겠지' 하는 태도가 전염된다.

이와 관련된 사례를 하나 들어보겠다. 2007년 7월 부채 폭탄이 터지기 불과 몇 주 전, 시티그룹 회장 척 프린스Chuck Prince는 〈파이낸셜 타임스Financial Times〉와의 인터뷰에서 열성적으로 위험 부담을 떠안는 시티그룹을 옹호했다. 프린스는 유명한 말을 남겼다.

"유동성과 관련해, 흐르던 음악이 멈추면 상황은 복잡해지기 마련입니다. 음악이 연주되는 한 우리는 계속 춤을 춰야만 합니다. 우리는 여전히 춤을 추고 있습니다."

예전에 열세 살짜리 소년이 아빠에게 변변찮은 변명을 내놓던 모습이 떠오른다.

"하지만 아빠, 모두가 그렇게 하고 있어요."

모든 사람이 사익을 추구할 자유를 갖는 것은 개방시장경제의 본질적인 전제 조건이지만, 자본주의의 도덕적 기반으로는 적절치 않다. 자본주의의 수호성인 애덤 스미스는 저서 《국부론The Wealth of Nations》에서 사익 추구를 두고 약간 우울하지만 설득력 있는 사례를 들었다.

우리가 식사를 즐길 수 있는 것은 정육점 주인, 양조장 주인, 빵 가게 주인이 자비를 베풀어서가 아니라 그들이 그들 자신의 이익에 관심을 가지기 때문이다. 우리는 그들의 인간성에 호소하지 않고 그들의 이기심에 호소하며, 우리 자신의 필요를 이야기하지 않고 그들의 이익을 이야기한다.

자본주의의 도덕적 우월성은 남들에게도 이익을 주는 것이 자유시장에서 성공하는 최선책이라는 사실에 기인한다. 그럼에도 엄밀히 따지면, 식료품 주인은 우리가 배고플까 봐 걱정이 되어 우리에게 식료품을 제공하지는 않는다. 식료품 주인은 우리에게 식료품을 제공함으로써 이익을 얻을 수 있기 때문에 우리에게 식료품을 제공한다. 자본주의는 사람들이 사익을 추구하는 가운데 활발히 돌아가지만, 도덕적 자기 절제가 이루어지지 않을 때 왜곡되기 십상이다. 자본주의가 왜곡되면 어떻게 될까? 약자들이 이용을 당하고 무지한 사람들이 사기를 당한다. 또한 입법자들이 뇌물을 받고 감시자들이 영향력을 잃는다. 시장의 '보이지 않는 손'은 놀라운 개념이지만, 강한 도덕적 의무감이 동반되지 않을 때 그로 인해 온갖 혼란이 야기되기도 하는 것이다.

이 점은 앞의 인용문이 암시하는 것보다 애덤 스미스의 철학에서 더 분명히 드러났다. 애덤 스미스의 추종자들은 좀처럼 그것을 인정하지 않았지만 말이다. 애덤 스미스는 그의 《도덕감정론 Theory of Moral Sentiments》 제1부 1편을 아래와 같이 시작한다.

인간이 아무리 이기적인 존재라 하더라도 인간의 본성에는 이와 상반되는 몇 가지 원칙이 분명히 존재한다. 바로 이 원칙 때문에 바라보는 즐거움 외에는 자신이 얻는 것이 없다고 해도 타인의 운명에 관심을 두고 타인이 행복해지기를 바란다.

다행히도 우리에게는 자비심이 있다. 그렇지만 동정심이 시들해질 때도 있다. 기업 조직에서 리더들이 동정심을 잃는 경우는 두 가지로 나뉜다. 첫째는 성공을 좇다가 동정심을 잃는 경우이다. 성공만을 좇다 보면 동료, 직원, 주주, 고객 등 이해관계자들을 자신의 성공에 필요한 부속물, 필요할 때 쓰고 버리는 도구쯤으로 생각하게 된다. 둘째는 성공을 성취하고 나서 동정심을 잃는 경우이다. 힘 있는 자리에 오르고 나면 자신의 행동이 타인에게 미치는 영향을 소홀히 생각하게 된다. 여러분은 21세기의 리더로서 이런 위험을 경계하고 남의 처지를 배려하는 자세를 의식적으로 고양해야 한다.

자본주의의 문제 치유하기

자본주의를 도덕적으로 개선하기 위한 원대한 계획이 있는 건 아니지만, 이후의 순서에서 적정한 대안을 몇 가지 제시할 것이다. 우리 각자가 쇄신해야 하는 문제이기 때문에 장대한 계획을 세운다 한들 핵심에서 벗어날 수밖에 없다.

그럼에도 우리는 자본주의의 결점을 똑바로 직시해야 한다. 자유시장 광신자들에게 이런 말을 해주고 싶다. 경제 철학을 내던져버리고 자본주의의 결점을 인정하지 않아도 된다. 그러니 변명을 그만해도 된다! 이제 어떠한 기준으로도 옹호할 수 없는 자본주의의 실태를 살펴보자. 나는 자본주의를 옹호하는 사람으로서 다음의 실상이 눈에 들어올 때 걱정부터 앞선다.

- 막강한 힘을 가진 소수 글로벌 엘리트들이 세계의 부를 지배하고 있다.[5]

- 기업들이 자신들에게 유리한 쪽으로 규제를 풀기 위해 엄청난 자금을 뿌린다.
- CEO와 말단 직원의 보수가 수백 배 차이 난다.
- 특별히 주주들의 우려를 모면할 수 있도록 지배 구조를 설정한다.
- 기업들이 직원들을 소모품처럼 취급한다.
- 변변치 않은 성과를 거둔 경영진에게 막대한 보상을 한다.
- 기업들이 스톡옵션 대부분을 몇 사람의 경영진에게만 제공한다.
- 경영의 투명성과 고객 보호를 강화해야 한다는 요구를 기업들이 거부한다.
- 기업들이 억압적인 체제에서 사업을 영위하기 위해 그들의 가치 원칙을 굽힌다.
- 기업들이 사실을 왜곡하고 비평가들을 악마처럼 만들려는 PR 캠페인을 벌인다.
- 경영자들이 사회의 이익이 자신들의 이익과 다르다고 생각한다.

여러분 조직의 책임 이행 방식에 대해 정당한 분노를 조금도 느끼지 못한다면, 여러분은 자본주의의 도덕 구조를 개선하는 데 별로 힘을 보태지 못할 것이다.

자본주의의 미래와 관련이 있는 우리는 모두 자본주의를 개선해야 할 책임이 있다. 그런 책임은 남에게 전가할 수 없다. 그러하기에 우리 자신의 도덕적 기준을 높이고 남들도 그렇게 하도록 독려하는 일부터 시작해야 한다.

자본주의의 부흥은 '기업의 사회적 책임CSR, Corporate Social Responsibility' 같은 하향식 접근법에서 비롯되지 않는다. 그것도 환영할 일이지만,

개인의 이익과 사회의 이익을 동시에 창출하기 위한 기발한 전략만으로는 충분치 않다.

코카콜라의 사례는 훌륭하다. 2008년 코카콜라는 환경 파괴의 주범이라는 비난에 직면하여 브랜드 차원에서 대책을 마련했다. 당시에 코카콜라의 회장이었던 네빌 이스델Neville Isdell은 2020년까지 '워터 뉴트럴water neutral'(전 세계 물 부족 지역의 문제를 해결하기 위한 물 보존 캠페인-옮긴이)을 실현하겠다는 목표를 세우고 제품 생산 과정에서 소비한 모든 물을 자연으로 환원하겠다고 선언했다. 그것은 환경운동가들이 물 공급 문제에 대한 관리를 개선하라고 코카콜라에 요구한 이후의 일이다.

하지만 하향식 계획이 아무리 훌륭하고 그 효과가 대단하다 한들, 상향식 계획을 대체할 만한 것은 어디에도 없다. 상향식 계획에 따라 아래 계층부터 도덕적 책임을 인식하고 의사결정 시 항상 그것을 유념하게 하는 것은 결코 쉬운 일이 아니다. 기업은 사전에 도덕 기준을 세우고 그에 대한 책임의식이 조직 구석구석에 스며들게 해야 한다. 하지만 그런 기업을 찾아보기가 너무도 힘들다.

우리 중에 운전하면서 창밖으로 쓰레기를 버리는 사람은 없을 것이다. 또한 우리는 대부분 애완동물을 때리지 않는다. 탈세하는 사람도 우리 중에는 없을 것이다. 회사에 가짜 이력서를 제출하는 사람도 없을 것이고, 고객상담원에게 욕설을 내뱉는 사람도 없을 것이다. 왜 그럴까? 도덕성에 어긋나지 않도록 선을 정해놓았기 때문이다. 그렇지만 업무와 관련해서는 선을 정해놓기가 여간 어렵지 않다. 특히 우리가 정해놓은 선과 윗선에서 정해놓은 선이 자주 엇갈릴 때 더욱 힘이 든다.

한편으로 인간이 된다는 것이 무엇일까 깊이 고민해본다면, 도덕적 책임을 다할 때 온전한 인간이 되는 게 아닌가 하는 생각이 든다. 신발이나 물어뜯는 개가 도덕적 책임을 다한다는 것은 상상할 수도 없는 일 아닌가. 독일의 신학자 디트리히 본회퍼Detrich Bonhoeffer가 목숨을 아끼지 않고 히틀러 살해 계획에 참여하게 된 것은 책임감 때문이었다. 흑인인권운동 시위대가 최루탄이 쏟아지고 곤봉을 휘두르는 경찰을 물리치고 고속도로를 따라 셀마Selma로 행진한 것도 책임감 때문이었다. 미얀마의 민주화 운동가이자 정치가인 아웅 산 수 치Aung San Suu Kyi가 버마에서 독재 정권에 맞서 싸우게 된 것도 책임감 때문이었다.

자본주의가 개선되면 같은 유형의 도덕적 용기가 정당한 것이 될까? 아마도 그렇지 않을 것이다. 하지만 최대 다수의 최대 행복을 증진시키는 것을 목표로 하는 이념은 민주주의 외에는 존재하지 않는다. 민주주의 체제에서는 물건을 자유롭게 사고팔 수 있다. 또한 자금을 조달하고, 위험을 감수하며 수익을 거두고, 회사를 설립할 수 있다. 어디 그뿐인가. 수출이나 수입을 할 수 있고, 조직을 혁신하거나 비용을 축소할 수도 있다. 다른 회사를 인수하거나 자기 회사를 매각할 수도 있다.

이처럼 민주주의 체제에서는 놀라운 경제적 특권을 누릴 수 있다. 그러나 이런 특권들이 축소될 때 모두가 손실을 입는다.

우리가 할 수 있는 것들

한 사람이 혼자서 무엇을 할 수 있느냐며 고개를 갸우뚱할지 모르겠다. 기업 가치는 최고 경영진이 창출해야 한다는 말을 들어봤을 것이다. 말도 안 되는 소리이다! 한 번 악행을 저지르고 나면 더 많은 악행을 저지르듯이 미덕도 마찬가지다. 이메일, 블로그, 트위터 등 소셜 네트워크 서비스SNS를 비롯한 다양한 인터넷 도구를 잘 활용하자. 2011년 2월 반정부 시위로 실각한 이집트의 독재자 호스니 무바라크Honsi Mubarak가 뼛속까지 깨달았듯이, 다양한 인터넷 도구를 강력한 무기로 삼아 도덕적 양심을 확산시킬 수 있다. 지금의 세계는 네트워크로 촘촘히 연결되어 있어서 용기 있는 누군가가 목소리를 내면, 세계 각지의 수많은 사람들이 뒤따라 용기를 내어 목소리를 낸다. 그렇다. 도덕적 쇠퇴도 전염되지만, 마찬가지로 도덕적 양심도 전염된다. 스스로 움직여야 한다!

물론 난처한 처지에 놓일 수 있다. 주위 사람들을 불편하게 한다는 소문이 돌거나 불만투성이라는 꼬리표가 붙을지도 모른다. 혹은 회사에서 입바른 소리를 하다가 승진에서 탈락할지도 모를 일이다. 그렇지만 그 누구도 우리에게 자택 연금 조치까지 취하지는 않을 것이다.

그러니 여러분 스스로 따져보라. 리더의 역할을 하면서 어떤 기준들을 반드시 지켜야 할까? 나는 어떤 부분에서 진정성을 인정받고 싶어 할까? 내 도덕적 신조는 무엇일까? 사람들이 나를 보고 어떤 가치를 느끼면 좋을까? 반대로 나는 어떤 부분에서 탐욕과 자만, 권력

욕에 빠져들었을까? 나는 언제 목소리를 크게 내지 못하고 입을 다물었을까?

글로벌 금융 위기를 겪으며 우리는 교훈을 하나 얻었다. 도덕적 태만이 전염되지 않는 한 그때처럼 도덕적 타락이 걷잡을 수 없이 확산되지는 않는다는 것이다. 따라서 '월스트리트'가 '메인 스트리트'에 저지른 짓을 보고 몹시 화가 난다면, 자신이 확신하는 도덕적 규범을 당당히 지키고 퍼뜨려나가야 한다.

그리고 그거 아는가? 월스트리트 은행가들에게서 희망도 보인다. 그들을 구원할 수 있다. 이 대목에서 본받을 만한 위인들이 떠오른다. 미하일 고르바초프Mikhail Gorbachev는 공산당 서기장에 선출된 직후 1984년 글라스노스트glasnost(개방)와 페레스트로이카perestroika(개혁) 정책을 펼쳤다. 또한 프레데리크 빌렘 데클레르크Frederik Willem de Klerk 남아프리카 전 대통령은 1990년 2월 대통령 취임 즉시 인종차별 정책(아파르트헤이트)을 완화했고 1993년에 넬슨 만델라Nelson Mandela와 공동으로 노벨 평화상을 수상했다. 누구나 월스트리트 은행가들의 동정심을 회복시킬 수 있다.

목사이자 심리학자, 작가로 유명한 내 친구 존 오트버그John Ortberg는 살 만한 가치가 있는 세상을 만들려면 우리가 각자 자신만의 도덕 규범을 당당히 실천해나가는 용기를 발휘해야 한다고 주장한다. 어느 조직을 막론하고 여러분이 리더의 역할을 하고 있다면, 지금 바로 시작해야 한다.

REDISCO-
VERING
FARMER
VALUES

땀의 가치를 재발견하라

금융 위기가 한창이던 2008년 장모님이 세상을 떠나셨다. 장모님은 85세를 일기로 여생을 마감할 때까지 장인어른과 함께 가족 소유의 농장을 일구셨다. 한 마지기 땅과 트랙터 한 대를 빌려서 농사를 시작한 이래 두 분은 결국 기름진 캘리포니아 샌와킨밸리San Joaquin Valley에서 120만 평이나 되는 농장을 일구어내셨다. 두 분은 어떻게 이런 위업을 달성했을까?

두 분은 일주일에 6일, 하루 14시간을 일했다. 거의 쉬는 날 없이 일했고 평생 사치의 '사' 자도 모르셨다. 게다가 두 분은 오랫동안 저축을 하여 자금을 넉넉히 보유한 덕에 어려운 시기가 닥칠 때마다 무난히 어려움을 극복했다. 뿐만 아니라 다양한 농작물 품종을 개발하여 농산품 가격이 심하게 변동할 때마다 적절히 대처했다. 그렇게 어려움을 잘 극복한 것은 농장과 장비에 최대한 투자를 하면서도 빚을 지지 않고 스스로 비용을 부담한 덕분이기도 했다.

내 장인·장모님 펀 핀들리Ferne Findly와 엘든 핀들리Eldon Findley는 당신들 세대의 많은 사람들처럼 빚을 내려고 하지 않았다. 빚을 내는 것은 하인처럼 사는 것이나 다름없다고 생각했다. 농사일 특성상 돈이 돌지 않아서 어쩔 수 없이 대출을 받기도 했지만, 두 분은 끈기 있게 일한 끝에 장기 채무를 줄이고 농장 소유권을 획득했다. 결혼 생활 30년 만에 목표를 이루신 것이다.

당시 두 분은 행복에 겨운 나머지 거름통에 두 팔을 깊숙이 집어넣고 환호성을 지르셨다. '농부의 신조Farmer's Creed'를 지켜나가는 모든 이들과 기쁨을 함께 나눈 것이다. 농부의 신조란 다음과 같다.

나는 사람이 가진 최고의 자산은 자존감이며 농사만큼 자존감을 많이 불러일으키는 사명은 없다고 믿는다. 열심히 일하고 정직하게 땀을 흘리는 가운데 인격이 형성된다고 믿는다. 농사를 짓다 보면 곤란에 처하고 좌절할 일이 많지만 농사는 가장 정직하고 명예롭게 생애를 보낼 수 있는 일이라고 믿는다.

빚을 지지 않겠다는 신조를 지킨 덕분에 두 분은 우리 부부를 위한 신혼집을 마련해주셨는가 하면, 교회 건립 활동에 기부도 했고, 우리 처남에게 번성한 사업도 물려주셨다.

대출을 더 많이 받았다면 두 분은 사업을 더 빨리 키웠거나 좀 더 풍요로운 삶을 사셨을지 모른다. 하지만 두 분은 유년 시절에 겪었던 대공황기의 기억을 늘 되새겼다. 두 분과 같은 세대를 살아온 대부분의 사람들이 두 분처럼 어린 시절의 교훈을 되새기며 사치의 유혹을 이겨냈다.

돈에 혈안이 된 은행가들

핀들리 농장의 가치 기반이 되었던 검약, 절약, 절제, 희생 등의 미덕은 미국과 영국, 한국과 일본 등 동서양 여러 나라에서 중요시되고 있다. 하지만 최근 몇십 년 사이에 이런 미덕이 확연히 사라졌다. 소비자들을 봐도 알 수 있듯이, 절약 정신을 내팽개치고 명품에 넋이 나간 사람들을 주위에서 흔히 볼 수 있다. 마케팅 전략의 차원에서 보면, 나중에나 먹을 수 있는 '그림의 떡'보다 당장 먹을 수 있는 '개떡'이 훨씬 좋은 미끼가 되는 법이다. 그래서 은행가들은 우리가 대출에 탐닉하도록 부추겼고, 우리는 그들이 원하는 대로 해주었다.

이런 생각을 하면서 나는 '은행가의 신조 Banker's Creed'에 관한 문헌이 있나 찾아보았지만 하나도 찾지 못했다. 은행가의 미덕을 간결하게 찬양한 문구도 전혀 보이지 않았다. 그럼에도 최근에 일어난 일들을 보면, 많은 은행가들이 실제로 몇 가지 원칙에 동의했음을 어느 정도 알 수 있다(대다수가 그랬다는 것은 아니지만, 사실이다).

- 경쟁 은행들을 인수하여 '사회 금융 시스템에 영향을 주는' 은행을 세우

겠다. 이렇게 하여 사기업의 방식으로 이익을 획득하고 공기업의 방식으로 손실을 정부에 전가하겠다.
- 기회가 될 때마다 고객들을 먹이로 삼겠다. 그리고 고객들의 잘못된 믿음을 이용하여 이익을 얻겠다. 이런 내 권리를 잘 지키겠다.
- 일곱 자리 또는 여덟 자리 숫자의 임금을 지급받는 날을 고대하면서, 내 은행의 재정 상태에 닥칠 전례 없는 위기를 감수하고 주주의 이익을 무시하겠다.
- 내 무모함으로 인한 결과를 '글로벌 금융 시스템'의 결함 탓으로 돌리고, 그리하여 투자자, 고객, 규제 당국을 속인 것에 대해 책임이 없다고 선언하겠다.
- 구제금융을 받은 이후라도 그간에 익숙해진 보상을 계속 요구하겠다.
- 우리 금융계 동지들과 뭉쳐서 실제 개혁 시도가 반드시 완화되게 하겠다.

이처럼 돈에 혈안이 된 사람들은 지금의 은행가들뿐일까? 그렇지 않다. 이 사실은 1933년 3월 취임한 루스벨트Franklin Roosevelt 대통령의 취임사에서 드러난다.[1] 당시는 대공황이 한창이던 시기였다.

사람들의 가슴과 마음으로부터 거부당한, 파렴치한 환전업자의 관행은 여론이라는 법정에 기소되어 서 있습니다.

환전업자들은 우리 문명의 신전 높은 자리에서 달아났습니다. 우리는 이제 그 신전을 옛날의 진정한 형태로 복원할 수 있습니다. 그런 복원의 기준은 단지 금전적인 이윤보다 고귀한 사회적 가치를 적용하는 정도에 달려 있습니다.

행복은 단순히 금전을 소유하는 데 있지 않습니다. 행복은 성취의 기쁨, 창의적인 노력의 전율 속에 있습니다. 노동을 도덕적으로 자극하는 그런 즐거움이, 덧없는 이익을 미친 듯이 좇느라 더 이상 망각되어서는 안 됩니다.

걸핏하면 거룩한 신탁 재산을 가지고서 무신경하고 이기적인 범죄와 유사한 짓을 저질러온 은행과 기업의 행동이 끝을 맺어야 합니다. 신뢰는 오직 정직함, 명예, 의무의 신성함, 충실한 보호, 사심 없는 행위를 바탕으로 번성합니다. 그런 것들이 없으면 지속될 수 없기 때문에, 신뢰가 시들해지는 것은 그리 놀라운 일이 아닙니다.

지금의 은행가들은 대공황기의 은행가들처럼 자주 비난의 표적이 된다. 하지만 탐욕에 빠져 도를 넘은 사람들은 은행가들만이 아니었다. 한번 생각해보자. 1950년대 초, 베이비부머 세대가 갓난아기였을 때(그들의 부모가 모기지 대출금을 갚으려고 밤낮없이 일했던 시절이다), 미국 일반 가정의 소득 대비 부채 비율은 40퍼센트였다. 그러다가 1960년대 중반에서 1980년대 중반까지 그 비율은 70퍼센트를 왔다 갔다 했다.

그러나 2008년 그 중대한 지표는 140퍼센트까지 급증했다. 이 기간 동안 미국 평균 가정에서 소득을 제외한 부채가 350퍼센트 이상 부풀었다. 실제로 미국 가정의 부채 비율은 지난 39년간보다 2001년에서 2008년 사이에 더 많이 증가했다. 미국 대부분의 가정에서는 불황 탓에 어쩔 수 없이 절약하고 저축했지만, 그 전까지 식료품을 구매하는 것보다 은행 빚을 갚는 데 더 많이 지출을 했던 셈이다.

진정한 교훈

우리 모두는 세상 물정 모르는 풋내기가 아니다. 그렇지만 대규모 압류, 수백만 달러 규모의 신용 손실, 엄청난 손실을 일으킨 경기 후퇴 등 불행한 사태가 벌어지지 않았다면 흥청망청한 빚잔치가 막을 내리리라 예상이나 했을까? 중국이 미국에 자금을 지원한다 해도 언젠가 우리 역시 비용을 부담해야 한다. 그런 걸 예상했어야 했다.

지난 몇 년간 세계 곳곳의 정책 담당자들은 글로벌 경제를 팽창시키는 데 열중하고 있었다. 그러나 그들은 노력에 비해 별다른 성과를 내놓지 못했다. '디레버리징deleveraging(부채 축소)'이 유행하면 또다시 곤란을 겪기 마련이다. 수백만 명의 사람들이 부채의 늪에 빠져버렸다. 그런 부채 중독자들은 현재 치료를 받고 있는 셈이다. 그들은 유명 인사들처럼 유기농 샐러드를 먹고 푹신한 베개에 기대어 나긋나긋한 상담사의 도움을 받고 있지 않다. 법원의 명령을 받아서 급식을 먹고, 차가운 물에 씻으며, 무례하게 구는 담당자의 말을 들으며 지내고 있다.

이런 치료가 효과가 있을까? 물론이다. 제일 먼저, 시대를 초월하는 미덕을 실천해야 진정한 부와 영원한 번영을 이룩할 수 있음을 다시금 깨닫게 된다. 농부가 추구하는 가치가 중요한 덕목으로 떠오르고 은행가가 추구하는 가치가 시들해져야 우리 모두의 삶이 개선되고, 경제 또한 나아진다.

그다음에 따라오는 혜택이 있다. 우리 아이들이 성장하여 부채 중독에 빠지지 않으려고 조심할지 모른다. 우리 아이들은 부모가 빚더미에 휩싸여서 그 대가를 치르는 모습을 지켜봤기에 검약을 실천하는 삶을 살겠다고 다짐할 것이다(고등학교 3학년 학생들이 개인재무관리 수업을 받으면 좋겠다고 우리 아들이 말했다). 이른바 Y세대가 절약, 힘든 노동의 가치, 재정정책 등에 관한 진정한 교훈을 깨닫는다면, 끝날 것 같지 않은 위기가 헛된 일이 되지만은 않을 것이다. 그리고 후손들을 위해 밤낮을 가리지 않고 일한 우리 조상들이 우리를 내려다보며 미소를 지을 것이 확실하다.

자본주의의 위험한
자만심을 버려라

예상했을지 모르겠는데, 나는 신념으로 보나 직업으로 보나 자본주의자이다. 그래서 내 나름대로 최고의 경제 체계라고 확신하는 모델이 있다. 기업가 정신entrepreneurship(기업 활동의 본질인 이윤 추구와 사회적 책임을 실천하기 위해 기업가가 반드시 갖춰야 할 자세-옮긴이)을 발휘하여 위험을 감수한 대가를 보상받고, 고객의 선택 범위를 극대화하고, 희소한 자원이 시장에서 배분되게 하는 모델이다. 번영을 이룩하는 데 이보다 더 나은 방법을 나는 아직까지 찾지 못했다.

그런데 선진국에서는 대기업들이 '다소' 또는 '대체로' 사회에 긍정적 기여를 한다고 생각하는 소비자들이 10명 중 4명도 안 된다고 한다(맥킨지 앤드 컴퍼니가 2007년에 실시한 조사)[1] 왜 그럴까? 2010년 미국에서 실시한 갤럽 여론조사에서는 응답자의 19퍼센트만이 대기업을 '꽤 많이' 또는 '상당히' 신뢰한다고 답했다(유일하게 의회가 더 나쁜 점수를 얻었다).[2] 이런 결과가 나온 이유는 무엇일까? 우리는 대부분 대기업이 환경을 파괴하고 종업원들을 혹사시키고 소비자들을 속인다고 생각하는 것 같다. 우리 눈에는 기업 활동을 올바르게 하는 대기업이 보이지 않는다. 도덕적 의무를 다하지 않는 대기업들은 찰리 쉰Charlie Sheen과 린제이 로한Lindsay Lohan 같은 못 말리는 사고뭉치 배우들과 어깨를 나란히 할 것 같다.

시민들은 이 사태에 대해 월스트리트에 책임을 묻고 있다. 2009년 3월 〈파이낸셜 타임스〉는 "10년간 자유시장 이념이 서구의 사고를 지배했지만, 신용 위기로 인해 이에 대한 신념이 무너져 내렸다"라고 보도했다. 서브프라임 금융 위기가 일어나자 조바심이 난 언론인들과 고집불통 정치인들은 새로운 형태의 자본주의 모델, 즉 자본가들이 국가에 신세를 훨씬 더 많이 지는 형태의 경제 모델이 필요하다고 주장했다.

대기업과 CEO가 문제다

위험을 탐닉하다가 글로벌 경제를 폭발 직전의 상태로 몰아넣은 금융업자들을 경계해야 하지만, 자본주의에 실제 위협이 되는 것은 규제를 벗어나는 교활한 금융 수법이 아니다. 갤럽 여론조사 결과를 소개했지만, 대기업은 은행보다 낮은 점수를 받았다.

그렇다. 탐욕스러운 은행가들은 위험한 존재이지만, 그들보다 더 위협적인 존재가 있다. 바로 주주들의 기대 변화에 부응하지 않는 오만한 CEO들이다. 대기업(우리 사회에서 가장 강력한 영향력을 발휘하는 경제 주체)의 권리와 의무에 대한 암묵적 계약이 존재하는데, 최근 들어 소비자 시민들이 대기업을 향해 강한 불만을 터뜨리고 있다. 대기업과 거래할 때 편파적으로 계약을 맺는 경우가 많다는 것이 일반적인 시각이다. 그런 거래는 대기업의 CEO에게 정말 좋고 그들의 주주들에게 매우 좋지만 그 밖의 사람들에게는 별로 도움이 되지 않는다는 말이다.

대기업의 이익 구조가 궁금하다고 해서 반소비주의를 외치는 〈애드버스터스$_{Adbusters}$〉 같은 잡지까지 읽을 필요는 없다. 주위를 둘러보면 '자유시장'의 폐해를 쉽게 확인할 수 있다. 식품업계는 여전히 트랜스 지방에 비뚤어진 애정을 쏟고 있고, 미국 3위 제약기업 머크$_{Merk}$는 관절염 진통제 바이옥스$_{Vioxx}$ 관련 사망 사고를 남의 일 보듯 했다. 또한 페이스북은 소비자 사생활 침해 문제에 무신경한 태도를 보이고 있고, 어느 항공사 CEO는 고객 서비스 개선 약속을 전혀 이행하지 않고 있다. 여기서 끝이 아니다. 은행은 예금 송금 수수료를 과도하게 요구하고, 기업은 고객의 불만을 가볍게 처리한다. 또한 고객 서비스 센터는 문제의 책임을 고객에게 전가한다.

세계 각지의 소비자들이 기업을 신뢰하지 않는 이유는 기업이 소비자들과의 신뢰를 악용했기 때문이다. 이런 의미에서 자본주의를 위협하는 요소는 약탈자 같은 은행가들이 일으킨 위협에 비해 더 일반적이면서 매우 심각하다.

여기서 더 일반적이라고 말한 것은 탐욕스런 월스트리트 금융업자들이 아닌 기업들이 사소한 비행을 저질러서 보통 사람들이 나날이 불만을 품게 되는 데 위험이 뒤따른다는 의미이다. 또한 문제가 포괄적이라는 점에서 매우 심각하다고 할 수 있다. 즉 문제가 벌어지면, 한때 보류되었던 핵 발전소 관련 규제가 시행되는 것처럼 모든 대기업이 규제를 받는 위험에 처할 수 있다.

우리가 자본주의의 결점들을 인식하지 못한다면, 기업에 대한 불만은 늘어만 갈 것이다. 그러다가 결국 국가의 영향력 확대를 열망하는 사람들, 즉 기업이 정부의 뜻에 따라야 한다고 믿는 친정부 성향의 사람들이 더욱 영향력을 키우게 될 것이다.

이는 우리 대다수에게 환영할 만한 일이 아니다. 규제의 끈을 단단히 조이면서 자본주의의 과도한 폐해를 막을 수 있을지 모르지만, 한편으로 자본주의가 주는 풍요로움을 빼앗길 수 있기 때문이다. 따라서 되돌릴 수 없는 혁명이 일어날 수 있다는 사실을 세상 곳곳의 경영자들이 받아들이기를 기다려야만 한다.

수 세기 동안 '현대' 경제를 이끈, 과거로부터 이어져 온 경제 생산 모델은 힘을 잃었다. 이 사실을 외면하는 기업 총수가 많다는 사실을 소비자 시민들은 대부분 이미 알고 있다. 오늘날 자본주의는 낡은 엔진과 같다. 전선과 은색 테이프가 군데군데 붙어 있고 오염된 연기를 내뿜으며 수시로 먹통이 되는 엔진 말이다. 100년 전 누군가가 덜컥대는 이 구식 기계를 발명한 것에 고마워하면서도, 우리는 또한 이 기계가 마지막에 고철 처리장으로 실려 가 덜 위협적인 것으로 바뀌는 것을 보고 마음을 놓을 것이다.

더 나은 자본주의의 방해물

과거가 꼭 미래를 비추는 거울이 아님을 우리는 알고 있다. 산업혁명 일꾼들의 후손으로서 우리는 무작정 더 많은 것을 좇아서는 그것을 지속하지 못하거니와 최후에 만족을 얻지도 못한다는 사실을 터득했다. 그래서 우리가 살고 있는 세상, 우리의 안도감, 우리의 평정심, 우리의 바로 그 마음이 더 나은 것, 다른 것을 요구한다.

우리는 뭐랄까, 더 너그럽고 더 관대한 자본주의를 열망한다. 이를테면, 우리를 단지 소비자가 아닌 그 이상으로 바라보는 체제, 소비의 극대화와 행복의 극대화를 구분하는 체제, 현재를 위해 미래를 희생하지 않는 체제, 지구의 천연자원이 언젠가 고갈된다고 보는 체제를 갈망한다.

그러면 의식적이고 책임 있는, 또 지속 가능한 자본주의, 즉 장기간 사람들이 따를 수 있는 자본주의를 수립하는 데 방해가 되는 요인은 무엇일까?

바로 사업의 유형과 이해 당사자의 이익, 가치 창출 방법에 대한 확고한 신념의 매트릭스가 이상적인 자본주의 체제를 수립하는 데 방해가 된다. 그런 신념은 거의 교리처럼 퍼져 있다(적어도 이념적 편견 속에 특정한 세대를 살아온 기업 경영자들 사이에서는 그러하다). 그런 신념은 또한 자기도취적이며 낡아빠진 사고방식이다. 다음과 같은 신념이 이상적인 자본주의에 가장 해가 된다.

• 기업의 최고 목표는 수익을 거두는 것이다. 경제적 효율을 발휘하여 인간

의 행복을 증진하는 것이 아니다.
- 기업의 리더는 자신의 행동으로 인한 당장의 결과만 책임지면 된다. 성장과 수익 창출에 매달림으로써 발생한 파급효과는 무시해야 한다.
- 경영자는 재정적으로나 사회적으로 창출한 장기 가치보다는 단기간의 이익을 토대로 평가받고 보상받아야 한다.
- 사회적 책임 기업의 자격 요건은 어떤 상황에서도 확고한 희생정신으로 올바른 일에 헌신하는 것이 아니다. 고상한 사명 선언문을 작성하고 친환경 색채를 띤 제품을 개발하고 기업의 사회적 책임 활동 예산을 축적하는 등의 활동을 해야 사회적 책임 기업으로서 자격이 있다.
- 올바른 활동은 대부분 기업이 성공하도록 돕는 것이다(오직 상승세에 있어야 올바른 활동을 하는 것이다).
- 고객은 상품 생산 및 판매 과정에서 창출되거나 훼손되는 가치보다는 금전적 가치에 더 많은 관심을 둔다.
- 고객들은 기업의 활동으로 인해 삶에 영향을 받는 사람들이라기보다 기업의 서비스를 구매하는 사람들이다.
- 기업이 소위 '커스터머 록인Customer lock-in(자사의 제품을 한 번 사면 그 제품을 계속 사게 유도하는 행위-옮긴이)'하거나 상품 혜택을 과장하거나 혹은 고객의 선택 범위를 제한하여 수익을 거두는 것은 정당한 일이다(이런, 그래서 공항에 발이 묶인 승객들을 항공사가 인도적으로 대우하도록 관련 법령으로 정해놓아야 하는 것이다).
- 방해가 되는 기술에 대처하거나 색다른 유형의 경쟁자를 차단하는 데 시장 지배력과 정치적 영향력을 활용해도 된다.
- 기업의 브랜드는 상품의 진정한 가치를 사회적 의미로 묘사한 것이 아니

라 엄청난 광고비를 들여서 조합한 마케팅 수단이다.

GM 회장 찰스 윌슨Charles Wilson이 "GM에 좋은 것은 나라에도 좋다"라고 강조했던 58년 전만 해도 이런 착각이 문제로 번지는 일은 별로 없었을 것으로 보인다. 하지만 오늘날 이런 잘못된 신념은 지금의 사회 상황에 맞지 않고 오히려 위험하다. 사람들의 인식이 바뀌지 않았다고 하거나 비평가들이 자본주의를 잘못 이해하고 있다고 말해봤자 소용이 없다. 오늘날 소비주의가 만연한 탓에 인간의 소중한 가치가 훼손되고 있는 현실을 부인하기는 어렵다. 지금까지 무작정 성장만 좇아온 탓에 세계가 그 후유증에 시달리고 있다. 또한 기업의 영향력이 억제되지 않아서 민주주의가 침해당하고 있다. 뿐만 아니라 기업 경영자들이 근시안적 사고로 눈앞의 이익만 좇다 보니 가치를 창출하는 만큼 훼손하는 일이 많다.

물론 소비자 시민으로서 우리는 기업이라고 해서 모든 사회 병폐를 고칠 수 없고 혹은 사회에 혜택을 제공하지 못할 수 있다는 점을 인정해야 한다. 또한 우리가 현실을 제대로 인식하지 못하는 경우도 있음을 인정해야 한다. 우리 이익을 지키려고 잘못된 원칙을 과감히 버리지 못하면서 기업들만 책임 있게 행동하기를 기대해선 안 된다.

자유로운 기업 활동을 위해

여러분이 경영자라고 가정하고, 여러분의 업계가 아직도 가벼운 규제를 받고 있다고 생각한다면, 기존에 해오던 대로 해나가면 된다. 반면에 간교한 정치인들과 쓸데없이 간섭하는 정부 관료들에게 질렸다면, 간단한 사실 하나를 직시해야만 한다. 참신하고 더욱 계몽적인 관점에서 기업의 책임을 수용해야 비로소 자유로운 기업 활동을 보장받는 시대가 온다는 것이다. 구글 회장 에릭 슈밋Eric Schmidt은 이런 흐름을 잘 수용한 몇 안 되는 경영자 중 한 사람이다.

2010년 구글은 이른바 '싱크/두 탱크think/do tank'를 표방하는 사회 혁신 사업 부문을 새로이 구성했다. 이렇게 구성된 구글 아이디어Google Ideas는 구글의 자선 재단에 소속된 것이 아니라 주요 사업 단위로서 구글 조직의 핵심 역량과 사회 동원 능력을 최대한 활용하여 핵확산, 파산 국가 문제 등 가장 시급한 사회 현안을 다루겠다는 목표를 설정했다.

그런 노력의 일환으로 구글 아이디어는 2011년 아일랜드 더블린 컨벤션 센터에서 'SAVESummit Against Violent Extremism(폭력적 극단주의 대비 토론회)'를 개최하는 일부터 시작했다. 그러자 반미 지하드(성전) 조직원들, 백인 우월론자들, 범죄 조직 두목들 그리고 이들에게 피해를 입은 피해자들과 많은 학계 전문가들이 토론회에 몰려들었다. 토론회 참가자들 중 레이든T. J. Leyden을 주목할 만하다. 레이든은 한때 스킨헤드족을 이끌었다가 지금은 헤이트투호프Hate2Hope(과거 인종 차별의 피해자였던 매튜 보거Mattew Boger, 매튜에게 폭행을 가했던 전 네오 나치족 팀 잘Tim Zaal이 용서와 속죄의 이야기를 들려주고, 편견, 인종주의, 약자에 대한 폭력에 대해 진솔하게 대화하고 성찰하는 사이트-옮긴이)라는 사이트의 운영을 책임지고 있다.

구글은 이런 토론회를 통해 겉보기에 난해한 문제들을 급진적이고 참신한 접근법으로 다룰 수 있기를 기대한다. 구글 아이디어의 성공 여부를 평가하기에는 너무 이른 감이 있지만, 그것의 근간을 이루는 원칙들은 눈여겨볼 만한 가치가 있다.

- 주주들과 사회 전반의 이익은 결국 하나로 집결된다. 세상을 더 나은 곳으로 만드는 것은 기업의 이익에 부합하며, 기업을 더 나은 집단으로 만드는 것은 인류 전체의 이익에 부합한다.
- 기업의 사회적 정당성을 대수롭지 않게 여겨서는 절대로 안 된다. 그 문제에 늘 의문을 가져야 하고, 그 문제를 수용해야 한다.
- 기업들이 사회적 책임을 다할 뿐 아니라 사회 활동을 과감히 벌여나가기를 시민 소비자들은 기대한다.
- 구조적 문제는 기업이 단독으로 나서거나 혹은 탁자에 둘러앉아 회의를 벌인다고 해서 해결할 수 없다. 기업은 특유의 방법으로 관련 단체를 동원하여 쟁점을 부각시키는 능력을 갖췄다. 이런 능력을 바탕으로 공공기관과 NGO 단체 등 활동적인 단체의 힘을 빌려야 한다.
- 그 유명한 구글의 비공식 표어 '사악해지지 말자 Don't Be Evil'는 최소 기준이다. 기업은 사회적 대차대조표 social balance-sheet를 공고히 하기 위한 능동적 전략을 갖춰야 한다. 다른 어느 곳에서도 그래야 하듯, 여기서 유일한 선택은 앞장서는 것이다!

아무 회사의 웹 사이트라도 방문해보자. '올바른 활동'에 대한 진부한 문구와 막연히 헌신하는 방법을 늘어놓은 글귀들이 웹 사이트

곳곳에서 눈에 띌 것이다. 그런 표현은 구글 아이디어의 원칙과 거의 유사하다. 그렇지만 그런 내용이 패러다임의 전환을 촉구하는 것이 아니라 PR 전략에 불과하다는 것을 금세 알게 될 것이다.

아직도 고리타분한 슬로건을 내세우는 기업들이 많다. 지금 중요한 것은 그런 것들을 바꾸는 것이다.

고귀함을 되찾아라

나는 〈뉴요커 New Yorker〉지의 시사풍자만화(카툰)를 하루라도 안 보면 우울해질 지경이 된다. 사회 이슈가 되는 내용에 대한 카툰이 대부분 연재되기 때문에 그것을 보면서 쓴웃음을 짓거나 정곡을 찌르는 깨우침에 놀라서 움찔할 때가 많다. 매주 〈뉴요커〉 만화 자막 경연에 참여하지 못할 때는 예상 순위를 뽑아보곤 한다. 지난주에는 한 부부가 거실에 늘어져 있는 모습을 담은 삽화가 눈에 확 들어왔다. 그림 속에서 남편(아마도?)은 소파에 기대어 신문을 뚫어져라 보고 있고, 아내는 안락의자에 기대어 앉아 있었다. 허리 위로 아무것도 걸치지 않고 다리를 접은 채 얌전히 앉아 있는 아내는 동화 속 인어 같았다. 아내는 남편을 향해 고개를 돌리고 말을 하다가 잠시 멈췄다. 아내는 이렇게 말하는 것 같았다.

"10년 후에나 스쿠버 다이빙을 배울 것 같네요. 알프스에는 다시 오를 수 있을까요? 이번 휴가 때는 해변에 놀러 갈 줄 알았는데…."

내가 즐겨보는 또 다른 〈뉴요커〉 카툰에서는 회사의 한 직원이 가슴을 쥔 채 벽에 기대어 있는 모습이 나온다. 걱정스러운 얼굴로 달려온 동료들에게 그는 어깨를 축 늘어뜨린 채 이렇게 중얼거린다.

"걱정 안 해도 돼. 잠시 무얼 할까 생각했을 뿐이야."

이처럼 인간의 상태를 냉소적으로 그린 그림을 보면 공감대가 생긴다. 그림 속 인물들이 무언가 심오한 사실을 포착하기 때문이다. '물 밖에 나온 인어(아내)'는 오랜 시간 함께한 부부라면 공감하는 문제를 입 밖으로 꺼냈고, 잠시 (믿기지 않는) 강렬한 열정을 느낀 직원은 보통의 회사 사무실이 '정서적 진공상태emotional vacuum'에 있음을 일깨워준다. 자신의 배우자와 잘 지내려고 애쓰는 사람한테 이런저런 얘기를 해줄 필요는 없다. 그보다는 사무실 칸막이 안쪽의 으슥한 공간에서 정체성의 혼란에 빠져 있는 사람을 여러 번 목격한 적이 있는데, 앞으로 이들에 관한 이야기를 하려고 한다.

조직의 핵심 가치

지금부터 직원 몰입도employee engagement에 관한 몇 가지 연구 자료를 살펴볼 생각이다. 지금은, 세계 여러 기업의 직원들을 대상으로 한 조사에서 직원 5명 중 1명만이 진심을 다해 회사 일에 참여한다는 결과가 나왔다는 사실만 짚고 넘어가면 되겠다.

기업 경영을 연구하는 사람으로서 이 조사 결과를 보고, 회사를 도살장처럼 생각하는 사람이 그토록 많다는 사실에 착잡한 기분이 들지 않을 수 없었다. 조사 과정에서 응답자들은 고집이 세고 도무지 말이 통하지 않는 상사 때문에 의욕이 나지 않는다고 토로했다. 그럼에도 한편으로는 응답자들의 회사가 직원들에게 활력과 열정을 불어넣어 주는, 어떤 깊이 있는 조직 환경을 갖추지 못한 건 아닐까 궁금했다.

이쯤에서 실험을 한번 해보자. 지난 연간 보고서와 회사의 사명 선언문, 회장님의 연설문 등을 한데 모아서 읽어보고, 반복해서 나오는 단어나 문구를 찾아서 적어보자. 그런 다음 정리한 내용을 잠시 분석해보자. 회사에서 유독 강조하는 개념은 무엇인가? 아마 그런 개념은 '우위, 유리, 리더십, 차별성, 가치, 집중, 훈련, 책임, 효율' 따위로 표현되어 있을 것이다. 이런 목표에 문제가 있다는 말은 아니다. 그런데 이런 목표를 떠올리면 심장이 '쿵쾅쿵쾅' 뛰는가? 이런 말들이 여러분의 마음을 자극하는가? 그것들은 어떤 광범위한 의미에서 '좋은' 개념인가?

이제 미켈란젤로, 갈릴레이, 제퍼슨, 간디, 윌리엄 윌버포스, 마틴 루터 킹 박사, 테레사 수녀, 에드먼드 힐러리 경을 떠올려보자. 그들은 어떤 이상을 좇아서 위대한 업적을 남겼을까? 그들의 이상은 여러분이 상업적 가치로 생각하는 것인가? 아마 그렇지는 않을 것이다. 그들의 이상은 아름다움, 진실, 지혜, 정의, 자선, 신의, 즐거움, 용기, 명예 등 영속하는 인간 가치에 열렬히 헌신하는 데 있기 때문이다.

수많은 기업 경영자들과 대화를 나눴는데, 열이면 열 경영자들은 '고효율' 조직을 구축하겠다고 말한다. 하지만 조직의 핵심 가치가 숭고하지 않고 부패되었다면 그런 일이 실제로 가능할까? 불가능하다고 본다. 이런 이유로 기업은 경영 현장에 반드시 인간 가치를 불어넣어야 한다. 이로써 기업은 또한 도덕적 의무를 이행한다.

고귀한 목적을 추구하는 가운데 희생정신, 혁신의 의지, 인내하는 용기가 고취되기 마련이다. 이 과정에서 훌륭한 재능이 탁월한 성과로 이어진다. 이는 틀림없는 사실이다. 그런데 한 가지가 궁금했다. 왜 기업 현장에서는 '사랑', '헌신', '명예' 같은 말이 좀처럼 들리지 않는 걸까? 왜 유독 경영에 대한 담론을 나눌 때는 고귀한 인간 가치를 소재로 다루지 않을까?

거대 식품 기업 홀푸드마켓Whole Foods Market의 공동 창업주인 존 매키John Mackey는 예전에 고객들로부터 사랑받는 기업을 만들겠다고 선포한 적이 있다. 매키는 유토피아를 꿈꾸는 이상주의자는 아니다. 그의 완고한 자유주의적 관점은 수긍할 수 없는 면도 없지 않아 있다. 그럼에도 신뢰와 관용, 인내의 가치를 구현하는 조직을 만들겠다고 외치는 경영자가 좀처럼 보이지 않는 것이 지금의 현실이다. 게다가 자선 정신이 근간이 된 회사를 만들겠다며 마음에서 우러나온 얘기를 해도 그 모습을 있는 그대로 보지 않고 왜곡해서 바라보는 경우가 많다.

미심쩍다면 한 번 더 실험을 해보자. 이렇게 해보자. 직원회의에 참석할 기회가 생겼을 때, 직원들이 프레젠테이션을 보느라 지쳐서 눈이 게슴츠레해질 때까지 기다렸다가 회사에 정말로 더 필요한 것은 사랑이라고 말해보자. 기업의 관리자층을 대상으로 강연을 할 때, 나는 종종 이런 식으로 사랑이 필요하다고 말해보라고 권유한다.

"회사로 돌아가자마자 회사에 사랑이 부족한 것 같다고 상사에게 말해보세요."

이렇게 제안하면 역시 사람들이 피식 웃음을 짓는다. 나로서는 그런 반응이 늘 이해가 되지 않는다.

선, 정의, 아름다움

경영자로서 끝없는 인간 가치를 추구하는 이념을 받아들이지 못할 이유가 전혀 없다고 본다. 하지만 우리는 대부분 우리 조직에서 그런 이념을 앞장서서 실천하지 못한다. 그 이유는 무엇일까? 대략 짐작이 된다. 기업 조직에서는 모든 것이 너무 세속적이고 기계적인 데다 평범하고 물질만능주의적인 경향이 있다. 그래서 영적인 분위기를 조성하려고 하는 시도 자체가 조직에 굉장히 어울리지 않는 일로 보인다. 사창가에서 성경을 읽는 행위를 떠올리면 이해하기 쉬울 것이다.

다시 말하지만 이익과 우위, 효율 같은 실용적 가치는 아무 문제가 없다. 다만 별로 고귀하지 않다. 그리고 최근 들어 자주 일어나는 일인데, 기업 총수와 그 추종자들이 고귀한 목적을 좇지 않을 때 그들은 위험을 무릅쓰고 비열한 욕구에 빠져들곤 한다. 조직에서는 개인의 성취욕을 자극하기보다 행복감을 주는 목적의식을 더 고양해야 한다. 그러한 목적의식은 편의주의와 부도덕한 행동을 억제하는 기제로 작용한다. 말하자면 모든 조직은 가치라는 운전사가 이끌어간다. 유일한 문제라면 어떤 '가치의 운전사'가 운전석에 앉는가 하는 것이다.

디즈니사가 즐거움을 선사하는 사업을 했던 때가 있었다. 디즈니사는 과거에 동화 작가들과 테마파크 종업원들, 임원진이 어린이들에게 마술 같은 체험을 선사하기 위해 머리를 맞대고 탐구했다. 또한 애플은 스스로를 아름다움을 추구하는 기업이라고 생각한다. 애플은 그들 나름의 뛰어난 감각으로 미적으로 우수한 제품과 서비스를 만들어낸다. 또 다른 예로 구글에는 자신의 회사가 지식 사업을 한다거나, 자신이 세상의 지적 수준을 높이는 일을 한다거나, 자신이 지식을 민주화하고 대중에게 정보에 대한 권한을 선사한다고 생각하는 직원들이 많다. 그러나 아쉽게도 장대한 목표와 고결한 이상을 실천하는 모습을 기업에서 찾아보기가 너무 어렵다. 그럼에도 개인의 성공이든 기업의 성공이든 오래 지속되는 성공은 고귀하고 장엄한 가치를 충실히 실현해나가는 데서 비롯된다고 나는 믿는다.

오스트리아의 정신의학자이자 심리학자인 빅토르 프랑클 Viktor Frankl 도 나와 관점이 비슷하다. 프랑클은 그의 저서 《인간이란 무엇인가 Man's Search for Meaning》에서 보기 좋게 핵심을 짚었다.

"성공은 행복과 마찬가지로 억지로 되는 일이 아니다. 행복은 우리 자신보다 더 큰 대의에 헌신할 때 혹은 우리 자신이 아닌 다른 사람을 위해 희생할 때 뜻밖의 부산물로 따라오는 것이다."

왠지 모르게 머리가 다시 지근거린다. 여러 가지가 궁금해진다. 그럼에도 왜 '기업의 언어'는 그토록 재미도 흥미도 없고 고리타분할까? 기업에 예술가와 이론가들보다 기술자와 경제 전문가들이 많이 모여 있어서 그럴까? 기업이 이상주의보다 합리주의와 실용주의에 역점을 두어서 그럴까? 확실한 답을 내놓지 못하겠지만, 한 가지 사실은 분명하다. 고객들과 투자자들, 납세자들과 정책 수립자들은 기업 정신에 균열이 생겼다고 보고 있다. 그리고 그들은 알고 있다. 경영자들이 오로지 소크라테스가 선, 정의, 아름다움이라고 일컬었던 것을 수용할 때 비로소 그런 균열을 메우고 도덕의 기치를 회복할 수 있음을 말이다.

지금 중요한 것은 혁신이다

2

INNOVATION

DEFENDING
INNOVATION

혁신을
고수하라

위험을 피해 웅크리는 것은 소위 '뉴 노멀new normal(시대 변화에 따라 새로이 떠오르는 기준이나 표준 - 옮긴이)'이 되었다. 오늘날 비즈니스 세계의 현실을 생각하면 그리 놀랍지 않다. 세계 각지의 수많은 기업들이 불황의 늪에서 빠져나오지 못하고 있다. 그런 기업들은 또한 뛰어난 효율을 자랑하는 경쟁 기업들과 싸우는 동시에 인색한 소비자들의 마음을 사로잡아야 하는 현실에 놓여 있다. 끝이 나지 않는 인원 삭감의 소용돌이를 피하기 어렵다는 생각이 들 때 현실을 낙관적으로 바라보기 어려울 것이다. 세상이 위험보다 가능성으로 가득하다고 믿는다 해도 마찬가지이다. 이런 상황에서는 평소 혁신을 주창하는 사람이라면 더욱 행복한 표정을 짓지 못할 것이다.

여러분이 기업에서 중간 관리자급으로 일하고 있다면, 새로 부임한 회계 책임자 때문에 평소 공들인 계획을 실행하지 못했을지 모른다. 여러분이 금융 위기를 극복하기 위해 발버둥치고 있는 경영자라면, 아마도 핵심 인재를 회사에서 내보내고 비용을 바닥까지 삭감했을지 모른다. 여러분이 사람들에게 혁신의 중요성을 일깨워주는 컨설턴트라면, '먹을거리를 찾으려면 브레인스토밍을 하세요'라고 적힌 푯말을 흔들기보다 본인의 지출을 동결하기 바빴을지도 모른다.

근래 들어 논리적 사고와 분석력이 뛰어난 좌뇌형 인간들은 주목을 한 몸에 받았지만, 현실 감각이 없어 보이는 혁신형 인간들은 별로 관심을 얻지 못했다. 그럼에도 우리는 모든 것이 혁신 덕분이었다는 것을 상기해야 한다. 혁신이 조직의 우선순위 목록 맨 끝으로 추락하기 전에 말이다.

우리는 혁신 덕분에 존재한다

우리 인류는 40억 년을 이어온 유전적 혁신 덕분에 존재하고 있다. 시간이 시작된 이래 태고의 생명은 생식적 재조합sexual recombination과 무작위적 돌연변이random mutation를 통해 새로운 유전자 조합을 시도하고 있다. 우리 인간은 우월한 유전자를 가지고 있고, 사리를 분별하고 사유한다. 또한 우리 인간은 무수한 유전적 사고genetic accidents와 전사 오류transcription errors를 새로운 방향으로 개선한다.

인간을 불완전하게 만들어준 신에게 감사한다. 만약 인간의 생명이 결점을 줄여간다고 하는 식스시그마 원칙만 고수했더라면, 우리는 여전히 미생물에 불과할 것이다. 미래가 우리 두 발 달린 인간들을 위해 어떻게 돌아가든, 획기적 혁신을 실현하면 반드시 만족스러운 일이 동반된다는 점을 여러분이 확신했으면 좋겠다.

우리는 혁신 덕분에 번영한다

우리는 대부분 먹고사는 것 이상의 활동을 하며 삶을 영위한다. 우리 조상들이 거의 상상할 수조차 없었던 편안한 삶을 우리는 살고 있다. 다시 말하지만, 모든 게 혁신 덕분이다. 예컨대 1,000년 동안 사회적 혁신social innovation이 일어난 덕에 무수한 사람들이 자기 결정의 권리를 가지게 되었다. 지금 우리는 더 이상 영주에 귀속된 농노도, 징집된 병사도 아니다. 우리는 민주주의 사회에 살고 있으며, 생각과 행동의 자유를 누리고 있다.

자유는 혁신이 일어나는 데 필수불가결한 전제 조건이기도 하다. 자본시장, 회사법, 특허 제도가 창출되는 등 제도적 혁신institutional innovation이 거듭됨으로써 교역이 늘어나고 자본이 활발히 형성되고 기업 활동이 촉진되었다. 그에 따라 경제의 진보가 앞당겨졌다. 100여 년 동안 광적인 기술적 혁신technological innovation이 일어난 덕분에 지금 우리는 어디든 자유롭게 이동하고, 사람들과 실시간으로 의사소통을 하며, 컴퓨터와 스마트폰을 비롯한 각종 디지털 기기로 업무를 처리한다. 그뿐인가. 새로운 질병 치료제가 계속 개발되고 있어서 못 고치는 병이 없을 정도다.

100년 전에는 상상도 못 했을 법한 일이 벌어지고 있다. 기술이 발전하면서 사람들의 소득도 치솟았다. 1000년에서 1820년 사이에는 전 세계 1인당 소득이 50퍼센트도 상승하지 않았다. 이후 120년 동안 1인당 소득은 800퍼센트나 상승했다.[1] 간단히 말해 사람들은 혁신 덕분에 궁핍에서 벗어났다.

우리는 혁신 덕분에 행복을 누린다

이 세상에서 인간만이 행복 그 자체를 만들고 즐거움을 누리며 산다. 정원을 설계하든, 피아노로 새로운 선율을 연주하든, 시를 짓든, 혹은 디지털 사진을 조작하든, 방을 새로이 꾸미든, 새로운 요리법을 개발하든, 우리는 새로운 것을 만들어내면서 더없는 행복감을 맛본다. 그렇다. 우리는 문제를 해결하기 위해, 돈을 벌기 위해, 성공하기 위해 혁신한다. 하지만 우리는 대부분 혁신을 수단이 아닌 목적으로 본다.

혁신을 하기 위해 타당한 이유를 찾을 필요는 없다. 우리는 늘 새로운 것을 창출한다. 그렇게 타고났기 때문이다. 우리에겐 선택의 여지가 없다.

시카고 대학교 심리학과 교수 미하이 칙센트미하이Mihaly Csikszent-mihalyi[2]와 하버드 대학교 심리학과 교수 탈 벤-샤하르Tal Ben-Shahar[3]를 비롯한 학계 전문가들이 동의하는 사실이 있다. 인간은 자신의 창의성을 발휘하면서 깊은 행복감을 느낀다는 것이다. 역사를 통틀어 무수히 많은 사람들이 자신의 창의성을 발휘할 기회를 얻지 못했다. 그 이유는 두 가지다. 창의성을 발휘할 수 있는 도구가 엄청나게 비쌌거나 혹은 창의성을 발휘할 자유가 제한되었기 때문이다. 반면에 우리는 축복받은 세대이다. 우리는 터무니없이 싼 비용으로 또는 무료로 여러 도구를 활용하는 것은 물론 인터넷에서 세계 각지의 친구들과 연결되어 그들의 기발한 아이디어를 엿볼 수 있다. 이뿐만이 아니다. 인터넷 덕분에 우리의 혁신 성과물을 사람들과 공유할 수 있게 되었다. 르네상스와 계몽, 산업혁명은 잊어라. 우리는 혁신의 황금기에 있다. 이 사실에 기뻐해야 한다.

우리는 혁신 덕분에 미래를 열어간다

오늘날 인류 앞에 닥친 수많은 난제들을 처리하기 위해 획기적인 해법을 마련해야 한다. 기후변화, 전 세계를 강타하는 유행성 전염병, 국가 파산, 마약 범죄, 테러리즘, 핵 확산, 환경 파괴 등 인류에게 닥친 문제를 열거하다 보면 밤을 새워도 모자랄 지경이다. 이 문제들을 다 해결하기 위해 새로운 '혁신 체계'를 수립해야 한다('구글 아이디어'를 잇는 '아이디어'가 필요하다). 이를 위해서는 다차원적이고 다변수적인 문제를 해결하는 법을 배워야 한다.

20세기 초 토머스 에디슨Thomas Edison과 GE(제너럴일렉트릭)는 현대판 R&D연구소를 창안하였고, 그 안에서 수많은 기술을 본받고 개발함으로써 기술의 진보라고 하는 세기의 가치를 창출했다. 21세기인 지금 인류가 시급히 처리해야 할 문제는 기술의 범위에 한정되지 않는다. 그런 문제는 사회, 문화, 정치 그리고 전 세계라는 광범위한 영역에 걸쳐 있다. 이런 이유로 우리는 에디슨처럼 혁신에 혁신을 거듭해야 한다.

다행히도 혁신이 거듭되고 있는 지금의 환경에서 우리는 원칙이나 제도, 지역의 경계, 관념 따위를 뛰어넘어서 혁신을 이룩하고 있다. 아이디어 마켓이나 크라우드소싱crowdsourcing(소비자나 대중의 의견을 생산과 서비스 과정에 반영하여 수익을 참여자와 공유하는 방법 – 옮긴이), 폭소노미folksonomies(folk, order, nomous의 합성어로 '사람들의 분류법'이라는 뜻의 신조어. 고전적인 분류 기반으로 정보를 분류하지 않고 사람들이 자유롭게 키워드를 선택하여 협업적으로 분류한다는 의미이다 – 옮긴이) 같은 혁신의 성과를 보면 알 수 있다. 지금 우리 앞에는 인류의 성패가 달린 문제가 산더미처럼 쌓여 있다. 이런 난제는 오로지 혁신을 통해 해결할 수 있다. 우리의 미래는 우리의 과거와 다름없이 혁신에 달려 있다.

그러니 포기하지 말자. 혁신은 한때 지나가는 유행이 아니다. 혁신은 진정한 처방이자 유일한 처방이다. 지금 이를 확신하지 않는 사람들도 곧 확신하게 될 것이다. 창의력을 발휘하지 못하는, 비용 절감의 귀재들조차 혁신의 위력을 확신하게 될 것이다.

최고의 혁신 기업 목록을 만들라

세계 최고의 혁신 기업 목록을 작성한다면 어떤 기업을 맨 위에 배치하겠는가? 구글이나 애플 또는 아마존을 맨 위에 둔다면 누군가가 이의를 제기할까? 그런데 월마트는 어떨까?(뭐라고? 이런 대형 유통업체들은 영세 자영업자들을 밀어내는 방법을 만들어내지 않았는가?) 아니면 PG&E는 어떨까?(전력·가스 공급회사? 농담하지 말라는 반응이 나오지 않을까?) 그러면 중국의 통신장비 업체 후아웨이 Huawei는 어떨까? (말도 안 된다!)

이 회사들은 여러분의 세계 10대 혁신 기업 목록에 들어가지 않을지 모르지만, 얼마 전 미국의 저명한 경제 잡지 〈패스트 컴퍼니 Fast Company〉지의 혁신 올스타 기업에 선정되기는 했다.[1] 1위부터 10위까지의 순위를 살펴보자.

1위 : 페이스북

2위 : 아마존

3위 : 애플

4위 : 구글

5위 : 후아웨이

6위 : 퍼스트 솔라

7위 : PG&E

8위 : 노바르티스

9위 : 월마트

10위 : 휼렛패커드

예상했겠지만 〈비즈니스 위크Business Week〉도 뛰어난 혁신 기업들을 선정했다.[2]

1위 : 애플

2위 : 구글

3위 : 마이크로소프트

4위 : IBM

5위 : 도요타

6위 : 아마존

7위 : LG전자

8위 : BYD

9위 : 제너럴일렉트릭

10위 : 소니

애플과 구글, 아마존은 이 두 순위에 다 들어가는 유일한 기업들이다. 〈비즈니스 위크〉가 선정한 도요타, LG전자, 소니는 〈패스트 컴퍼니〉의 세계 25대 혁신 기업 명단에 들어가지 못했다. 그런데 페이스북은 〈패스트 컴퍼니〉의 명단에서 1위를 차지했지만, 〈비즈니스 위크〉의 명단에서는 48위로 밀려났다. 믿을 수 있을지 모르겠지만, 페이스북은 이탈리아 자동차 제조업체 피아트Fiat보다도 다섯 순위나 뒤처졌다. 반면에 〈패스트 컴퍼니〉의 혁신 기업에 선정된 후아웨이, 퍼스트 솔라, 노바르티스는 〈비즈니스 위크〉 선정 세계 50대 혁신 기업 명단 어디에도 들어가지 못했다.

어떻게 된 일일까? 혁신의 의미가 모호해서 기자들도 진정한 혁신 기업을 제대로 선별하지 못하는 것 아닐까? 분명히 그러하다.

그럴 만한 이유가 있다. 세계에서 가장 창의적인 기업의 순위를 정하는 것은 마치 세계 최고 운동선수의 순위를 정하는 것과 같다. 캐나다 아이스하키 국가대표 시드니 크로스비Sidney Crosby의 화려한 개인기, 올림픽 육상 챔피언 우사인 볼트Usain Bolt의 폭발적인 스피드, 올림픽 남자 체조 챔피언 양웨이Yang Wei의 힘과 균형, 2010년 밴쿠버 동계 올림픽 크로스컨트리 스키 50킬로미터 종목 금메달리스트 페터 노르투그Petter Northug의 놀라운 반사 신경을 생각해보자. 이들의 능력을 두고 순위를 매길 수 있을까? 그럴 수 없다는 것이 답이지만,

그렇다고 해서 순위 매기고 싶은 마음이 생기는 것은 어쩔 수 없다. 몇 년 전 〈월스트리트 저널Wall Street Journal〉이 임명한 다섯 명의 선정단은 노장 로만 제블레Roman Sebrle를 세계 최고의 육상선수로 선정했다[3](그렇다. 로만 제블레였다). 이런 식으로 순위를 매기다 보면 재미는 있지만, 논쟁으로 이어져 결론이 나지 않는 경우가 많을 것이다.

혁신 기업의 순위를 매길 때도 마찬가지다. 실제로 혁신에 관한 것을 터득하고자 한다면, 혁신 기업의 순위를 매기기에 앞서 혁신 기업을 유형별로 구분해야 한다.

로켓형 혁신 기업

먼저 로켓형 기업에 대해 알아보자. 로켓형 기업은 기발한 비즈니스 모델을 기반으로 쭉쭉 성장한 기업을 말한다. 가까운 사례를 들자면, 미국의 명품 쇼핑몰 길트 그룹Gilt Groupe, 인터넷 TV 훌루Hulu, 유럽 최대 음악 스트리밍 서비스 스포티파이Spotify도 〈패스트 컴퍼니〉 선정 세계 최고 혁신 기업 명단에 들어갔다. 이처럼 고속 성장 하는 기업은 대부분 여느 신생 기업처럼 초기 사업 전략을 계속 확대해나간다. 비즈니스 모델 대부분이 실패한다는 사실을 역사가 보여주지만, 벼락 성공한 이 기업들 중 어느 하나도 아직까지 비즈니스 모델을 재창안해야 하는 처지에 놓이지 않았다. 세월이 갈수록 인기가 떨어지는 아역 스타처럼 혁신 기업도 나이를 먹을수록 예전의 명성을 잃어가는 경우가 많다.

사실 혁신 비즈니스 모델은 대개 탁월한 능력에서 비롯되지 않고 우연히 발견된다. 그런데도 순전히 운이 좋아서 성공한 경영자가 불멸의 선지자로 추앙받는 경우가 많다. 그로 인해 기성 기업은 핵심 인물 한두 사람의 비전을 맹종하고 비즈니스 모델을 혁신하는 상향식 혁신 역량을 전혀 개발하지 않게 된다. 그러다가 조직 최상부의 비전이 쇠퇴함에 따라 회사는 혁신 기업 순위에서 맨 뒤로 밀려난다.

2006년 스타벅스, 사우스웨스트 항공, 이케아IKEA, 이베이는 모두 〈비즈니스 위크〉 선정 세계 25대 혁신 기업 순위에 들어갔다. 그러나 4년이 지난 뒤 이들 중 어느 하나도 높은 순위를 차지하지 못했다. 아기 예수처럼 이들은 업계에 일대 혁명을 일으켰지만, 나이를 먹으면서 혁명의 선봉에서 뒤로 밀려났다. 이들의 경영 상태가 하나같이 양호한데도 말이다.

기업이 혁신을 유지하기가 얼마나 어려운지 확인하고 싶다면, 〈패스트 컴퍼니〉의 2009년 세계 최대 혁신 기업 명단을 한번 쭉 훑어보라. 그중 50개 기업은 〈패스트 컴퍼니〉의 2010년 순위에 들어가지 못했다. 혁신에 관한 한, 권좌를 오래 지키는 기업은 별로 없다.

그럼에도 새내기 혁신 기업의 활동을 유심히 살펴보면, 여러모로 도움이 된다. 그런 기업을 본받아라. 혁신 기업을 조직하는 방식을 터득하기보다 게임의 판도를 바꾸는 혁신 전략을 참고하여 혁신적인 비즈니스 모델의 윤곽을 잡아보라. 예를 들어 스타벅스의 혁신 열기는 과거만 못하다. 그럼에도 가치 낮은 상품을 가치 높은 체험으로 전환한 스타벅스의 성공 스토리는 여전히 우리에게 여러 시사점을 던져준다.

수상자형 혁신 기업

다음은 월계관을 쓴 기업들이다. 이런 유형의 기업들은 한정된 기술 집약형 영역에 있긴 하지만, 해를 거듭하며 혁신을 이룩한다. 이들은 또한 연구·개발에 막대한 자금을 쏟아붓고 업계 최고의 연구 인력을 대거 기용한다. GE, 인텔, LG전자, 삼성, 노바르티스, 마이크로소프트, 시스코 등의 기업은 수상자형 혁신 기업의 영원한 표준이라고 할 수 있다.

이런 유형의 기업은 '최고 혁신 기업'에 자주 선정되는 것은 물론 특허 출원 순위도 장악하고 있다. 이 대목에서 이런 유형의 기업들이 창의성이 풍부하다는 것, 그러나 신생 기업들에게는 일류 기업의 문턱에 진입하는 장벽이 매우 높다는 것을 알 수 있다. 쉬운 예로 IBM은 19년 연속 미국 최다 특허 등록 1위를 유지하고 있다.[4]

물리학, 생화학, 컴퓨터공학 등 첨단 분야의 중대한 진보에 발을 맞추기란 여간 어렵지 않다. 아마 박사학위 수십 개는 따야 할 것이고, 끈질긴 인내심도 발휘해야 할 것이다. 비용도 엄청나게 들 것이다. 원자 규모의 물질을 제조하는 과정은 엄청나게 복잡하고 그 과정을 이해하는 것은 어려운 일인 데 반해 온라인 쇼핑 모델을 창안하는 것은 일도 아니다. 얼마 전 인텔, 삼성, 도시바가 10나노미터 컴퓨터 칩을 공동 개발하려고 손을 잡은 것도 다 그런 이유 때문이다.

수상자형 혁신 기업은 창의성을 발휘하면서도 다소 일차원적인 특성을 드러내기도 한다. 기존의 경계를 아주 잘 허물지만, 그 밖의 영역에서 독창성을 발휘하지 못하는 경향이 있다는 말이다. 예컨대,

인텔은 인근 시장으로 영역을 확대하려고 몸부림쳤다. 인텔은 서버와 컴퓨터 칩 시장을 장악한 반면, 수년간의 영역 확대 노력에도 불구하고 스마트폰과 태블릿 컴퓨터 시장에 발판을 마련하지는 못했다.[5] 여기서 중요한 시사점은, 초소형 파워 칩을 개발하는 데 반드시 초강력 프로세스 설계 기술이 필요한 것은 아니라는 것이다.

한편 삼성은 2010년에 미국 특허를 4,551개나 등록했음에도[6] 아직까지 미국 LCD TV 시장을 장악하지 못했다. 미국 시장 1위 LCD TV 브랜드의 영예는 비지오$_{Vizio}$가 차지했다. 비지오는 2002년 설립된 이래 200명도 안 되는 인력으로 25억 달러에 이르는 매출을 달성했다. 경쟁 관계에 있는 연구·개발 중심 수직 통합 기업들과 달리, 비지오는 외부의 아시아계 공급 회사로부터 평면 스크린을 공급받는다. 비지오는 각 공급 업체와 협력 체제를 구축한 델 컴퓨터의 모델을 본받아 가전산업의 생산구조를 탈수직화하였다. 이처럼 획기적인 비즈니스 모델을 창출할 때, 수십억 달러의 연구비를 투자할 때보다 더 큰 효과를 볼 수 있다.

한편으로 수상자형 혁신 기업은 또한 R&D 생산성 극대화나 특허 포트폴리오 관리 등의 영역에서 좋은 본보기가 된다.

예술가형 혁신 기업

세 번째 유형인 예술가형 혁신 기업은 혁신 기업 범주에서 아주 작은 부분을 차지하고 있다. 이런 유형의 기업은 주로 창의성을 요하는 사업을 영위한다. 이런 유형의 최대 혁신 기업들 중 디자인 전문 업체 IDEO, BMW의 디자인 산실인 디자인 워크스Design Works, 광고 대행업체 그레이 뉴욕Grey New York 등은 〈패스트 컴퍼니〉 선정 세계 최고 50대 혁신 기업 명단에 올랐다.

예술가형 혁신 기업에는 유행 전도사가 많다. 블랙 진을 입고 일하는 사람, 고가의 에스프레소 기계로 커피를 내려 동료들을 대접하는 사람, 바이럴 동영상viral video(바이러스성 비디오라는 뜻. 이메일이나 인스턴트 메시지, 블로그, 동영상 공유 사이트 등 인터넷상 공유를 통해 광범위한 인기를 얻는 동영상 - 옮긴이)을 제작해서 업무에 활용하는 사람 등 예술가형 혁신 기업 직원들은 한 사람 한 사람이 유행 전도사이다. 이런 유형의 기업들은 해마다 각종 상을 휩쓸 만한 능력을 갖춘 한편, 고유의 강점도 지니고 있다. 이들은 인재 고용과 인재 개발, 인재를 위한 업무 공간 구성 등 조직과 관련된 모든 활동을 직원의 재능을 확대하는 방향으로 계획한다. 당연히 여러분의 조직 또한 모든 것이 어떤 특별한 것을 위해 설계되어 있을 것이다. 그렇게 예술가형 혁신 기업은 우뇌형 사고로 창출한 결과물을 제공함으로써, 고객의 두뇌 반구를 자극한다.

IDEO의 제프 샤핀Jeff Chapin이 빈민들을 위한 25달러짜리 간편 야외 화장실을 만들었듯이, 틀을 깨는 디자인을 창안하는 일은 고생스러운 일이다. 그럼에도 제조원가에 집착하는 대기업의 칙칙하고 좁아터진 칸막이 안쪽에서 일하느니 IDEO 같은 활력 넘치는 디자인 회사에서 일하는 편이 낫다. 그래야 창의력이 훨씬 잘 발휘된다.

전문화된 기업은 나름의 이점이 있다. 예술가형 혁신 기업에서는 생각이 단순한 상사에게 혁신적인 발상이 중요하다고 열변을 토하느라 하루 반나절을 허비할 필요가 없다.

대다수의 기업은 오로지 혁신에만 전념하는 사치를 부리지 못한다. 기업은 대개 수많은 상품을 생산하거나 혹은 수많은 고객과의 거래를 처리하면서 혁신을 실천해나가야 한다. 또한 여러 부분에서 예술가형 혁신 기업을 본받아야 한다. 여러분의 조직이 혁신자들의 천국이 될 가능성이 전혀 없다 해도 좋다. IDEO의 혁신 원칙들[7]을 여러분의 조직에 적용해보자. 다음 직원회의는 아래 원칙들을 토대로 진행해보라.

⟨IDEO의 혁신 원칙⟩
- 거친 아이디어를 존중하라.
- 다른 사람의 아이디어를 발전시켜라.
- 주제에 집중하라.
- 동시에 두 명 이상 발언하지 못하게 하라.
- 사진이 천 마디 말보다 낫다.
- 많은 아이디어가 쏟아지게 하라
- 판단을 미루라.

사이보그형 혁신 기업

네 번째 유형의 혁신 기업은 인간의 상상을 초월하는 일만 벌일 듯 보인다. 구글, 아마존, 애플 같은 기업이 이 유형에 속한다. 사이보그형 혁신 기업은 자유, 능력주의, 경영의 투명성, 실험적 사고 등을 경영의 근본 원칙으로 삼기 때문에 일반 생산 기업의 특성을 별로 보이지 않는다. 이런 기업의 구성원들은 끊임없이 창안하고 유연한 전략을 모색해서 마치 다른 태양계에서 온 인간들 같다는 생각마저 들게 한다. CFO(재무담당최고책임자)는 이들에게 신 같은 존재가 아니라 하인 같은 존재이다.

이런 유형의 혁신 기업은 혁신 비즈니스 모델을 갖췄을 뿐만 아니라 색다른 경영 방식으로 조직을 운영한다. 이를테면 구글은 통솔 범위를 60대 1로 두고 있고, 애플은 지위 고하를 막론하고 '사용의 즐거움'에만 골몰한다. 여느 신생 기업과 마찬가지로 사이보그형 혁신 기업은 대개 카리스마 넘치는 설립자가 조직을 진두지휘한다. 확실한 비전의 소유자들은 한 가지 특정한 비즈니스 모델에 목을 매지 않는다. 그들은 조직에 멈추지 않는 혁신 역량을 배양하는 데 전념하며, 대부분 그 뜻을 이루었다. 예컨대 아마존은 지난 몇 년 동안 인터넷 서점에서 거대 인터넷 쇼핑몰로, 이어서 클라우드 컴퓨팅('인터넷 기반'을 의미하는 'Cloud'와 '컴퓨터 기술'을 의미하는 'Computing'의 복합어로, 사용자가 소프트웨어를 자신의 컴퓨터에 설치하지 않고 인터넷상 서버에서 이용할 수 있는 사용 환경―옮긴이)의 선두 주자로 거듭났다. 구글은 그들의 핵심 사업인 검색 서비스를 보완하는 온라인 서비스를 수십 개나 새로이 내놓았다. 애플은 그들의 뿌리인 가정용 컴퓨터 사업과 거리가 먼 영역, 즉 디지털 음악과 스마트폰 시장을 연이어 정복했다.

사이보그형 혁신 기업은 다방면에서 혁신을 실현한다는 점에서 수상자형 혁신 기업과 차이가 있으며, 시간이 지난 후 '세계 최고 혁신 기업'에 선정되는 경우가 많다는 점에서 로켓형 혁신 기업과도 다르다.

문제는 사이보그형 혁신 기업의 탁월한 혁신 역량을 알아보지 못한 채 거부감을 느끼는 것이다. 너무나도 '인간적인' 회사, 즉 고정관념이 지배하는 꽉 막힌 회사에서 일하는 사람은 구글의 자유분방한 문화와 관련된 유쾌한 일화를 듣고도 거북스러워할지 모른다. 자신의 회사를 두고 처음부터 혁신이 목적이 아니었다고 생각할지 모른다. 또한 조지 클루니 George Clooney처럼 멋진 배우나 아름다운 슈퍼모델이 기업 광고에 등장하는 모습을 보면서 그들과의 즐거운 시간만 상상할 뿐 자신의 회사를 매력적인 혁신 기업으로 변화시켜야 한다는 생각을 전혀 하지 않을지도 모른다. 이런 태도부터 잘못된 것이다.

거듭난 혁신 기업

실제로 혁신의 암호를 풀어서 다시 태어난 기업들이 있다. 비누세제 제조업체 프록터 앤드 갬블 The Procter & Gamble, P&G, 컴퓨터 제조업체 IBM, 자동차 회사 포드가 가장 주목할 만하다. 이 거대 기업들은 상의하달 방식과 계층제를 따르고 조직에 변화를 주지 않은 채 수십 년간 명맥을 유지하다가, 이름 없는 신생 기업들에게서 계속 허를 찔렸다. 그러던 어느 날 이들은 자신들의 결점을 인정하면서 새로운 신념을 선택했다. 1년에 한두 번 특별한 기념일에만 교회를 찾는 사이비 신도가 아니라 매일 무릎 꿇고 기도하는 진실한 신자가 된 것이다. 이렇게 새로이 태어난 이들은 우선순위를 다시 정하고 장기간 고수한 전략을 재평가했다.

포드의 회장 앨런 멀럴리Alan Mulally는 자기 부서의 이익만 추구하는 조직 안의 이기주의를 타파하고 훌륭한 차를 만들겠다는 열정을 되살리기 위해 부단히 노력해왔다. 또 P&G의 전 회장 A. G. 래플리A. G. Lafley는 2010년 P&G의 회장직에서 물러나기 전까지 전 세계에서 아이디어를 끌어모은다는 목표로 열린 혁신 체제를 구축했다.

IBM은 그들의 혁신 프로세스를 재고하는 측면에서 더 과감했다. 과거 IBM은 하드웨어와 소프트웨어를 막론하고 관련 부품을 거의 다 자체 생산하는 배타적인 체제를 고수했지만, 지난 10여 년 동안 25가지의 '떠오르는 사업 기회Emerging Business Opportunity, EBO'를 만들어내고 '이노베이션 잼Innovation Jam(온라인 브레인스토밍 플랫폼으로 직원과 협력 업체들이 정보를 공유하거나 토론을 진행하는 것-옮긴이)'을 운영함으로써 수십억 달러 가치의 혁신을 창출해냈다(IBM의 EBO에 대해서는 내가 쓴 《경영의 미래The Future of Management》에서 자세히 다루었다).

각 기업의 사례를 들여다보면 중요한 공통점 하나를 발견하게 된다. 갈팡질팡하는 기업에서 시장의 모범이 되는 기업으로 거듭나기 위해 조직의 관리 프로세스를 밑바닥부터 재편해야 한다는 것이다. 계획, 예산 수립, 조직 편성, 자원 할당, 성과 평가 등에 관한 방법을 완전히 바꿔야 한다는 말이다. 우리의 경영 관행은 대부분 조직의 기강을 바로잡고 조직을 통제·편제하고, 미래를 예측하기 위해 아주 오래전에 만든 것이다(모든 목표가 그럴싸했다). 따라서 혁신 기업으로 발돋움하기 위해서는 이 모든 프로세스를 근본적으로 재설계함으로써 과감하고 기발한 사고와 행동을 장려해야 한다.

시장에 자리를 잡은 기업이 혁신을 이룩하지 못하는 것은 자원이 부족하거나 조직 구성원들의 창의성이 부족해서가 아니라 전문적인 혁신 프로세스를 제대로 정립하지 못했기 때문이다. 혁신 프로세스를 제대로 갖추지 못한 기업은 대개 다음과 같은 특징을 보인다.

- 비즈니스 혁신자 훈련을 받은 직원이 거의 없다. 설사 있다손 치더라도 한두 사람밖에 없다.
- 고객, 기술에 관한 통찰력을 느끼면 혁신을 실천하고자 하는 마음이 생기는데, 직원들이 그런 통찰력을 느낄 수 있는 기회가 별로 없다.
- 혁신자가 되려고 하는 직원들이 관료주의로 인한 폐해에 시달리다 보니 참신한 아이디어를 창출하기 위한 시간과 자원을 확보하지 못한다.
- 일선 관리자들이 신규 사업 계획을 이끌어낼 책임을 다하지 않고 분명한 혁신 목표도 충분히 제시하지 않는다.
- 우선적인 혁신 과제 가운데 경영진의 보상 제도를 포함시키지 않는다.
- 혁신 매트릭스(투입, 처리, 산출에 대한 혁신 추적)가 부실하게 구성되어 있다.
- 혁신의 개념을 명확히 수립하지 않았다. 그래서 팀과 부서를 대상으로 혁신 성과를 평가할 방법이 없다.

참으로 이상한 일인데 〈비즈니스 위크〉도, 〈패스트 컴퍼니〉도 월풀Whirlpool(미국의 가전 전문 업체)을 세계 50대 혁신 기업 명단에 선정하지 않았다. 월풀만큼 완전한 혁신을 이룬 기업이 없는 것으로 아는데, 참으로 놀랍다. 미시간 주 벤턴 하버Benton Harbor에 본사를 둔 월풀은 지난 10년 동안 혁신의 기치 아래 전사적 차원에서 경영 프로세스를 재수립했다. 결과는 분명히 나타났다.

월풀의 전 혁신 부사장 낸시 테넌트 스나이더Nancy Tennant Snyder의 말에 따르면, 회사의 미래에 매우 중요한 이른바 '혁신 경로innovation pipeline'의 가치가 거의 무에서 시작되어 40억 달러 이상의 규모로 늘어났다고 한다.[8] 스나이더는 2008년 월풀의 혁신 이야기를 담은 저서 《언리싱 이노베이션Unleashing Innovation》을 내놓았다. 이 책에서는 조직이 낡은 옷을 벗어 던지고 혁신 챔피언으로 거듭나는 법을 자세히 배울 수 있다. 이 책은 내가 지금까지 읽어본 혁신 지침서들 중 단연 최고이다. 100년 역사를 지닌 제조 회사도 조직 전반의 업무 프로세스를 혁신해나가고 있는 판국에 여러분의 조직이 혁신을 이룩하지 못할 이유는 없다.

디자인 의식을 고취시켜라

1964년 미국 연방 대법원이 역사에 남을 판결을 내렸다. 오하이오 주 소재의 한 극장에서 상영한 프랑스 영화 〈연인들 Les Amants〉의 음란성 여부를 따지는 판결에서 포터 스티븐스 Potter Stevens 판사는 이 영화는 포르노가 아니라면서 "포르노가 뭐라고 정의를 내리진 못하겠지만, 보면 알 수 있다"라는 말을 남겼다. 스티븐스 판사의 말은 탁월한 디자인에도 적용된다. 탁월한 디자인인지 아닌지는 보면 알 수 있기 때문이다. 문제라면 우리가 탁월한 디자인의 개념을 이해하지 못하는 것이다.

좋은 사례가 있다. 몇 주 전에 시카고에서 샌프란시스코까지 항공편으로 이동했는데, 항공기 좌석이 너무 불편해서 여행하는 내내 지옥에 있는 것처럼 느껴졌다. 나는 항공기 맨 앞좌석에 앉아 있었는데, 내 좌석의 인체공학 구조는 휴대용 접이식 의자만도 못했다. 한때 쿠션이었던 것으로 보이는 부분이 U자형 쇠붙이로 지탱되고 있었는데, 그것은 그저 낡아빠진 천 조각에 불과했다. 그리고 의자 아랫부분이 뒤쪽으로 휘어져 있어서 엉덩이가 뒤로 자꾸 빠지고 몸을 제대로 가눌 수 없었다. 그 의자에 앉아 있던 네 시간 내내 몸을 비틀고 움직였지만, 아무리 애써도 내 엉덩이를 꽉 쥐고 있는 좌석에서 벗어날 수 없었다.

시간이 갈수록 나는 극심한 고통 속으로 빨려들어 갔다. 누군가가 다 알고도 지옥 같은 고통을 주는 엉덩이 받침대를 만들었다는 사실이 믿기지 않았다. 분명히 나름대로 생각해서 디자인을 했을 텐데 말이다. 혹시 소름끼칠 정도로 불편한 항공기 의자를 만드는 분야에 에어론 의자$_{\text{Aeron Chair}}$(1994년 출시된 이후 매년 100만 개 이상 판매된다 - 옮긴이)를 디자인한 디자이너이자 탁월한 영감의 소유자인 빌 스텀프$_{\text{Bill Stump}}$ 같은 인물이 있는 건 아닐까? 그는 항공기 승객들을 지옥으로 내몰면서 즐거워하는 사디스트적 인물일지도 모른다.

이 고통스러운 여행을 하기 전, 같은 달에 나는 산업박람회 참석차 이탈리아 밀라노를 방문했다. 거기서 운동기구 전문 제조업체 테크노짐$_{\text{Technogym}}$의 전시 부스를 찾았다. 나도 운동기구를 많이 가지고 있는데, 그것들은 대부분 중세시대 기술자가 술에 취해서 디자인한 것처럼 생겼다. 내 운동기구들은 그 유명한 테크노짐의 키네시스 퍼스널$_{\text{Kinesis Personal}}$처럼 벽에 부착하여 줄을 잡아당기는 방식으로 수많은 동작을 조합하여 운동 효과를 낼 수 있는 것들이 아니다. 내 운

동기구들은 거의 다 뒤집어놓은 당구대 같은 것들이다. 키네시스 퍼스널을 보면 위아래에 두 개씩 줄이 연결되는 부분이 있는데, 강철로 된 그 부분이 마치 거울처럼 반짝인다. 이 멋진 기구는 벽에 부착한 후 그 가운데에서 줄을 잡아당기고 놓으며 동작을 취할 수 있는데, 아크릴 슬라이딩 핸들 여섯 개를 케이블의 여러 위치에 설치해서 동작을 200가지 이상이나 조합할 수 있다. 또한 아이팟 방식 같은 터치 휠Touch Wheel을 가슴까지 올려서 손가락 하나로 줄의 장력을 조절할 수 있다. 키네시스는 거울에 붙여놓으면 매끄러운 외형 때문에 실제로 있는 듯 없는 듯 잘 보이지 않는다. 이탈리아 출신의 산업디자이너 안토니오 치테리오Antonio Citterio가 디자인한 키네시스를 보면 패션에 뛰어난 이탈리아 사람들이 운동기구도 참 매력적으로 만든다는 것을 알게 된다.

감흥을 주는 디자인이란

극과 극의 경험을 한 덕에 디자인의 효과와 중요성을 깨달았다. 탁월한 디자인은 강한 감흥을 불러일으킨다. 그 기준을 살펴보자.

전혀 생각지 못한 것이다

누가 봐도 깜짝 놀랄 정도로 기발해야 디자인이 훌륭하다고 할 수 있다. 보자마자 감탄사가 연발될 정도가 되어야 한다는 말이다. 이를 실감할 수 있는 이야기가 있다. 미국에서 신형 아이폰이 출시된 직후, 나는 영국에 그 번들거리는 물건을 들고 갔다. 당시는 영국에서 신형 아이폰이 출시되기 전이었다. 〈이코노미스트 Economist〉지 기자와 인터뷰를 하는 중에 나는 매끈한 그 귀염둥이를 주머니에서 꺼내서 탁자 위에 올려놓았다. 그러자 서기처럼 묵묵히 내 말만 받아 적던 기자가 갑자기 메모를 멈췄다. 그는 아이폰을 들어 올리더니 이내 열 살짜리 소녀처럼 키득키득 웃어댔다.

놀라울 정도로 만족스럽다

발상이 기발한 상품은 기능이 탁월하다. 기능에서 전혀 흠잡을 부분이 없는 지퍼락 Ziploc bag (윗부분을 지퍼로 닫아서 음식을 보관하는 비닐봉지-옮긴이), 티볼리 오디오 Tivoli Audio의 테이블톱 라디오, 필립스의 소니케어 칫솔, 네스프레소의 커피 머신, 구글의 홈페이지를 생각해보라. 탁월한 디자인은 독창성과 직관력에서 비롯된다. 그래서 상품의 목적에 완전히 부합할 뿐 아니라 더할 나위 없이 만족스럽다.

매우 아름답고 정교하다

탁월한 디자인의 시대인 오늘날 우리는 아주 멋진 물건이 너무 갖고 싶은 나머지 그 앞에서 발을 떼지 못할 때가 많다. 반짝거리는 포르쉐 911, 레이카 M9 카메라, 임스 라운지 의자 Eames lounge chair를 보고 있노라면, 그런 반응을 보일 수밖에 없다. 혹은 이탈리아 의류 브랜드 로로 피아나 Loro Piana의 옷이라면 사족을 못 쓰는 사람도 많다. 달콤한 초콜릿케이크가 혀를 자극하듯, 진정으로 탁월한 디자인은 눈을 자극한다.

세심함이 눈에 띈다

초일류 상품으로 인정받으려면, 디자인에서 세심함이 묻어나야 한다. 도요타의 프리우스를 구입하든, 나이키의 트래시 토크 스니커즈(다른 스니커즈 제품을 생산할 때 나온 부산물과 폐기물로 만든 고성능, 한정판 스니커즈 제품이다-옮긴이)를 사서 신든, 소비자들은 해당 상품을 만든 기업이 사회적 책임을 다하기를 기대한다. 환경에 대한 책임감, 차별성을 추구하는 열정이 녹아든 상품을 소비자들은 선호한다.

그러나 유감스럽게도 대다수 기업에서는 아직도 디자인이 뒷전이다. 아이폰이나 에어론 의자처럼 디자인이 탁월한 상품이 있는 반면에 디자인의 '디' 자도 모르는 사람이 만든 듯 보이는 상품이 시장에 넘쳐난다.

소형 전자제품은 단단히 포장이 되어 있어서 하나같이 그 안에 무엇이 들었는지 보이지 않는다. 호텔에 비치된 샤워 용품에는 대부분 판독이 불가능한 글씨가 깨알처럼 적혀 있다. 보험 증서에는 보험 혜택을 설명하는 난해한 말들이 잔뜩 표기되어 있다. 이뿐만이 아니다. 기업의 기술지원팀과 전화 통화를 하려면 전화번호를 누르고 여섯 단계 이상을 거쳐야 한다. 이런 고객 서비스 시스템은 우리의 요청이 우리와 같은 인간에게 전달되는 것을 가로막는 것 같다. 또한 자동차에 내장된 디지털시계의 시간을 한번 맞출라치면 엄청난 인내심을 발휘해야 한다. 이런 현실을 보면, 이 세상에 지능적 디자인이 정말로 실재하는지 알 길이 없다. 하지만 디자인이 엉망인 제품이

수두룩하다는 사실만큼은 장담할 수 있다.

디자인적 사고

세계 최고의 디자인 기업 IDEO의 CEO 팀 브라운Tim Brown은 이런 현실을 개선하고 싶어 한다. 브라운은 아직도 많은 기업들이 강력한 디자인의 효과를 이해하지 못하고 과소평가한다고 보고 있다. 그가 정확히 짚었다. 대대로 경영자들은 디자인을 '못생긴 제품을 보기 좋게 만드는 기능' 정도로 여겼다. 브라운은 디자인을 핵심 비즈니스 원칙으로 삼아서 고객으로부터 유별난 충성심을 이끌어내고 견고한 이익을 창출할 수 있어야 한다고 주장한다.

그래서 조직 전반에 '디자인적 사고design thinking'가 스며들어야 하고, 조직 구성원들이 일상에서 디자인적 사고에 따라 상호작용을 해야 한다고 브라운은 주장한다. 브라운의 활동을 지켜보면, 그가 디자인적 사고의 주창자라는 사실을 분명히 알 수 있다. 그의 주장을 뒷받침하는 근거도 충분하다.

가까운 사례로 애플을 생각해보라. 애플 제품보다 값이 더 싼 제품들이 시장에 넘쳐나고 있다. 이 사실을 고려할 때, 지난 몇 년 동안 애플은 어떻게 지독한 불황을 무난히 극복하고 우수한 실적을 달성할 수 있었을까? 답은 당연히 특이한 디자인이다. 애플은 하드웨어, 소프트웨어, 포장, 유통, 기술 지원 등 모든 부분에 디자인적 사고를 적용한다. 그래서 애플 제품을 접하면 유행을 선도하는 기능적 디자인에 감탄사가 연발된다.

그렇다면 디자인적 사고란 무엇을 말할까? 브라운과 이야기를 나눠봤는데,[1] 그는 관찰observation, 실험experimentation, 시제품화prototyping라는 디자인적 사고의 3대 핵심 원칙을 설명해주었다.

먼저 관찰부터 해야 합니다. 사람들이 실제로 일을 어떻게 처리하는지, 혹은 일을 어떻게 처리하지 않는지 그 미묘한 차이를 밝힐 수 있는 유일한 방법이 관찰이기 때문입니다. 관찰을 해야 깊은 통찰력을 발휘하여 참신하고 강력한 아이디어를 내게 됩니다. 지적인 실험 또한 매우 중요합니다. 서로 다른 방식으로 이렇게도 해보고 저렇게도 해보려고 해야 획기적인 발견을 할 수 있는 법입니다. 마지막으로 짧은 시간 내에 적은 비용으로 시제품화를 하는 것이 아이디어를 실현하는 가장 효율적인 방법입니다. '무엇을 만들지 생각'하기보다 '생각하기 위해 만듦'으로써 조직은 혁신의 속도를 급속히 증가시키게 됩니다.

좋은 디자인이 잘 나오지 않는 이유는 특정한 지식을 가진 소수만이 이해할 수 있는 기술을 습득하지 않았기 때문이 아니라, 인간 중심 디자인에 대한 기본 원칙을 습득하는 사람이 별로 없기 때문이라고 브라운은 말한다.

우리 집 근처 공항은 유나이티드 항공의 항공기 집결지이지만, 나는 유나이티드 항공을 잘 이용하지 않는다(이런, 다 말해버렸네). 그보다는 버진 아메리카Virgin America 항공에 마음 놓고 내 엉덩이를 맡긴다. 일류 여행 잡지 〈여행과 레저Travel and Leisure〉의 연례 여론조사에 따르면, 버진 아메리카 항공은 2007년 설립된 이래 연이어 네 차례나 '미국 최고 국내 항공사'로 선정되었다. 버진 아메리카의 항공기에 오르면 세심하게 신경 써서 만든 듯 보이는 훌륭한 디자인이 여기저기서 눈에 들어온다. 승객의 편의 위주로 제작된 의자, 앉은 자리에서 바로 음식을 시킬 수 있는 터치스크린, 영양가 있는 간식, 파스텔 무드 조명, 아이패드 같은 태블릿 PC를 올려두고 각도를 자유자재로 조절할 있는 트레이 테이블, 화장실에서 은은히 흘러나오는 힙hip(가락을 맞춘다는 뜻을 가진 재즈 용어-옮긴이) 가락, 모든 좌석에 설치된 콘센트, 비행 중에 터지는 와이파이, 거기다가 활기차고 유쾌한 승무원들까지, 이루 셀 수 없을 정도이다. 얼마 전에도 이 항공사의 항공기를 탔는데, 장난기 넘치는 한 승무원이 '검색 절차를 밟는 동안 떨어진 고객님들의 위신을 다시 회복할 수 있도록 무슨 일이든' 다 하겠다고 약속했다. 이에 승객들이 웃음을 터뜨렸다.

이처럼 탁월한 디자인은 굉장한 능력을 보여주는 것이라기보다 사람들을 공감하게 하는 것이다. 대개 고객은 아주 사소한 배려에 굉장히 감동한다. 얼마 전 나는 호텔 욕실에서 이상한 장비를 목격했다. 욕실 한 구석에 박아놓은 삼각형의 작은 대리석인데, 바닥에서 위로 약 50센티미터 높이였다. 나는 한참 머리를 굴렸다. 비누 받침대라고 하기에는 높이가 너무 낮은데 도대체 무슨 용도로 쓰는 것일까? 한참 뒤에 무언가가 머리를 스쳐 지나갔다. 그것은 여성이 다리를 면도할 때 걸터앉는 일종의 의자였다.

고객을 조금만 더 배려하면 그 효과는 10배 또는 100배로 늘어나고, 이런 역량은 곧 경쟁자들을 잠재우는 결정타가 된다. 그래서 제안을 하나 하겠다. 이 책을 읽고 있는 여러분이 기업을 경영하고 있다면, 회사의 '아이디어 위키idea wiki(직원들이 업무를 수행하면서 얻은 노하우를 공유하고 제안 사항을 전달하는 시스템-옮긴이)'에 이런 물음을 간단히 올려라.

첫째, 고객은 사소한 것에 만족하기도 하지만 불편을 느끼기도 한다. 사소하지만 고객을 배려하지 않은 탓에 고객을 불편하게 하는 방식이 무엇일까? 그것을 어떻게 개선할 수 있을까? 둘째, 어떻게 하면 추가 비용을 들이지 않고 고객에게 깜짝 선물로 작은 기쁨을 선사할 수 있을까?

조직의 전 구성원들이 이런 문제를 고민하게 하라. 여러분의 조직에 디자인적 사고가 순조롭게 확산될 것이다.

TURNING
INNOVATION
DUFFERS
INTO PROS

혁신의 문외한을
혁신의 프로로 만들라

이 세상에 골프처럼 시간당 아드레날린 분비가 적은 스포츠는 없을 것이다. 이 간단한 사실 때문에 나는 오랫동안 골프장에 발을 들여놓지 않았다. 스키에 의지한 채 가파른 경사에 몸을 내던지거나 난파선 위에서 깊은 물속으로 뛰어드는 일과 비교하면, 자그마한 공을 좁은 구멍에 집어넣으려고 애쓰면서 하루 황금 시간대를 허비한다는 것이 무의미하고 남자답지 못한 것 같았다.

그런데 내 신조와 달리 나는 두어 달 전 골프장을 찾았다. 뉴질랜드 노스아일랜드에 위치한 카우리 클리프스Kauri Cliffs와 케이프 키드내퍼스Cape Kidnappers를 돌았는데, 태평양과 만나면서 장관이 펼쳐지는 모습을 보니 지구상에 그토록 아름다운 골프 코스가 존재하는지 믿기 어려울 정도였다. 그리고 머잖아 내 영국 친구들 몇 명과 함께 캐나다 프린스 에드워드 섬에서 일주일간 골프 잔치를 벌이기로 했다. 야구방망이를 후려치는 것 같은 내 골프 스윙은 또 다시 재미와 조롱의 대상이 될 게 뻔하다. 친구들은 먼 곳에 시선을 두고 천천히 스윙을 날리라고 입을 모아 잔소리를 할 것이다.

내가 골프를 비꼬는 골프 회의론자에서 못 말리는 골프 중독자가 되기까지의 여정은 12년 전으로 거슬러 올라간다. 당시는 인터넷에서 〈포천Fortune〉지의 표지 기사를 막 쓰기 시작했을 때였다. 그러다가 이베이의 초창기 웹 사이트를 방문했는데, 마침 골프용품 세트 입찰에 관한 내용이 눈에 들어왔다. 나는 말 그대로 그냥 입찰에 참여해보았다. 나는 일부러 입찰가를 낮게 제시했다. 그 정도 가격이면 입찰될 가능성이 없을 것이라고 생각했다. 그래서 경매 과정을 일일이 살펴보지도 않았다.

그런데 며칠 뒤 일이 터지고 말았다. 사무실에 들어섰는데 길쭉한 상자 하나가 눈에 들어오는 게 아닌가. 상자를 열었더니 갤러웨이 골프채 머리 부분이 반짝이며 모습을 드러냈다. 그것을 보자마자 나는 후회의 탄식을 내뱉었다. 그래 놓고 며칠도 안 되어 나는 스탠퍼드 대학교 골프 연습장을 찾았다. 발 옆에는 골프공 바구니를 두고 한 손에 그 7번 아이언 골프채를 손에 쥔 채 스윙 연습을 하기 시작했다. 첫 스윙을 날렸을 때는 공을 맞히기도 전에 골프채를 땅에 처박고 말았다. 그 흉측한 동작을 한 번 더 했더니 나와 별반 다르지 않은 사람들이 뭔가에 놀란 표정을 지으며 나를 쳐다봤다. 나도 놀라서 내심 쉬운 일이 아니라고 생각했다. 그리고 나서 열 번, 스무 번 스윙을 하고 나서야 나는 골프채를 공에 맞힐 수 있었다.

골프채가 공에 맞는 순간 고성능 스포츠카의 공기 흡입구에서 나는 소리보다 더 듣기 좋은 소리가 났다. '윙' 하고 하얀 공이 쭉 치솟았다. 높이 올라간 공은 반짝거리는 가을 하늘에 둥둥 떠 있었다. 그렇게 140미터가량 날아간 공은 잔디 위를 매끄럽게 튕겨져 나갔다.

정말로 깜짝 놀랐다. 나는 뉴욕 양키스의 알렉스 로드리게스Alex Rodriguez의 홈런보다 공을 더 멀리 보냈다! 골프장에서 처음으로 하늘을 날 것 같은 기분을 느낀 나는 마약보다 더 강한 것에 중독될 줄 짐작도 못 했다. 무언가에 중독되면 늘 그렇지만, 나는 골프에 중독된 대가를 호되게 치러야 했다. 그 비싼 골프 사용료는 말할 것도 없고 18개월마다 한 번씩 골프 클럽을 바꿨다. 그에 따라 코치 비용과 훈련에 들어가는 비용이 엄청나게 늘어났다. 게다가 틈만 나면 해외 골프장을 찾았으니 돈이 얼마나 들어갔겠는가.

누구나 혁신할 수 있다, 그러나

골프 스윙은 스포츠에서 가장 어려운 동작이라고 한다(이런 얘기를 듣는다고 해서 부족한 실력을 정당화하기는 어렵겠지만). 원하는 곳을 향해 정확히 공을 쳐 올리기 위해 목표물에 생각을 집중하는 한편, 실제로 목표물을 바라보고 싶은 마음을 억제해야 한다. 또한 손과 팔을 편안한 상태로 유지하면서 마치 회전하는 고무줄처럼 몸통을 돌려야 하며, 세게 휘두르고 싶은 마음을 자제하면서 1초도 안 되는 시간

내에 정지 상태에 있는 것을 시속 144킬로미터 이상의 속도로 골프채 머리 부분에 맞혀 세차게 날려야 한다. 그래도 조금만 열심히 하면, 운동신경이 전혀 없는 중년의 베이비부머라도 훌륭한 골퍼가 될 수 있다. 초보자도 꾸준히 연습하고 한두 차례 코스를 돌면, PGA 투어에서 본 듯한 골프 샷을 날릴 것이다.

이런 점이 내 생각과 묘하게 맞아떨어졌다. 그렇지 않다고 말하는 옛 격언이 있다 해도 상관없다. 백발의 노인도 당연히 난해한 신기술을 습득할 수 있다.

이런 이유로 어느 기업이라도 혁신 기업으로 완전히 탈바꿈할 수 있다고 나는 믿는다. 수년간 동료 연구자들과 내가 거듭 설명했듯이, 적절한 도구를 가지고 훈련을 한다면 누구나 평범한 직원에서 초일류 혁신자로 거듭날 수 있다.

변화를 추구하는 CEO들 사이에서 혁신이 조직의 운명을 결정한다는 인식이 널리 확산되고 있다. 그럼에도 직원들의 혁신 역량을 강화하기 위한 집중 훈련 프로그램에 전 직원을 참여시키는 경영자가 별로 없는 실정이다. 물론 다수의 기업이 아이디어를 제안하는 인터넷 도구라든가 참신한 아이디어를 실현하기 위한 각종 투자 기금, 또는 이른바 혁신 경로 관리 도구라든가 혁신 보상 제도 등을 갖추고 있다. 그럼에도 잘 훈련된 혁신자 그룹 없이는 혁신을 촉진하기 위한 투자는 헛되이 끝나고 말 것이다.

의욕은 넘치지만 골프의 '골' 자도 모르는 골프 초보자가 페블 비치Pebble Beach 골프장 첫 번째 티(골프장에서 공을 치는 위치-옮긴이)에 섰다고 상상해보자. 여러분은 그가 경기를 잘 치를 수 있도록 기운을 북돋워야 한다. 여러분은 그를 최신형 티타니움 헤드 드라이버로 무장시킨 후 괴물 드라이브 샷으로 공을 페어웨이(티와 퍼팅 그린 사이의 잔디밭-옮긴이) 너머로 날리라고 지시한다. 그리고 여러분은 그에게 구미가 당기는 제안을 한다. 드라이브를 쳤는데 공이 러프 지역(페어웨이 양쪽 바깥에 있는 풀이나 나무가 무성한 곳-옮긴이)을 벗어나면 보너스 100달러를 지급하고, 기준 타수보다 적은 타수를 칠 때마다 100달러를 더 지급하는 것이다.

그런데 여러분이 그에게 해주지 않는 것이 있다. 그에게 지시만 내릴 뿐 골프 기술에 관한 것을 하나도 알려주지 않는다. 이를테면 여러분은 그에게 골프 관련 책자를 추천해주지도 않고, 세계적인 골프 교습가 데이브 펠츠Dave Pelz나 데이비드 리드베터David Leadbetter가 전하는 골프 노하우 같은 것도 알려주지 않는 것이다. 또한 그의 드라이브 샷 동작을 동영상으로 찍어서 조언을 해주는 일 따위도 하지 않는다.

이런 조건에서 그는 과연 페어웨이 너머로 200야드 드라이브 샷을 얼마나 많이 날릴 수 있을까? 그는 얼마나 오래 골프를 즐길까? 그리고 여러분은 최신 골프 용품을 사고 페블 비치 골프장을 사용하는 데 거액을 쏟아부은 대가로 무엇을 얻을 수 있을까?

답은 정해져 있다. 그 초보 골퍼는 러프에 수없이 공을 빠뜨리고 의욕을 상실한 채 골프를 때려치울 것이다. 그에 따라 여러분은 거금을 투자한 대가를 제대로 돌려받지 못할 것이다. 골프에 대해 좀 아는 사람이라면 이런 어리석은 짓은 절대 하지 않는다.

경영자들의 편견

이런 상상을 하면 무언가를 느낄 수 있다. 일선 직원들의 혁신 역량을 함양하는 데 투자하는 기업이 별로 없다는 사실에 말문이 막힌다. 이런 실수를 범하는 경영자들은 아무리 좋은 말로 표현해도 소위 '혁신 아파르트헤이트innovation apartheid'를 고수하는 사람들이다. 혁신 역량을 두고 사람을 차별한다는 말이다. 이런 경영자들은, 운 좋은 소수나 유전에 의해 창의성을 타고나지 나머지 다수는 멍청해서 점진적인 개선책 따위보다 더 흥미로운 것을 내놓지 못한다고 여긴다.

이런 얘기를 하다 보니 경영자가 어떻게 편견에 빠지는지 알 것 같다. 그들은 일상에서 마치 폭탄 세례를 받듯이 새로운 아이디어를 접하는데, 그 아이디어들 중에는 생각할 가치가 없는 수준 이하의 의견이나 말도 안 되는 것들이 많다. 그렇다 보니 혁신 훈련을 전혀 받지 못한 직원이 멍청한 아이디어를 냈다고 생각지 않고 멍청하면 멍청한 아이디어를 낼 수밖에 없다고 착각하는 경향이 있다.

더군다나 회사에서 아이디어 마켓 같은 시스템을 처음으로 운영하는 경우, 직원들이 올린 아이디어를 보고 경영자들은 더욱 낙담한다. 이때 경영진은 곧 직원들의 아이디어를 두 부류로 나눈다. 딱 봐도 알 만한 내용 아니면 전혀 가치가 없는 내용이 그것이다.

투자 좀 해서 혁신 훈련을 체계적으로 운영해보라고 설득할라치면 경영자들은 대개 이런 반응을 보인다.

"우리가 왜 그걸 해야 하는지 모르겠군요. 우리는 이미 좋은 아이디어를 많이 가지고 있습니다. 그런 것에 비용을 쓰진 못합니다."

이런 답이 돌아오면 나는 이렇게 물어본다.

"괜찮은 아이디어가 많다고 하셨는데, 그런 아이디어들 중에 정말로 기막히고 현실성 있는 것이 얼마나 될까요? 그리고 실현 가능한 것들 중 시장의 판도를 바꿀 수 있는 것이 얼마나 될까요?"

이러면 경영자들은 대부분 이렇게 답한다.

"아, 그런 것은 별로 없습니다."

문제는 여기서부터 시작된다.

우리는 각종 기준 수치를 비교함으로써 혁신의 수준을 평가한다. 따라서 혁신은 양적 수준이 중요하지만, 그렇기 때문에 또한 질적 수준도 중요하다. 조직이 보유한 혁신 경로의 질적 수준이 올라가야 혁신의 양적인 수준도 올라간다. 혁신 경로의 질적 수준을 높여야 하며, 그러기 위해 혁신적 사고의 질을 높여야 한다.

유능한 혁신자의 습관

게임의 판도를 바꾸는 아이디어는 어디서 나올까? 이에 대한 답을 내놓지 못하는 한 혁신자가 되는 법을 알려줄 수 없다. 그래서 미국의 프로 골퍼 벤 호건Ben Hogan의 골프 스윙 이론 같은 '혁신 이론 theory of innovation'을 갖추어야 한다.[1] 내가 몇 년 전 100건이 넘는 기업 혁신 사례를 분석하는 연구를 주도한 것도 그런 이유 때문이었다. 남들이 보지 못하는 기회를 혁신자가 어떻게 포착하여 활용하는지 알아내는 것이 연구 목표였다.

여기 이 USB 메모리의 콩알만 한 껍데기 속(이것도 혁신의 결과물이다)에 우리가 터득한 것이 들어 있다. 유능한 혁신자들은 나름의 안목으로 세상을 바라보고 새로이 떠오르는 기회를 정확히 포착한다. 즉 그들은 희미한 기회를 주시하며 어렴풋한 가능성을 포착하는데, 이런 방식을 대개 자연스럽게 사물을 지각하는 습관으로 익혔다. 어떻게 이렇게 할 수 있을까? 흔히 사람들이 당연시하는 네 가지 부분을 주의 깊게 살피기 때문이다.

당연시되는 통설

혁신자의 길로 나아가기 위해 모두가 당연시하는 것들을 의심해야 한다. 기존 기업들이 오랫동안 간직해온 통설을 맹신한 나머지 새로운 흐름을 보지 못하는 경우가 많지 않은가.

어느 업종을 막론하고 시간이 흐르면 '사고 모델mental models'이 집약되는 경향이 있다. 동종 업계 경영자들은 동일한 업계 전문 잡지를 읽고 동일한 산업박람회에 참석하며 동일한 경영 컨설턴트와 상담을 한다. 그러다 보니 시간이 흘러감에 따라 지적 유전자 풀gene pool이 '고여 있는 연못'으로 변질된다.

이런 과정은 성공 사례가 나오면 나올수록 가속화된다. 어디선가 효과를 본 전략을 저마다 모범 경영을 하기 위한 운영 정책으로 받아들이고, 이것이 관행으로 고착된다. 이처럼 고착된 전략을 추종하는 환경에서는 조금이라도 혁신적인 기업들이 업계 규칙을 뒤집을 기회를 포착하기 마련이다. 그렇게 반란을 일으킨 기업들 중 세일즈포스닷컴Salesforce.com이 대표적이다.

온라인상에서 고객 관계 관리CRM와 애플리케이션 플랫폼을 제공하는 세일즈포스닷컴은 전 세계 클라우드 컴퓨팅 시장의 선두 주자로, 일찍이 '서비스로 제공되는 소프트웨어Software as a service'라는 비즈니스 모델을 채택했다. 지금까지 기업 고객들은 대부분 사용 허가를 받은 소프트웨어를 자체 서버에 설치하여 운영했고, 해마다 소프트웨어 업그레이드와 유지 보수 비용으로 만만치 않은 비용을 지급해왔다. 세일즈포스닷컴은 이런 구조를 뒤집었다. 세일즈포스닷컴은 클라우드 컴퓨팅 모델로 기업들에게 서비스를 제공하며, 기업들은 세일즈포스닷컴의 클라우드 플랫폼상에서 소프트웨어를 이용하고 매달 수수료를 지급한다. 이렇게 비용을 줄이고 작업의 유연성을 높이는 서비스를 제공함으로써 세일즈포스닷컴은 클라우드 컴퓨팅 시장의 글로벌 리더로 우뚝 섰다.

혁신자는 이른바 타고난 반대론자이다. 즉, 혁신자는 매사에 의심을 한다. 조금만 실천하면 누구나 오래된 통념을 뒤집어 생각하는 법을 배울 수 있다. 조직 구성원들을 자극하여 반대론자의 본능을 끌어내기 위해 두 가지 물음을 던져보자.

첫째, 우리 비즈니스 모델은 어떤 점에서 우리 경쟁자들의 비즈니스 모델과 구분하기 어려운가? 가치 제안value proposition, 서비스 묶음service bundle, 가격, 고객 지원, 유통, 서비스 체인 등의 부분에서 여러분의 조직이 경쟁 기업들과 차별화되지 않는 점이 무엇인지 생각해보라. 둘째, 지난 3년에서 5년 동안 우리의 비즈니스 모델은 어떤 측면에서 변화 없이 유지되었는가? 여러분의 조직을 지배하는 관념을 찾았으면, 그 즉시 물음을 던져보라. 그런 신념은 신성불가침한 법칙 같은 것인가? 아니면 우리가 단순히 선례를 따르고 있는 건 아닐까? 이렇게 우리가 맹신하는 것들을 꼼꼼히 따지는 일부터 시작해야 한다. 이런 과정에서 우리는 시장에 일대 반란을 일으킬 수 있다.

관심 밖의 트렌드

혁신자들은 최근 생겨난 트렌드, 초기의 불연속 현상에서 눈을 떼지 않는다. 기존 비즈니스 모델에 새로운 힘을 불어넣거나 혹은 새로운 비즈니스 모델을 창출할 가능성을 모색하는 것이다.

혁신자들은 대개 신속히 변화 가능성을 감지하고, 시나리오 플래닝scenario planning(시나리오를 도출해서 전략 대안을 미리 도출하는 경영 기법-옮긴이)에 별로 의지하지 않는다. 반면에 혁신자들은 이미 변화가 시작되었지만 업계 터줏대감들이 간과하거나 경시하는 것이 있다면, 그것이 아무리 사소한 것이라 해도 그에 관심을 집중한다. 또한 혁신자들은 기술, 규제 정책, 라이프스타일, 가치, 지정학적 요인 같은 부분에서 갑작스러운 변화가 일어났는지, 그런 새로운 변화를 이용하여 기존 업계 구조를 완전히 뒤바꿀 수 있는지 가능성을 늘 주시한다. 이러한 혁신자의 눈을 가진다는 것이 다방면에서 뛰어난 능력을 가지고 있어야 한다는 의미는 아니다. 경쟁자들이 지나치는 것을 보는 눈을 키워야 한다는 말이다. 경쟁자들이 알아채지 못한 영향력 있는 트렌드를 발굴하여 전략적으로 잘 활용하는 기업이 미래에 새로운 도약을 할 수 있다.

가까운 예를 하나 들어보겠다. 10여 년 넘는 시간 동안 개인들이 동영상 매체를 사용하는 방식에는 큰 변화가 있었다. 현재 많은 나라에서 소비자들은 케이블 TV 방송국이나 위성 TV 방송국을 통해 각종 비디오 프로그램을 시청한다. 이런 콘텐츠를 제공하는 회사들은 수백 개 채널을 묶어서 서비스하고, 매달 전체 서비스 이용에 대한 요금을 과중하게 청구한다. 문제는 우리가 몇 개 채널만 이용하면서 전체 채널에 대한 이용료를 지급한다는 사실이다. 이런 비즈니스 모델이 상당히 비효율적이고 변화가 시급하다는 사실을 분명히 인지한 업체는 일부(유튜브YouTube, 로쿠Roku, 부두Vudu, 훌루, 넷플릭스Netflix, 애플TV)에 불과했다. 변화가 필요한 징후도 나타났다. 미국의 경우 최근 들어 경기 침체를 겪으면서 소비자들의 50퍼센트가 그들이 이용하는 TV 방송 회사에 연락하여 월 이용료를 낮춰달라고 요구했다고 한다.[2]

 TV 콘텐츠 시장에 급격한 변화가 일어날 가능성을 점칠 수 있는 것은 두 영역에서 획기적 변화가 일어났기 때문이다. 즉 광대역 통신망이 널리 확산되었고, 웹상에서 풀 모션 비디오를 제공하는 기술이 대폭 개선되었다. 여기서 주목할 만한 사실이 있다. 이와 같은 트렌드를 철저히 활용한 기업들이 대부분 기존의 TV 콘텐츠 공급 업체들이 아니라는 사실이다. 기존 콘텐츠 공급 업체들이 시큰둥한 반응을 보인 탓에 웹 기반의 경쟁자들이 대거 기회의 문을 열었다. 변화가 극심한 지금의 세상에서 갑작스러운 변화를 활용하지 못하거나 기존에 고수하던 비즈니스 모델에 해가 될까 봐 머뭇거리다가는 시장에 반란을 일으키기는커녕 반란의 대상으로 운명을 마감하기 십상이다.

 그러면 조직 구성원들이 변화의 조짐을 잘 감지하게 하려면 어떻게 해야 할까? 조직 구성원들을 조직의 변두리에서 끄집어내어 미래 트렌드를 직접 체험하게 하면 된다. 한국의 마케팅팀 직원들이 첨단 기술의 중심지인 실리콘밸리를 체험하게 하고, 핀란드 출신 기술자들이 도쿄에서 일본의 클럽 문화를 배우게 하고, 인터넷에 능숙한 고등학생들이 고위 브랜드 관리자들을 대상으로 소셜 미디어 교육을 하게 하라.

중대한 변화의 움직임을 포착하기 위해서는 다섯 가지 차원에서 여러 물음을 고찰해보는 것이 좋다. 첫째, 사회, 문화, 정치, 기술 등과 관련하여 읽고 보고 체험한 것은 무엇인가? 무엇 때문에 놀라거나 당황했는가? 둘째, 그렇게 변칙적인 것들 중에서 그 이면에 어떤 힘이 작용하는 듯 보인 것이 있었는가? 사회 전반을 둘러보거나 최근 몇 달을 되돌아볼 때, 그와 같은 트렌드가 광범위하게 확대되거나 가속화한 경우를 보았는가? 그와 같은 트렌드가 아직 유행하지 않았다면, 앞으로 유행하리라 예상하는가? 셋째, 앞으로의 일을 영화로 상영한다면 그와 같은 갑작스러운 변화가 어떻게 전개될까? 어떤 사건들이 연달아 일어날까? 넷째, 갑작스러운 변화가 일어나고 있지만, 업계에서 별로 관심을 두지 않는 것은 무엇인가? 그런 소재가 여럿 있는데도 불구하고 최근 동종 업계 사람들과 모인 자리에서 논의하지 않은 것은 무엇인가? 마지막으로 업계에 갑자기 닥친 변화를 잘 활용하여 경쟁 기업들을 궁지로 몰려면 어떻게 해야 할까?

이런 물음들을 체계 있게 고찰하고 유망한 기회를 포착할 수 있도록 조직 구성원들을 지도해야 한다. 이에 따라 조직 구성원들은 새로운 흐름을 찾아서 적절히 활용하는 역량을 키워나갈 것이다.

숨겨진 역량과 자산

기업이란 모름지기 역량과 자산의 묶음이라고 할 수 있다. 그런 것들은 대개 기업이 오래전부터 유지해온 비즈니스 모델에 녹아 있지만, 목적에 맞게 잘 활용한다면 대부분 혁신과 성장의 플랫폼으로 활용할 수 있다.

기업이 알거나 소유하고 있는 것이 아니라 운영하고 있는 것을 토대로 스스로를 정의할 때, 즉 기업이 핵심 역량과 전략적 자산이 아닌 상품과 기술을 바탕으로 스스로를 인식할 때, 혁신은 물 건너가고 만다. 혁신을 도모하기 위해서는 자기 조직과 자기 조직을 둘러싼 세상을 역량과 자산의 포트폴리오로 바라보는 일부터 시작해야 한다. 이런 역량과 자산은 새로운 상품과 비즈니스로 재결합되며, 이 과정은 끊임없이 반복된다.

디즈니는 핵심 역량 재배치 능력을 자주 증명한다. 영화 〈라이온 킹 The Lion King〉을 가족 뮤지컬로 각색한 뮤지컬 부문과 크루즈(테마 여객선) 사업 라인이 좋은 예다. 또한 디즈니가 2008년에 설립한 디즈니 잉글리시 Disney English는 중국 아이들에게 영어를 가르치는 영어 학습 사업부인데, 여기서 파견된 전문 교사들이 다양한 디즈니 캐릭터를 소재로 하여 아이들에게 영어를 가르친다. 현재 중국 일곱 개 도시에 디즈니 잉글리시 학습 센터가 설치되어 있다. 디즈니 잉글리시를 총괄해 책임지고 있는 앤드루 슈거먼 Andrew Sugarman은 중국 영어 교육 시장이 향후 몇 년 동안 30퍼센트 가까이 성장할 것이라는 의견을 냈다.[3]

테마파크나 애니메이션 영화를 보는 시각에서 생각하면 디즈니

잉글리시는 디즈니와 어울리지 않는 것처럼 보일지 모른다. 하지만 디즈니의 핵심 역량(활력 넘치는 직원을 고용하고 아이들을 위한 콘텐츠를 개발하는 역량)을 먼저 고려해보고 디즈니의 전략적 자산(인기 만화 캐릭터들)을 그에 더해서 생각해보면, 불현듯 디즈니가 할 만한 사업을 하고 있음을 느끼게 된다. 더군다나 중국에서 강력한 변화가 일어나고 있다. 중국의 중산층 비중이 급격히 증가하고 있는데, 이들은 영어가 출세의 필수 요건이라고 확신하는 사람들이다. 이만하면 디즈니는 매력적인 신규 사업을 하는 데 충분한 기반을 확보한 셈이다.

아까처럼 다시 한 번 해보자. 몇 가지 물음을 고찰함으로써 조직 내에 숨겨진 보물을 찾아보자. 먼저 이렇게 스스로 물어보라. 우리가 보유한 역량과 자산은 무엇인가? 그중 경쟁 기업들에게 없는, '우리만이 보유하고 있고' '고객 가치를 창출하는 데 필요한' 역량과 자산은 무엇일까? 둘째, 그런 역량과 자산을 활용하여 어떤 영역에서 가치를 창출할 수 있을까? 어떻게 하면 그와 같은 역량과 자산을 다른 업종에서 게임 체인저로 활용할 수 있을까?

이런 물음을 잘 고찰한 사례가 있다. 얼마 전 P&G는 세탁 세제 브랜드인 '타이드$_{Tide}$'의 이름을 따서 세탁소 체인 사업('타이드 드라이 크리닝' 체인)을 시작했다. 아직 실험 단계에 있지만, 이 사업은 업계 모범이 되는 P&G 브랜드를 극도로 세분화된 시장에서 적절히 확장한 좋은 사례로 꼽힌다.

이제 반대로 다른 기업의 전략 자원을 어떻게 활용할지 고찰해보자. 예를 들어 구글, 페이스북, 아마존, 버진그룹 같은 신망받는 기업들이 눈에 불을 켜고 우리 업계를 재편성하려고 하고 있다면, 그들은 목적을 달성하기 위해 자신의 핵심 역량과 자산을 어떻게 활용할까? 우리는 그들과 협력함으로써 무엇을 얻을 수 있을까? 이런 관점에서 조직 구성원 개개인이 조직과 경쟁 기업을 들여다보는 안목을 가진다면, 혁신의 기회가 배가될 것이다.

불분명한 니즈

고객들이 대수롭지 않게 넘기는 불평불만 사항, 업계 베테랑들이 쉽게 지나치는 것을 잘 찾아내야 혁신을 거듭할 수 있다.

전혀 상상할 수 없지만 한번 경험하면 절대로 잊을 수 없는 체험으로 고객을 만족시키는 것, 바로 이것이 혁신의 목표이다. 여러분에게 이런 만족을 느끼게 하는 것은 무엇인가? 나의 경우, 티보$_{Tivo}$의 디지털 비디오 녹화기(고맙다, 티보), 오픈테이블$_{OpenTable}$의 음식점 온라인 예약 서비스(바로 그거야!), 스카이프$_{Skype}$의 해외 화상 회의 서비스(고맙습니다, 스카이프), 판도라 TV$_{Pandora\ TV}$의 개인 맞춤형 인터넷 라디오 서비스(브라보!)가 참 마음에 든다.

고객이 기대 이상의 만족을 느끼게 하려면, 먼저 고객이 드러내지 않은 니즈를 파악해야만 한다. 고객들은 그들만의 통념을 품고 있다. 우리처럼 고객들도 익숙한 것에 편안함을 느낀다. 그래서 고객들에게 무엇을 원하는지 물어보는 식으로 해서는 전혀 새로운 통찰을 얻을 수 없다. 그보다는 한동안 고객들을 가까이 관찰한 다음, 관찰 결과를 되짚어봐야 한다. 어떤 부분에서 우리는 고객의 시간을 낭비할까? 어떤 부분에서 우리는 일을 더 복잡하게 만들까? 어떤 부분에서 우리는 고객을 사람이 아닌 상품처럼 취급할까? 어떤 부분에서 우리는 고객에게 책임을 떠넘길까?

소비자들의 불분명한 니즈를 찾아내기 위해서는 두 가지 역량을 반드시 갖춰야 한다. 이는 조금만 연습하면 누구나 습관화할 수 있는 것들이다. 두 가지 역량 중 하나는 고객이 여러분의 회사와 거래하거나 여러분의 상품이나 서비스를 이용하면서 느끼는 감정 상태를 읽는 능력이다. 다행인 점은 우리 대부분이 감정적 단서를 아주 잘 해석할 수 있다는 것이다. 따라서 우리는 고객의 니즈를 파악함으로써 시장조사 전문가들이 고객의 불만 사항을 소문내기 전에 고객의 감정을 직접 체험할 수 있다.

여러분의 업종에서 직원들이 무슨 일을 하고 있는지 생각해보자. 이를테면 직원들은 고객에게 온라인 보험 가입서 작성을 안내하거나 대형 상점에서 고객들에게 길을 안내하고 있을 것이다. 또는 고객의 자동차에 GPS(위성 위치 확인 시스템)를 설치해주거나 고객이 분실한 항공 수하물에 대한 서류를 작성하고 있을 것이다.

이와 같은 '감정이입'의 사고를 바탕으로 활용할 수 있는 간단한 준거 틀을 소개한다. 먼저 가운데 축을 중심으로 왼쪽에 다음과 같이 '고객 체험 사슬 customer experience chain'의 여러 단계를 열거한다.

- 발견 : 고객은 우리의 상품이나 서비스를 어떻게 알게 되었는가? 무엇이 고객의 인식과 헌신을 유도하는가?
- 학습 : 고객은 우리의 상품과 우리 경쟁 회사의 상품에 대해 얼마나 잘 알고 있는가? 고객은 그런 정보를 어디서 구하고 비교하는가?
- 구매 : 고객은 우리와 어떻게 거래하는가? 고객의 구매 프로세스가 어떻

게 변화하고 있는가?
- 인수 : 고객은 우리의 상품이나 서비스를 어떻게 인수하는가? 우리의 배송 절차는 어떠한가?
- 사용 : 고객은 일상에서 우리의 상품이나 서비스를 어떻게 사용하는가? 우리의 상품이나 서비스를 통해 혜택을 얻으려면 고객은 어떻게 해야 하는가? 다양한 고객 체험 요인은 무엇인가?
- 사후 접촉 : 고객은 구매 이후에 우리 회사와 어떻게 교류하는가? 고객과 접촉하는 데서 고객의 충성도와 애정, 또는 고객의 불만을 일으키는 요인은 무엇인가?

이어서 가운데 축의 오른쪽에는 고객 체험 사슬의 각 단계에서 예상되는 고객의 다양한 감정 상태를 열거한다. 다음과 같이 왼쪽 위에서 아래로 내용을 열거하는데, 윗부분에 긍정적 감정 상태를 표기하고, 아랫부분에 부정적 감정 상태를 표기한다.

- 긍정적 감정 상태

  나는 _____ 느낀다.

존중받는다고	신뢰받는다고
많이 안다고	존경받는다고
열심히 참여한다고	자신감이 있다고
즐겁다고	열중하고 있다고
자율권을 가졌다고	마음이 편하다고

- 부정적 감정 상태

  나는 _____ 느낀다.

관심을 받지 못한다고	불신을 받는다고
잘못 알고 있다고	하찮은 존재라고
무시당한다고	혼란스럽다고
귀찮다고	혼자밖에 없다고
무력하다고	불안하다고

이제 위의 감정 상태에 각각 번호를 붙인 다음, 고객 체험 사슬의 각 단계마다 고객이 느끼는 감정을 관찰하여 해당 번호를 매기라고 직원들에게 요청한다. 이와 같은 간단한 과정을 통해 직원들은 고객의 감정을 직접 체험하고, 고객의 감정을 유발하는 요인들을 찾아 분석함으로써 고객의 불분명한 니즈를 표면으로 아주 잘 끄집어내게 된다.

이런 맥락에서 "이런, 고민이 많으신 것 같군요. 무엇 때문에 그런지 여쭤봐도 될까요?"라는 식으로 고객에게 특정한 감정을 느낀 이유를 직접 물어봐도 좋다. 이처럼 현장에서 고객의 반응을 직접 체험하면서 고객이 해소하지 못한 욕구의 미묘한 단서를 충분히 찾을 수 있다.

이를 위해 호기심 넘치는 인류학자의 태도를 조직에 확산하는 일부터 시작해야 한다. 잊지 못할 감동을 선사하여 고객의 마음을 사로잡는 방향으로 고객 체험을 재설계하는 계획을 세세히 세워야 한다.

또한 이런 계획을 창출하기 위해 직원들이 다른 업종을 통해 배우는 태도를 습관처럼 익혀야 한다. 디즈니랜드나 싱가포르 항공, 온라인 티켓 판매업체 판당고~Fandango~나 도요타 등 여러 기업의 활동을 지켜보면서 그들이 고객에게 멋진 체험을 어떻게 전달하는지, 그 방식을 우리 사업에 어떻게 적용할지 스스로 물음을 던지는 것이다. 발견하고 창안하는 것만이 혁신이 아니다. 다양한 업종의 탁월한 사업 방식을 본받는 것도 혁신이다.

이번에는 그와 같은 역량을 연마하기 위한 간단한 활동을 소개한다. 먼저 직원들 또는 고객들이 모인 자리에서 기대 이상의 감동을 느낀 상품이나 서비스가 있는지 개개인에게 물어본다. 탄성이 절로 나오게 만든 것이 무엇인지 물어보라는 말이다. 이때 앞서 설명한 매트릭스를 활용하여 기분 좋은 감정을 분출시킨 체험을 밝히는 것이 관건이다. 그다음, 그 체험을 오래 기억하게 만든 색다른 요소들이 있었는지 물어본다. 그 체험이 자신의 기대를 얼마나 정확히 충족시켰는지 물어보라는 말인데, 그러면 아마 다음과 같은 대답이 돌아올 것이다.

"사용하기가 이렇게 쉽다니……. 믿기지가 않네요."

"관심을 많이 가져주시는 것 같네요. 모든 분이 제 이름을 알고 계시니 말예요."

특별한 체험을 이끈 요인을 찾은 다음에는 스스로 다음 물음을 던져보자.

"우리 업종에서 고객의 기대를 재정립하기 위해 그것을 어떻게 활용하면 될까?"

예컨대 교과서 제작 업자들은 왜 인터넷 게임만큼 흥미진진한 온라인 수학 강좌를 개설하지 못하는 걸까? 슈퍼마켓 업자들은 왜 자신들의 물주인 고객들에게 해외 항공사처럼 극진한 서비스를 하지 못하는 걸까?(계산대에서 친절히 응대하고 물품들을 차에 실어주는 서비스를 왜 하지 못하는 걸까?) 보험 중개인들은 왜 부동산 중개인과 주식 중개인처럼 수수료를 공개하면 안 될까?

혁신에 관한 이론을 연구하고 정립하는 과정에서 비즈니스 세계의 '선구자들'을 많이 만났다. 그들은 남들이 따라오지 못할 정도로 매우 똑똑하거나 예술적 성향을 지닌 사람들이 아니었다. 그렇다고 출생이 특별하지도 않았다. 하지만 그들에게는 하나같이 일반적인 시각 너머를 보는, 민감하게 사물을 지각하는 습관이 있었다. 그리하여 일상에서 업계의 정설을 뒤엎고, 경쟁자들이 지나치는 새로운 흐름을 포착할 뿐 아니라 역량과 자산을 적절히 활용하고 고객의 감정을 잘 파악했다.

교육과 훈련을 통해 조직 구성원들이 그런 습관을 배양하도록 도와야 한다. 시간이 많이 걸리겠지만, 이런 과정은 엄청난 효과를 볼 것이다. 얼마 전 월풀이 확고한 혁신 성과를 이룩한 것도 3만 명이 넘는 직원들을 비즈니스 혁신자로 훈련시키고 그중 1,000명이 넘는 직원들을 '검은 띠'의 혁신자로 인정한 사실에서 그 이유를 충분히 찾을 수 있다.

아무리 강조해도 지나치지 않지만, 끊임없이 혁신하고 업계의 판도를 바꿔나가기 위해 어느 조직을 막론하고 제일 먼저 중점을 두고 해야 할 일이 있다. 조직 구성원들의 혁신 역량을 키우기 위해 늘 주위 세상을 신선한 시각으로 바라보는 방법을 조직 구성원들에게 교육해야 한다.

이런 도전을 게을리하지 말아야 한다. 현실에 안주하는 조직은 시장성 있는 아이디어를 내놓기는커녕 혁신의 '혁' 자도 모르는 얼간이들로 가득 찰 것이다.

DECON-
STRUCTING
APPLE

애플을 해부하고
분석하라

1997년에 나는 필기구 회사 A.T. 크로스~A.T. Cross~가 출시한 휴대용 디지털 메모장~e-tablet~ '크로스패드~CrossPad~'를 구입했다. IBM과 공동 개발한 크로스패드는 휴대용 디지털 메모장이라는 완전히 새로운 제품군의 탄생을 알리는 획기적 상품이라는 찬사를 받았다. 나는 늘 수첩에 기록을 하기 때문에 필기한 내용을 디지털 파일로 전환하는 크로스패드의 기능에 완전히 매료되어 구매 충동을 억제하지 못했다.

나는 소위 얼리 어댑터~early adapter~라기보다는 충동구매를 잘하는 사람이다. 크로스패드를 산 후, 나는 IBM 음성 인식 시스템 사업부 본부장 오지 오즈본~Ozzie Osborne~에게 따지고 싶었다. 당시에 오즈본은

크로스패드가 '펜과 종이에 대한 사람들의 인식'을 재정립할 것이라고 선언했다.[1] 그 말을 듣고 한걸음에 상점으로 달려가서 크로스패드를 산 것인데, 크로스패드는 내 삶을 바꿔주겠다고 약속해놓고 약속을 지키지 못한 다른 모든 혁명적인 제품들처럼 선반 공간만 차지했다.

애플의 놀라운 성과 퍼레이드

수년간 경험이 쌓여서인지 나는 자칭 첨단 기술의 선도자들이 내세우는 비현실의 비전을 무턱대고 받아들이지는 않게 되었다. 얼마 전에는 3D TV를 사려고 소니 대리점을 찾았다가 그냥 나와버렸다. 기계 다루는 일을 하는 사람들이 고객에게 귀중한 조언을 해주기는커녕 안타깝게도 물건을 강매하다시피 하는 일이 많음을 알게 되었기 때문이다.

그렇다면 2010년 1월 1세대 아이패드 출시를 알리는 애플의 광고를 보고 내가 적어도 일말의 의심을 했을 것이라고 추측하는 게 합당할 것이다. 하지만 나는 그러지 않았다. 의심할 구석이 하나도 없었기 때문이다. 아이폰에 대한 수요가 너무 과장되었다고 의심하는 사람들도 있고, 스타일러스 펜이 없어서 아쉽다고 한탄하는 사람들도 있다. 또한 이북 리더 e-reader치고는 너무 비싸다며 아이폰을 깎아내리는 사람들도 있다.

그러나 나는 애플이 자긍심을 가질 만한 이유가 충분히 있다고 생각해왔다. 내가 못 말리는 스마트폰 게임 중독자여서가 아니다. 내가 아는 다른 어느 기업보다 애플이 그들의 DNA에 혁신 인자를 아주 깊이 새겨놓았기 때문이다.

돌이켜보면 아이패드에 대한 회의론은 정말로 쓸모없는 것이었다는 생각이 든다. 아이패드가 출시되고 9개월 만에 애플은 이 반짝거리는 태블릿 컴퓨터 하나로 100억 달러에 가까운 매출을 올렸다. 10억 달러에 '0'이 하나 더 붙은 금액이다! 아이패드가 기업이라고 치면, 창립되고 1년도 채 안 되어 〈포천〉 선정 500대 기업 중간 순위에 들어간 꼴이다! 애플이 비즈니스 세계를 통틀어 전례 없는 위업을 달성한 셈이다.

지난 10여 년 동안 애플은 다음과 같이 상상도 안 되는 성과 퍼레이드를 펼쳤다.

- 애플은 한때 개인용 컴퓨터 시장에서 거의 힘을 쓰지 못한 적도 있었지만, 현재 1,000달러가 넘는 프리미엄 컴퓨터 시장을 선도하고 있다. 가장 수익성이 높은 분야를 독식하고 있는 애플의 시장점유율은 90퍼센트라는 엄청난 수치를 기록했다.[2]
- 애플은 오늘날 세계 최대 음원 유통사가 되었다. 이는 2003년 온라인 뮤직 스토어를 개시한 이래 단 6년 만에 올린 개가다. 2010년 2월 24일 아이튠스 iTunes에서 100억 번째 노래가 다운로드되었다.[3]
- 애플은 이동통신시장에 뒤늦게 참여했음에도 불구하고, 글로벌 휴대전화 시장을 대략 5퍼센트 점유한 가운데, 시장을 30퍼센트 이상 점유한 노키아보디 수익을 디 많이 기두고 있디.[4] 애플의 이런 성과에 중요한 의미가

있는 이유가 있다. IT 시장 전문 블로그 아심코닷컴Asymco.com에 따르면, 애플이 아이폰을 출시한 2007년 6월에만 해도 노키아가 업계 수익의 63퍼센트를 점유했다. 그로부터 36개월 후, 노키아의 글로벌 수익 점유율이 22퍼센트까지 곤두박질친 반면에 아이폰의 글로벌 수익 점유율은 47퍼센트까지 치솟았다.[5]

- 애플은 2001년 첫 소매점을 열었다. 당시에 많은 전문가들이 애플이 실패가 보장된 분야에 뛰어들었다며 비관론을 내놓았다. 그러나 오늘날 드문드문 소재한 세련된 애플 소매점은 경쟁 기업의 대형 소매점보다 1제곱피트당 수익을 네 배나 많이 올리고 있다.[6] 뉴욕 5번가 소매점은 세계에서 가장 많은 수익을 올리는 소매점이라고 소문이 났다.[7]
- 2008년 앱 스토어App Store를 개시한 이래, 애플은 세계 최대 소프트웨어 서비스 업체가 되었다. 지금까지 애플의 iOS 시스템 전용 애플리케이션이 42만 5,000개 이상 개발되었으며, 소비자들이 이 애플리케이션을 100억 회가 넘게 다운로드했다.[8]
- 이 책을 쓰는 지금, 애플의 시장 가치는 무려 3,610억 달러에 도달했다. 이로써 애플은 세계에서 가장 가치가 높은 기업이 되었다. 애플보다 두 배 높은 수익을 올리는 휼렛패커드의 시장 가치는 단 540억 달러에 불과하다.

놀라움 그 이상이다. 상상할 수 없는 일이다. 운동선수에 비유하면 애플은 올림픽에서 5관왕을 차지한 선수라고 할 수 있다. 애플도 어느 날 (대다수의 기업이 그렇듯이) 성공의 노예가 될지 모르지만, 설사 그런 일이 일어나더라도 애플은 역사상 가장 뛰어난 기업으로 길이 남을 것이다.

만약에 나에게 누군가가 역대 가장 주목할 만한 기업 세 개를 꼽으라고 하면 망설임 없이 말할 수 있다. 대량생산 체제를 최초로 도입한 포드, 한 세기 이상 경영의 본보기로 자리매김한 GE 그리고 애플이 단연 최고의 기업이라고 말이다.

애플의 비즈니스 전략

하나의 기업이 어떻게 이 모든 일을 해냈을까? 단지 한 개 업종이 아니라 컴퓨터, 음악, 소매, 휴대전화, 소프트웨어, 미디어, 출판 등 예닐곱 개 업종을 재편성할 수 있는 조직을 도대체 어떻게 구축할 수 있었을까? 기업들은 대부분 한 개 업종도 재편성하지 못한다. 역사상 다수 업종을 재편성한 기업은 존재하지 않았다.

영감 넘치는 독불장군이자 공상가인 스티브 잡스 Steve Jobs와 함께하면 해낼 수 있다고 말하는 사람도 있을 것이다. 잡스는 애플을 창업한 1976년부터 애플을 이끌다가 1985년 경영에서 물러났으며, 1997년 애플에 복귀하여 2011년까지 애플을 이끌었다. 잡스가 애플에 복귀한 이래 14년 동안 애플의 주가는 110배로 뛰었다. 암으로 생을 마감하기 불과 두 달 전인 2011년 8월, 잡스는 애플의 권좌에서 내려오면서 비즈니스 역사에서 견줄 데 없는 유산을 남겼다. 잡스는 비즈니스의 아이콘으로서 헨리 포드 Henry Ford, 토머스 에디슨 등의 위인들과 어깨를 나란히 한다.

스티브 잡스가 없었다면 애플은 결코 존재하지 못했을 것이다. 이는 부인할 수 없는 사실이다. 또 하나 부인할 수 없는 사실은 어느 기업도 따라잡지 못하는 애플의 경이로운 실적이 한 사람의 풍부한 상상력에서 비롯된 것은 아니라는 점이다. 잡스가 지금 살아 있다 한들, 애플을 세계 일류 혁신 기업으로 만든 기발한 아이디어를 혼자서 다 내놓지는 못할 것이다.

다른 것보다 애플만의 독특한 비즈니스 모델을 높이 평가하는 사람들도 있을 것이다. 애플이 어떻게 상식을 넘어서는 성과를 달성했는지 산업 분석가나 MBA 학생에게 물어보라. 아마도 그들은 하나같이 애플의 비즈니스 전략에 녹아 있는 차별화된 요소를 지목할 것이다. 잠시 애플의 비즈니스 전략을 들여다보자.

경쟁 기반을 재정립하라

애플은 디자인과 사용 편의성을 토대로 차별화를 꾀한다. 이와 반대로, 애플의 경쟁 기업들은 될 수 있는 대로 볼품없고 사용하기 어려운 상품을 만들기로 작정한 모양이다.

하드웨어와 소프트웨어를 일체화하라

애플의 경쟁 기업들이 대부분 하드웨어 아니면 소프트웨어 하나만 전문으로 하는 반면, 애플은 양 분야에서 모두 탁월한 경쟁력을 발휘한다. 하드웨어와 소프트웨어의 디자인을 단단히 통합함으로써 애플은 시스템 성능 system performance 을 최대한 활용하여 고객들에게 풍부한 혜택과 재미를 선사한다.

상호 보완 기술을 폭넓게 배치하라

삼성을 예외로 두고, 애플은 여타의 경쟁 기업들에 비해 폭넓은 기술 역량을 아울러 갖추고 있다. 애플은 자체 생산 공장이 없는데도 반도체 디자인, 고성능 부품, 배터리, 전력 관리 시스템, 구성품 포장재, 애플리케이션 개발, 산업 디자인 등의 영역에서 기술력을 발휘한다. 이처럼 광범위한 기술력을 갖춘 덕분에 애플은 기발한 상품을 출시하고 스스로의 운명을 통제하는 측면에서 모두 뚜렷한 우위를 보이고 있다.

고객을 꽉 붙들어라

애플은 고객을 붙들고 경쟁자들의 접근을 막는 능력이 탁월하다. 이 모든 활동은 고객에게 연이어 달콤한 체험을 전달하는 것(또한 수익을 쌓아 올리는 것도)을 목표로 한다. 이 때문에 우리는 오로지 애플의 온라인 스토어를 찾아서 아이팟용 음악이나 아이패드용 애플리케이션을 구매한다.

제3의 개발자들과 거대한 네트워크를 구축하라

경쟁자들과의 경쟁이 기기 대 기기의 대결이 아니라 생태계 대 생태계의 대결임을 애플은 잘 알고 있다. 그래서 애플은 열정 넘치는 개발자들과 아이폰, 아이패드를 위한 글로벌 커뮤니티를 구성하는 데 심혈을 기울이고 있다. 이렇게 애플은 경쟁 기업들이 감히 모방할 수 없는 형태의 네트워크를 운영하고 있다.

신규 시장을 공략하기 위한 핵심 역량을 확대하라

애플의 브랜드 정체성은 한 가지 특정한 상품이나 시장에 국한되지 않고 핵심 역량의 포트폴리오를 기반으로 한다. 생을 마감하기 전 스티브 잡스는 애플이 컴퓨터 회사라기보다 "(노키아, 삼성, 소니를 앞서는) 세계 최대 모바일 기기 업체가 되었다"라고 말했다.[9] 10년 전만 해도 애플을 이런 기업들과 묶어서 생각하는 것은 상상도 할 수 없었다. 비교하려고 했다면, 컴퓨터 업체인 마이크로소프트나 델에 비교했을 것이다.

애플의 성공을 재현하려면

이런 분석이 타당한 듯 보이지만 아직 부족하다. 위 분석에서는 '어떻게'에 대한 설명만 할 뿐 '왜'에 대한 설명은 하지 않았다. 왜 애플은 재차 업계 기준을 뒤집을 수 있었을까? 왜 애플은 일반 통념을 거부하는 것을 그토록 자랑스럽게 여기는 듯 보일까? 애플은 왜 일상적으로 색다른 체험을 전달할까?

특정한 전략을 잘 사용했기 때문에, 혹은 어느 누군가 덕분에 지금의 애플이 탄생했다고 보지 않는다. 지금의 애플이 탄생한 것은 '다르게 생각하라 Think different'는 이념을 철저히 실현한 덕분이다. 이런 이념은 개발자, 디자이너, 미술가의 세상에선 주목할 만한 것이 아니지만, 〈포천〉 선정 500대 기업의 세상에서는 고비 사막의 오아시스처럼 희귀한 것이다.

애플을 상징하는 가치에 대해 내 의견을 내놓았는데, 그것이 내부 연구의 결과물이 아님을 미리 말해둔다. 스티브 잡스는 우리 집 인근에 살았지만, 나를 불러서 이런저런 얘기를 해준 적이 없다.

애플의 성공을 재현하기 위해 여러분의 조직이 어떤 유형의 가치를 신봉해야 하는지 자문해보라. 거의 직관적으로 답이 떠오를 것이다.

열정을 발산하라

위대한 성공은 위대한 열정의 산물이다. 끊임없이 창의성을 발휘하고 숭고한 이상을 추구하다 보면 위대한 업적을 남기게 된다. 이런 측면에서 애플은 '미'를 중요한 덕목으로 삼고 있다. 아이패드 출시 발표회 현장에서 잡스는 몇 차례 말을 멈추고 그 참신한 기기를 바라본 뒤 이렇게 말했다.

"손에 쥔다는 것이 정말로 멋진 일입니다."

휴렛패커드 최고 경영진 중 한 사람이 잡스처럼 기술 혁명에 대한 기쁨과 긍지를 드러내는 식으로 제품을 보면서 환호하는 모습을 상상할 수 있는가?

애플처럼 상식을 넘어서는 성과를 거듭 달성하려면 어떻게 해야 할까? 제일 먼저 상식을 넘어서는 이상을 실현하기 위해 전력을 기울여야 한다.

따라 하지 말고 주도하라

애플 직원들은 대부분 모방하기를 꺼릴 것 같다. 물론 애플 직원들도 가끔 마이크로소프트나 아마존의 방식을 빌리기도 하겠지만, 아침마다 그들을 일으켜 세우는 것은 다름 아닌 새로운 영역을 개척할 가능성이다. 발 빠른 모방자가 되는 것이 장땡이라고 말하는 애플 직원을 본 적이 없어서 다행이다. 물론 애플이라고 해서 늘 새로운 제품군만 개척하지는 않는다. 하지만 애플은 늘 기존의 것을 뒤엎는 도전에 스스로 나선다.

놀라운 체험을 목표로 삼아라

기업으로서 애플은 흔하디흔한 상품에 질린 고객들이 기쁨의 탄성을 내지르도록 기대 이상의 체험을 전달하는 데 전력을 기울이는 것으로 보인다. 이런 차원에서 기업은 경쟁에 집착하지 말고 신제품 출시에 관한 비밀을 유지하는 데 각별히 더 신경을 써야 한다. 이렇게 해야 크리스마스 아침에 아이들에게 깜짝 선물을 주듯이, 고객들에게 기쁨을 선사할 수 있다. 애플은 우리의 넋을 빼놓고 싶어 한다. 이런 점에서 애플 산업디자인팀 부사장 겸 수석 디자이너인 조너선 아이브Jonathan Ive의 말을 들어봐야 한다.

"뭔가가 돌아가는 방식이 우리 이해력의 범위를 넘어설 때 그것이 곧 마법이 됩니다."

이것이야말로 애플이 스스로 정해놓은 기준이다. 최근 들어 여러분이 거래하는 기업, 이를테면 여러분의 단골 은행에서 잡상인 취급을 당한 적이 있는가? 그런 끔찍한 체험보다 마법 같은 체험을 한 적이 있는지 떠올려보라.

비논리적이 되라

하나를 선택하고 다른 하나를 포기해야 할 때, 지레 체념하여 분별없이 타협하기 쉽다. 그러나 현실을 체념하는 태도로는 위대한 업적을 달성하지 못한다. 둘 중 하나만 선택해야 하는 상황에서는 둘 다 선택함으로써 상충 관계에 있는 상황을 과감히 탈피해야 한다.

애플은 이런 상충 상황을 아주 잘 극복한다. 탁월한 디자인과 기능을 모두 갖춘 제품을 연달아 내놓는 데서 알 수 있듯이 애플은 끊임없이 불가능에 도전한다. 이로써 애플은 세계 제1위 혁신 기업의 면모를 유감없이 발휘할 뿐 아니라 최고의 효율을 내는 기업으로 발돋움했다. 이런 측면에서 애플은 높은 가치와 낮은 비용 중 어느 하나만 선택하는 식의 태도가 옳지 않음을 보여주는 훌륭한 본보기이다. 그러면서도 애플은 여타 다른 기업에 어떤 것도 누설하지 않는다. 우리는 여기서 중요한 교훈을 얻는다. 하나를 얻음으로써 다른 하나를 포기하는 식으로는 경쟁자들을 능가할 수 없다는 것이다. 너무 논리적으로 생각해도 기발한 아이디어를 못 내는 법이다.

줄기차게, 광범위하게 혁신하라

애플 사람들은 혁신을 전략이나 사업 분야로 보지 않는다. 오로지 회사가 만드는 모든 것의 기본 재료로 본다. 종이라도 썰어버릴 것 같은 맥북 에어MacBook Air부터 앱 스토어와 지니어스 바Genius Bar에 이르기까지 애플의 혁신은 시공간을 초월한다. 보아하니 혁신(상품, 서비스, 비즈니스 모델의 혁신)이야말로 장기 가치를 창출하는 유일한 전략임을 아는 애플 사람들이 수없이 많다. 만일 그렇다면 그들은 마음을 놓고 있음이 틀림없다. 상당수의 경쟁 기업들이 아직까지 혁신을 부차적인 일로 여기고 있기 때문이다.

세세한 부분까지 고민하라

애플의 타고난 미적 감각은 누구나 인정하는 사실이다. 그런데 뛰어난 디자인은 단지 대담한 방식에서 비롯되는 것이 아니다. 상상을 초월하는 상품을 만들기 위해 사소한 것도 챙기려고 애쓰는 가운데 훌륭한 디자인을 창출할 수 있다.

이런 측면에서 애플은 모든 노트북 제품의 전원 코드를 자석으로 분리되게 만들었고, 둥근 버튼 한 개와 음량 조절 버튼 두 개로 아이팟의 외관을 멋지게 디자인했으며, 맥북 에어에 단일 알루미늄 케이스를 적용했다. 이뿐만이 아니다. 애플은 우리 눈에 보이지 않는 많은 부분에 신경을 썼다. 스티브 잡스는 "그저 작동한다It just works"라는 말을 자주 했다. 사용자가 인식할 필요도 없이 작동이 된다는 말이다. 애플은 직관적으로, 매끄럽게, 확실히 작동되는 상품의 창출을 목표로 삼고 있다. 이런 목표는 조직 구성원들이 다 함께 세세한 부분까지 고민할 때 달성할 수 있다.

기술자처럼 사고하고 예술가처럼 느껴라

회계 책임자의 입김이 센 기업은 미적 감각이 뛰어난 상품을 창출하지 못한다. 이런 생각이 떠오른 것은 몇 해 전 뉴욕 5번가 애플 소매점에 들렀을 때였다. 이곳은 뉴욕 시 명소 중 하나로 통한다. 거대한 정육면체 유리 큐브에 애플 로고가 둥둥 떠 있는 건물을 그냥 지나칠 수는 없는 노릇이다. 그 소매점을 아직 보지 못했다면 인터넷에서 검색해보라. 그다음에 스스로 이런 물음을 던져보라. 이는 가장 싸게 소매점 입구를 만드는 방법일까? 전혀 그렇지 않다. 여러분의 CFO가 엄청난 비용을 순순히 지원해줄 리 있을까? 절대로 아니다. 그렇다면 어떻게 애플에서 이런 일이 일어났을까?

애플에는 좌뇌와 우뇌를 동시에 사용하는 사람들이 많기 때문이다. 그 사람들은 고객들도 자신들과 비슷하다고 생각한다. 애플의 경영진은 멋스럽고 매끄러운, 또 전혀 예상치 못한 것을 제공할 때 고객들에게서 본능적 반응을 끌어낼 수 있다는 점을 잘 안다(이는 쉽게 정량화할 수 없지만, 그럼에도 가치를 평가할 수 있다).

분명히 밝히지만 애플이 모든 면에서 완벽하다고 말하는 것이 아니다. 애플이 경쟁 기업들의 독점적 행태를 답습하고 있다거나 애플의 성공이 상상 이상의 상품들이 아닌 과장 광고 때문이라고 말하는 사람들도 많다. 그럼에도 애플이 역대 가장 성공한 기업들 중 하나라는 사실만큼은 부인할 수 없을 것이다.

그러면 잠시 애플과 여러분의 회사를 비교해보자. 애플을 특징짓는 가치들을 아래 왼쪽에 나열했다. 그렇다면 여러분의 회사를 특징짓는 가치는 무엇일까? 오른쪽에 있는 내용에 근접하리라 생각한다.

- 열정을 발산하라. ——— 이성적으로 하라.
- 따라 하지 말고 주도하라. ——— 신중을 기하라.
- 놀라운 체험을 목표로 삼아라. ——— 만족시키는 것을 목표로 삼아라.

- 비논리적이 되라. ——————— 실용적이 되라.
- 줄기차게 혁신하라. ——————— 필요할 때 혁신하라.
- 세세한 부분까지 고민하라. ——————— 제대로 하라.
- 기술자처럼 사고하고 ——————— 기술자처럼 사고하고
  예술가처럼 느껴라.　　　　　　　 회계사처럼 느껴라.

애플과 달리 회계사처럼 사고하는 데 능하고 예술가처럼 사고하는 데 미숙한 기업이 너무도 많다. 이런 기업의 경영자들은 비용에 집착한 나머지 고객을 감동시키는 가치를 창출하지 못한다. 과장된 이야기로 들리는가? 그렇다면 얼마 전 내가 겪은 일을 들려주겠다.

몇 주 전 나는 또다시 피치 못하게 유나이티드 항공을 이용하게 되었다(유감이다. 다른 항공사가 큰 소리로 불평하겠지). 나는 1,000달러 넘는 돈을 내고도 편도 1등석 좌석을 차지했다. 그런데 세계 최악의 디카페인 커피가 내게 배달된 것이다! 나는 정중하게 커피의 출처를 물어볼 수밖에 없었다. 이에 승무원은 사과하듯 "티백으로 끓인 커피입니다. 몇 달 전까지만 해도 신선한 커피를 드렸는데요"라고 말했다. 이런 변화를 통해 유나이티드 항공이 얼마나 많은 비용을 절약할지 모르겠지만, 고객 서비스를 두고 푼돈을 아끼는 항공사는 종국에 가서 거금을 잃고 만다. 출장을 자주 다니는 내가 앞으로 이 항공사를 이용하지 않으면, 그로 인한 손실만도 수만 달러에 이를 것이다.

비용에 집착하는 경영자들과 마찬가지로, 유나이티드 항공의 회계 담당자들은 두 가지 요인이 생산성을 결정한다는 사실을 잊은 것 같다. 바로 생산에 투하되는 가치의 효율성 그리고 고객이 생산물에

부여하는 가치가 그것이다. 경영자들이 '좋은 가치'와 '낮은 비용'을 동일시하는 경우가 많은데, 좋은 가치는 가격에 대한 탁월한 가치를 의미해야 한다. 대대로 애플 제품에는 고가의 가격표가 붙지만, 고객들은 순순히 비싼 가격을 치르고 애플 제품을 구매한다. 애플 제품들이 잊지 못할 체험을 제공하고 기능도 탁월하기 때문이다. 간단히 말해서 극도로 이성적인 경영자는 극도로 지루한 상품을 만들어낸다.

요컨대 애플이 전례 없는 성공을 이룩한 것은 전례 없이 혁신을 거듭하고 고객 만족을 이끌어내는 것을 최우선으로 삼아 전례 없는 가치를 창출했기 때문이다. 이런 이유 때문에, 애플이 지난 10년간 걸어온 길을 재빨리 따라갈 수 있는 기업은 별로 없을 것으로 보인다. 내 예상이 빗나가길 바란다. 아마 그럴 것이다. 애플의 열정이 이례적인 것이 아니라 일반적인 것으로 통한다고 상상해보라.

세계 최고의 보험회사나 은행 또는 항공사나 호텔 체인이 애플과 같은 이상을 실현하기 위해 애쓴다면 어떻게 될까? 국세청 직원과 상담을 할 때 혹은 건축 허가 상담을 받을 때, 애플의 가치를 느낄 수 있다면 어떻게 될까? 그렇다. 나는 지금 꿈에 빠져 있다. 애플의 핵심 가치가 보편화되어서 애플의 성공이 이례적인 것으로 통하지 않는 세상을 꿈꾼다. 애플이 많은 특허를 가지고 있다지만, 당분간 그들을 세계 일류 기업으로 만든 가치에 대한 특허만큼은 가지고 있지 않을 것이다. 애플은 지금 이 시대에 중요한 것이 바로 혁신임을 분명히 보여준다!

지금
중요한
것은
적응성이다

3

ADAPTABILITY

변화하는
방식을 바꿔라

사람들은 앞으로 1,000년간 우리 시대를 어떻게 만들어나갈까? 사람들은 지나가는 두 번째 1,000년과 다가오는 세 번째 1,000년에 주목할 만한 것이 무엇이라고 생각할까? 인터넷의 발명일까? 인간의 유전자를 해석한 사실일까? 혹은 화성에 무인 탐사선을 보낸 사건일까? 세계 각지에서 벌어지는 민주화운동에 디지털 기술이 활용되고 있는 현상일까? 기후변화의 재앙에 대응하는 방법 아니면 그에 대응하지 않는 방법일까? 이 모든 사항은 주목할 만하지만, 무엇보다도 우리 세대에는 변화의 속도가 굉장히 중요하다는 사실에 이끌릴 것이다.

변화가 변화를 불러일으킨다. 우리 주위의 모든 것들이 급격한 속도로 변화하고 있다. 한번 따져보자. 이동전화 번호, 이산화탄소 배출, 자료 저장 방법, 반도체 칩 성능, 인터넷 연결 기기의 수, 연속적인 유전자의 수, 세계 에너지 소비량, 정보 그 자체 등 세상 모든 것이 지금 이 순간에도 변화하고 있다. 우리 인간은 이런 급격한 변화를 겪어본 적이 별로 없다. 예컨대 규제 기관의 담당자들과 리스크 담당 책임자들risk officers이 모기지담보증권 시장의 확산 같은 전염 현상을 제대로 통제하지 못한 것도 그리 놀라운 일이 아니다. 1998년에만 해도 특이할 만한 신용파생상품 거래 규모가 3,000억 달러로 비교적 낮은 수치에 머물렀는데, 10년 후인 2008년 그 규모는 62조 달러까지 늘어났다. 거래 규모가 연평균 70퍼센트 이상의 성장률을 보인 것이다.

무엇인가가 폭풍처럼 늘어나는 현상이 영원히 지속되는 일은 분명히 없지만, 이동통신전화의 성장률처럼 어떤 트렌드가 서서히 증가하는 경우가 있는가 하면, 소셜 미디어의 폭발적 성장률처럼 어떤 현상이 급격히 확산되는 경우도 있다. 또한 이와 같은 트렌드들이 교차할 때 새로운 현상이 급진적으로 일어난다. 이를테면 플래시몹flash mob(특정한 웹 사이트 접속이 폭증하는 현상을 의미하는 플래시 크라우드flash crowd와 스마트 몹smart mob의 합성어로 불특정 다수 군중이 이메일이나 이동전화로 연락한 뒤 약속한 장소에 모여 아주 짧은 시간 동안 특정한 행동을 한 뒤에 순식간에 흩어지는 현상을 말한다-옮긴이), 글로벌 테러 네트워크 증가, 지역 특유의 웹 애플리케이션 확산 등 완전히 새로운 현상이 폭증하기도 한다. 지난 세기까지만 해도 기근이나 질병, 전쟁 등의 사건으로 인해 사회가 변화했는데, 지금의 시대처럼 모든 것이 이토록 급변한 적은 없었다.

변화의 수준

모든 것이 극과 극에 놓이고 균형이란 없는 듯 보이는 세상에 우리는 살고 있다. 이런 세상에서 현재를 바탕으로 미래를 예상하기도 점점 더 어려워지고 있다. 오늘날 변화는 다방면에서 맹렬히, 마치 혁명이 일어나는 것처럼, 때로는 큰 충격을 일으키면서 벌어진다. 이런 대혼란기에는 오랜 명맥을 유지해온 정치 지배층은 힘을 잃고, 신망 있는 기관들은 불신을 사며, 한 세기 동안 인기를 끈 비즈니스 모델은 그 효과를 잃는 등 모든 것이 위기에 빠진다.

지금 이 순간 어느 조직이나 중요하게 바라보는 문제가 있다. 우리가 우리를 둘러싼 세상처럼 빠르게 변화하고 있는가 하는 것이다. CEO들은 대부분 아니라고 답할 것이다. 역사를 되돌아보면, 업계가 재편되는 과정에서 변화의 바람을 타는 주체는 업계의 주요 기업들이 아니라 반란을 일으키는 기업들이었다. 이를테면 업계에 반란을 일으킨 기업은 마이크로소프트가 아니라 구글이고, 일렉트로닉 아츠Electronic Arts가 아니라 징가Zynga이다. 또한 크라이슬러가 아니고 현대이며, 반스 앤드 노블Barnes and Noble이 아니라 아마존이다. 뿐만 아니라 노키아가 아니라 애플이고, 일본항공JAL이 아니라 에어 아시아Air Asia이며, 소니가 아니라 비지오Vizio이다. 이 외에도 여러 기업을 예로 들 수 있다.

그럼에도 혁신을 선도하는 기업들은 그들의 희생양들만큼이나 변화에 취약하다. 성공은 신기루처럼 잠시 머물다가 금방 날아간다.

잠시 이동전화 사업의 최근 역사를 돌아보자. 모토로라는 1983년

벽돌처럼 생긴 다이아나 택$_{Dyna\ Tac}$을 출시하면서 휴대전화 역사의 시작을 알렸다. 당시에만 해도 모토로라는 세계 최고의 휴대전화 업체로서 천하무적인 듯 보였다. 그로부터 10년 후 노키아는 대량생산이 수월한 '캔디-바$_{candy-bar}$'형 폰을 내놓음으로써 업계를 충격에 빠뜨렸다. 20세기 말 이 핀란드 회사는 멋진 디자인과 다양한 모델을 확장하여 현재 거대 소비 시장이 된 영역의 40퍼센트를 점유했다. 이후 2002년 캐나다 통신기기 제조업체 리서치 인 모션$_{RIM,\ Research\ In\ Motion}$이 그들의 상징인 '블랙베리$_{Blackberry}$'를 출시함으로써 이동전화가 단순한 전화기가 아닌 필수 업무 도구라는 인식을 퍼뜨렸다. 그러다가 2007년 애플이 컴퓨팅 플랫폼 기반의 아이폰을 출시했다. 애플은 손 안의 PC라는 강력한 아이폰을 내놓으면서 이동전화 업계를 뒤흔들었다.

이렇게 40년 동안 몇 개의 선도 기업이 이동전화 업계를 쥐락펴락했다. 이것이 바로 경쟁 현실이다. 이런 현실이 지배하는 세계에서 변화는 단순히 동요를 일으키는 수준이 아니라 세상을 뒤흔드는 수준으로 일어난다.

인터넷 업계에서 변화는 더 충격적으로 일어날 수 있다. 소셜 네트워킹$_{Social\ Networking}$ 업계를 생각해보자. 10년도 안 된 기간에 프렌드스터$_{Friendster}$에 이어 마이스페이스$_{MySpace}$가 그리고 다시 페이스북이 소셜 네트워킹 업계의 권좌를 차지했다. 인터넷 업계에서는 일대 지각변동을 야기하는 변화가 빈번히 일어난다.

이 모든 이유 때문에 하나는 충분히 예상할 수 있다. 머지않아 언젠가 여러분의 조직도 과거에 겪어보지 못한 변화에 직면하게 될 것이다. 그러면 여러분의 조직은 변화에 적응하거나 우왕좌왕 갈피를 잡지 못할 것이다. 혹은 사업의 핵심 전제들을 재고하거나 미래 방향을 설정하려고 몹시 애쓰게 될 것이다. 아마 후자의 경우가 일어날 가능성이 가장 크다.

변화의 방식을 바꿔야 하는 이유

물론 변화는 성공 가능성과 위험성을 모두 동반하지만, 어느 조직이나 적응 능력을 발휘함으로써 두 요소의 비율을 전환시킬 수 있다. 이런 점에서 문제가 뒤따른다. 우리가 적응 능력을 전혀 타고나지 않았다는 것이다.

100년 전 경영의 선구자들은 변화에 탄력적인 기업이 아니라 통제가 잘 되는 기업을 세우려고 했다. 그들은 규격화되지 않은 것을 규격화할 때 효율이 생긴다고 생각했다. 반면에 경우에 따라 기존의 틀을 과감히 벗어나고자 하는 의지가 있어야 적응성이 발휘된다. 이런 의지는 동기에서 비롯되는데, 이 중요한 동기를 직원들에게 제공하지 못하는 기업이 많다. 따라서 변화는 단 두 가지 형태로 나타나는 경향이 있다. 즉 변화는 대수롭지 않게, 또는 큰 충격을 주며 일어난다. 평범한 기업을 하나 정해서 그 기업이 지금까지 걸어온 길을 들여다보라. 기업들은 대개 위기를 동반한 거센 변화를 겪고 난 후 장기간 대수롭지 않았던 문제들이 쌓여서 폭발했음을 알 수 있을 것이다.

글로벌 1,000대 기업을 보면, 독단적 경영 체제에 있는 기업일수록 뒤늦게 심각한 변화에 직면하여 엄청난 충격에 빠진다. 무슨 느낌이 오지 않는가? '체제'가 중요하다는 말인데, 왜 변화에 적응하기 위해 '체제를 바꿔야' 할까? 왜 기업들은 방향을 상실하고 수십억 달러의 시장 가치를 포기하고 나서야 변화해야 한다고 난리를 칠까? 나쁜 상황을 좋은 상황으로 전환하는 것은 반쪽짜리 변화에 불과하다. 이것이 우리가 변화하는 방식을 바꿔야 하는 이유다.

인체 자율신경계를 떠올리면 쉽게 이해가 된다. 러닝머신 위를 달리거나 역기를 들 때 우리 심장은 자동적으로 평소보다 많은 혈액을 뿜어낸다. 많은 청중 앞에서 강연을 할 때는 부신 adrenal glands 에서 자연스럽게 아드레날린의 분비를 촉진한다. 또한 매력 넘치는 이성을 본 순간 동공은 반사적으로 팽창한다(이런, 정말로 이건 어쩔 수 없는 일이다). 이처럼 자율신경계는 큰 충격을 받지 않고, 자동적으로, 자연스럽게, 반사적으로 변화에 적응한다. '자동적으로, 자연스럽게, 반사적으로'라는 말이 적당한 표현인지 모르겠지만, 조직이 그런 식으로 변화에 적응해야 한다는 말을 하고 싶었다.

적응성이 뛰어난 조직

하루가 다르게 변화하는 비즈니스 세계에서는 적절한 때에 경쟁 우위를 달성해야 할 뿐 아니라 장기간 성장 과정의 우위를 차지해야만 한다. 몇 년 전에 있었던 일인데, 활발한 사업을 벌이고 있던 한 신생 회사의 회장이 자기네 사업이 '로켓처럼 쭉쭉 뻗어나가고' 있다고 내게 자랑을 늘어놓았다. 그런 그에게 이렇게 물어보았다.

"로켓은 포물선을 그리며 떨어지고, 우주에 쏘아올린 위성은 종국에 작은 파편 조각으로 지구에 떨어집니다. 이 사실을 알고 있나요?"

그렇다면 조직의 궤도를 유지하기 위해 어떻게 해야 할까? 지금부터 이 물음의 답을 찾아 나선다. 앞으로 살펴보겠지만, 진정으로 적응성이 뛰어난 조직을 구축하기까지 많은 노력을 쏟아야 한다. 이런 차원에서 조직의 이념, 태도, 경영 체제의 변화를 이끌어내야 한다. 그럼에도 변화를 최대화하면서 그에 따르는 고통을 최소화하는 기업이 장래 일류 기업으로 우뚝 설 수 있다고 믿는다.

기업이 적응성을 높이면 많은 보상이 뒤따라온다. 첫째, 변화에 탄력적인 조직은 회사의 시장 가치를 반으로 쪼갤 수 있는 큰 어닝 쇼크earning shock(기업의 실적이 예상치보다 낮은 경우–옮긴이)를 회피할 수 있다. 실적이 조금만 떨어져도 투자자들이 과민하게 반응한다고 경영자들이 자주 불평을 늘어놓지만, 그렇게 생각할 문제는 아니다. 최근 들어 투자자들은 기업이 스스로 무너지는 경우를 많이 지켜봤다. 이런 기업들은 새로운 경쟁자를 과소평가하고 혁신을 게을리하고 조직 운영 패러다임을 전환하지 않았다가 자멸하는 운명을 맞이했다.

기업에 투자한 투자자들은 기업의 실적이 저조하다고 실망하기 전에 이런 물음을 스스로 던져봐야 한다. 실적 저하는 일시적 문제일까? 운영상 사소한 문제로 실적이 저하되었다면 문제를 쉽게 개선할 수 있을까? 비즈니스 모델의 장기 수익성에 구조적 문제가 생겼다는 초기 징후가 나타난 건 아닐까? 경영자들은 늘 그것이 사소한 문제라고 주장하지만, 투자자들은 경영자들의 그럴싸한 변명에 넘어가지 말아야 한다는 것을 잘 안다. 그래서 가장 안전한 방법은 지분을 팔아치웠다가 문제가 해결된 후 다시 사들이는 것이다.

투자자들은 예측 가능성을 잘 따져서 실적 흐름의 변화가 적은 기업에 투자를 늘리려고 한다. 단기 실적은 회계상의 술책으로 교묘하게 조정할 수 있는 것이어서 기업에 대한 평가 기준으로 적절치 않을지 모른다. 반면에 기업의 적응성은 실적이 장기간 완만하게 상승 곡선을 타리라 예측할 수 있는 유일한 기준이 된다.

적응성이 뛰어난 기업은 '죽음의 그림자 계곡'을 무리하게 통과하려 하지 않고 전략을 재고할 뿐 아니라 미래에 손실을 보기 전에 스스로 조직을 개혁한다. 이로써 재정적 혼란에 빠질 일이 없어지고, 이어서 주가가 상승한다. 이 사실만으로도 기업이 적응성을 키워야 하는 이유가 분명해진다. 그럼에도 기업이 적응성을 키워야 하는 이유가 더 있다.

적응성이 뛰어난 기업은 여타 기업들보다 많은 기회를 포착하고, 새로운 성장 방안을 실시하는 방식으로 핵심 사업을 재정립한다. 미국 컴퓨터·소프트웨어 전문 소매업체 베스트 바이Best Buy가 적응성을 더 발휘했다면 온라인 영화 시장 진출 기회를 포착하여 영화 DVD 대여 업체인 넷플릭스를 능가했을지도 모른다. 또한 적응성을 더 발휘했다면, 코카콜라가 게토레이를 제치고 스포츠 음료 시장을 장악했을지 모르고, GM이 도요타보다 먼저 하이브리드 차량을 개발하여 세계 최고의 판매고를 올렸을지도 모른다. 적응성이 뛰어난 기업은 끊임없이 자기 개혁을 하고 새로운 시장을 개척한다.

늘 새로운 영역을 탐색하는 기업은 대개 인재를 끌어모으고 보유하는 측면에서도 경쟁 우위를 보인다. 한때 성공한 기업이 좌초하여 기울기 시작하는 경우, 그 기업이라는 배에 승선한 인재들은 대부분 끝까지 남아서 물을 퍼내지 않고 배에서 뛰어내리고 만다. 따라서 끊임없이 새로운 변화를 창출하는 기업에서만이 직원들은 매일 즐거운 마음으로 출근하여 업무를 열심히 수행하고, 이를 통해 조직의 생산성이 향상될 것이다.

마지막으로 적응성이 뛰어난 기업은 최근의 고객 니즈를 발 빠르게 수용하고, 시장의 선두에 서서 고객의 기대를 긍정적인 방향으로 재정립한다. 이렇게 하면 어떤 결과를 얻을까? 고객 충성도가 상승하고 수익이 늘어난다.

효율성을 높이는 동시에 적응성이 높은 조직을 구축해야 한다. 이것이야말로 지금 기업들이 가장 시급히 해결해야 할 과제이다. 지금 정말로 중요한 것은 적응성이다.

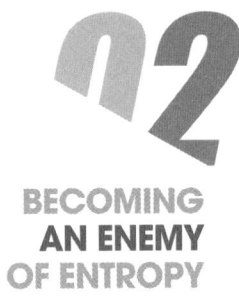

엔트로피의 적이 되라

위대한 정치가 율리우스 카이사르Julius Caesar의 집정 시대 이래로 명맥을 오래도록 유지한 단체가 별로 없다. 그나마 기독교 교회가 오랜 역사를 이어왔는데 최근 들어 특히 유럽과 북미에서 수세에 몰려 있다.

여러 주요 기독교 교파가 부유한 고학력층 사이에서 인지도를 잃고 있는 실정에서 교회의 리더들 또한 기업 최고경영자들처럼 간단하지만 심오한 진실을 맞이할 수밖에 없는 처지가 되었다. 변화가 가속화되어서 적당히 해서는 절대로 생존할 수 없는 세상이 도래한 것이다.

일리노이 주 배링턴에 있는 윌로 크리크 커뮤니티 교회Willow Creek

Community Church가 주최한 집회에서 내가 강연한 사실을 보아도 이 말의 요지를 이해할 수 있다. 윌로 크리크 커뮤니티 교회는 미국의 초대형 교회 중 하나인데, 1999년부터 매년 세계 각지에서 활동하는 복음교회 목사들을 모아서 '리더십 서밋Leadership Summit'을 열고 있다. 이 행사에서는 저명한 목사들을 비롯하여 전 휼렛패커드 회장 칼리 피오리나Carly Fiorina, 전 영국 총리 토니 블레어Tony Blair 같은 유명 인사들이 주로 강연을 한다. 나는 성직자 7,000명 앞에서 강연을 했다.

강연을 하면서 나는 조금 겁이 났다. 나보다 부유하고 영향력 많은 사람들 앞에서 파워포인트 슬라이드를 넘기는 데는 익숙했지만, 확실히 나보다 고결한 수천 명을 마주한 것은 처음이었기 때문이다.

종교와 도덕성

나는 두 가지 이유로 강연을 승낙했다. 첫째는 내 직업상 조직의 재편과 관련된 문제에 관심이 많았는데, 이런 문제가 수백 년 역사를 이어온 단체에 어떤 의미가 있을까 고민해왔기 때문이다. 둘째는 (일반적으로 전 기독교적인 관점에서 볼 때) 민주주의 사회의 도덕 기반을 구축하는 데 교회가 핵심 역할을 한다고 믿어왔기 때문이다. 147년 전인 19세기 말, 프랑스의 정치 사상가 알렉시 드 토크빌Alexis de Tocqueville도 이런 의견을 내놓았다.

자유의 투사들은 서둘러 종교의 도움을 구해야 한다. 도덕 없이 자유가

지배할 수 없음을 그들은 알아야만 하기 때문이다.[1]

잠시 이 부분을 자세히 살펴보자.

도덕을 지키기 위해 신앙을 가질 필요는 없다. 또한 종교를 가진 사람이 끔찍한 범죄를 저지른 사건을 우리는 자주 접한다. 리처드 도킨스Richard Dawkins와 크리스토퍼 히친스Christopher Hitchens, 샘 해리스Sam Harris 같은 신무신론자들의 주장에도 불구하고, 모든 것을 감안해 볼 때, 인간의 사악한 본성은 종교로 인해 악화되었다기보다 억제되었다.[2]

그렇다. 신의 이름으로 끔찍한 일들이 많이 벌어졌다. 하지만 수많은 독재자와 테러리스트들이 신성한 이유를 대며 악행을 저지른다 해도, 수많은 신앙인이 신앙생활을 충실히 하고, 그들이 이타적인 행동을 함으로써 세상이 더욱 정의롭고 평화로운 곳으로 바뀐 것만은 분명하다.

인간의 신념 체계 깊은 곳에서는 늘 합의가 이루어진다. 한쪽에서는 인간 삶의 숭고함을 확신하면서 안도하고, 다른 한쪽에서는 이로 인해 간혹 마음이 아주 불편해지긴 하지만 도덕 기준을 지켜야 한다는 책임감이 일어난다. 한 개인이 이런 합의에 기꺼이 동의하는 것에 대해(그것이 착각이라 해도), 감사하는 마음을 가져야 한다고 생각한다. 도덕적 제약이 없는 사회에서 우리가 더 번영할 수 있다며 어린아이 같은 생각을 드러내는 사람들도 있지만, 우리는 대부분 우리 이웃, 상사, 은행가들이 원칙도 없는 무뢰한처럼 행동하는 세상에 살아서는 안 된다고 인식하고 있다.

물론 이상적인 세계에서는 타인들이 우리에게 심한 대접을 받아도 우리를 자비롭게 대할 것이다. 우리는 우리 스스로 선의를 베풀지 않으면서 그들의 선의를 이용할 수 있다. 그러나 이런 관계는 옳지 않다. 이처럼 타인을 고려하지 않는 이기적인 태도가 널리 확산될 때, 모든 사람에게 삶이 황폐하게 변한다. 모든 사람이 하나같이 영적인 비극을 맞게 되는 것이다.

사실은 모든 개개인이 '여러분이 대접받기 원하는 대로 남을 대접하라'는 원칙을 지켜나가야 사회가 더욱 따뜻해진다. 무신론자들의 주장은 다르겠지만, 그에 대한 근거는 '종교적인 사람들'이 실제로 더 친절한 것은 물론 굶주리고 헐벗은 사람들을 돕는 식의 활동을 많이 한다는 점을 암시한다[3] (또한 여러분에게 그처럼 독실한 신앙이 있다면, 사랑하기보다 비난하기를 더 좋아하는 듯 보이는 소수의 신도들 때문에 당황했던 적이 분명히 있을 것이다).

인간의 도덕성은 다음 세대로 전수된다. 그래서 우리 아이들이 적대감보다 선의가 넘치는 세상에 살게 하고 싶다면, 조상에게서 물려받은 영적 자원을 비축하기 위해 애써야만 한다. 적어도 교회는 이런 노력을 하는 데 동반자가 되어야 한다.

내가 윌로 크리크 커뮤니티 교회에서 강연을 하기로 결정한 것도 다 이런 이유 때문이었다. 강연하는 내내 많은 사람들과 포옹하는 기분을 느꼈다. 온종일 멋진 사람들과 포옹하는 기분이란 다른 말로 표현할 길이 없다. 마음이 너무 벅차서였는지 내 주장을 전달하기가 힘들 지경이었다.

교회 위상의 변화

오늘날 교회는 특히 청년층 사이에서 인기를 잃어가고 있다. 십여 년 간 영국에서 생활했기 때문에 나는 유럽에서 종교가 얼마나 중요한 의미가 있는지 잘 알고 있다. 하지만 미국에서 교회의 위상이 어떠한지는 잘 몰랐는데, 윌로 교회 강연을 준비하면서 다음과 같은 내용을 알게 되었다.

- 2008년 미국인 종교 성향 조사American Religious Identification Survey에 따르면,[4] 1990년 이래 종교에 입문하지 않은 미국인의 수가 거의 두 배로 늘어났으며 스스로 무신론자나 종교에 문외한이라고 말하는 사람의 수는 네 배로 늘어났다.
- 동일한 조사에 따르면, 미국인의 3분의 2가 사회에서 종교의 영향력이 줄어들고 있다고 생각한다. 미국인의 19퍼센트만이 종교의 영향력이 커지고 있다고 답했다. 종교가 '오늘날의 거의 모든 문제를 해결해줄 수 있다고' 생각하는 미국인의 비율은 사상 최저치인 48퍼센트에 이르렀다.[5]
- 보통 주말 교회 예배에 참석하는 인구의 비율이 1990년 20.4퍼센트에서 17.5퍼센트로 떨어졌다. 이런 하향세가 가속화되고 있다. 이런 추세가 지속될 경우, 2020년에는 주말마다 교회에 나가는 사람이 7명 중 1명에 불과할 것이다.[6]
- 1990년에서 2006년까지 미국 인구는 9,100만 명이나 늘어났다. 그들 중 7,000만 명이 17세 이하였다. 그러나 이 시기에 교회 참석률은 하향세를 보였다.[7]

- 특히 젊은이들 사이에서 기독교 '브랜드'의 인기 또한 추락했다. 여론조사를 할 때마다 응답자의 거의 절반이 중립적인 관점에서 기독교를 바라본다고 답한다. 믿음이 좀 더 강한 사람들 중에서 기독교에 대한 관점이 부정에서 긍정으로 바뀐 사람들과 종교로 다시 태어난 사람들의 비율은 2 대 1에 이른다. 복음주의에 대해서는 부정적 관점과 긍정적 관점의 비율이 16 대 1로 높이 치솟는다.[8]
- 1990년에서 2008년 자신이 대형 전통 교파(가톨릭, 침례교, 감리교 등)에 속해 있다고 생각하는 미국인의 비율이 64.2퍼센트에서 53.8퍼센트로 떨어졌다.[9]
- 이 모든 사실을 보면, 교회가 새로운 신도를 끌어모으려고 몸부림치는 이유를 알 수 있다. 교회 컨설턴트 톰 레이너Tom Rainer와 샘 레이너Sam Rainer는 개종 비율이 20 대 1이거나 그보다 낮은 교회를 건강한 교회로 정의한다. 그렇게 따지면 1년 중 새로운 신도 한 사람을 끌어들이기 위해 20명 이하의 사람들을 교회 집회에 참석시켜야 한다. 이를 일반화하면 미국의 40만 개 교회 중 3.5퍼센트만이 복음을 전도하기에 적당하다는 말이 된다.[10]

놀랄 일도 아닌데, 목사들은 흔히 이런 추세를 세속적 영향력 탓으로 돌린다. 문제는 교회가 아니라 세상이다. 또는 다음과 같이 좀 더 자세히 진단할 수 있다.

- 지금의 소비 지향 사회에서는 인품보다 재력이 더 중요하다.
- 미디어가 지배하는 사회에서 정보가 홍수처럼 쏟아지다 보니 잠시

도 주의를 집중하기 어렵고 영적 성찰을 할 여유도 없다.
- 젊은이들이 대형 단체를 곱지 않은 시선으로 바라본다. 젊은이들은 대형 종교 단체와 대기업, 정부가 그 밥에 그 나물이라고 여긴다.
- 진실해야 한다고 외치는 사람을 보고 의심부터 하는 풍토가 만연하다.

이런 실정에서는 당연히 최근처럼 미국의 교회 예배 참석률이 낮아질 수밖에 없지만(유럽의 세속화도 더 앞당겨졌다), 이것이 전체 이야기라고는 보지 않는다. 절대로 아니다. 그래서 리더십 서밋에서 강연하는 내내, 나는 오늘날 교회가 침체되고 있는 이유를 굳이 자세히 설명했다.

그렇다. 교회 출석률이 떨어지고 있다. 그러나 여전히 미국인들의 70퍼센트가 개인적인 신, 즉 자신의 영감이나 직감에 작용하는 신이 분명히 존재한다고 믿는다.[11] 미국인들이 종교와 거리를 두는 경향이 두드러지고 있는 것은 사실이지만, 미국인들은 여전히 영적인 추구를 하고 있는 것이다. 리더십 서밋 강연에서 나는 청중을 향해 이렇게 물어보았다.

"그러면 복음의 의미가 줄어들고 있나요? 여러분의 교회는 어떤가요?"

이런 질문에 대한 목사들의 대답을 기대할 수는 없다. 복음은 끝이 없기 때문이다. 달리 말해 교회에 닥친 문제는 사람들의 영적 믿음이 부족한 것이 아니라 영적 추구의 효과가 떨어지고 있다는 데 존재한다는 것이 내 주장이었다.

문제는 제도적 관성이다

　조직은 외부의 변화에 뒤쳐져 내부의 변화를 도모하지 못할 때 존재 가치를 잃고 만다. 오늘날 많은 교회들이 이런 문제에 직면했다. 기업들을 비롯한 수많은 세속화된 단체들도 교회와 처지가 별반 다르지 않다.

　GM, 소니, 모토로라, 마이크로소프트, AOL, 야후, 시어스Sears, 스타벅스 등을 생각해보라. 요즘 이들의 모습은 어떠한가? 별로 대단치 않다. 물론 불황 탓도 있지만, 정작 문제는 다른 데 있다. 이런 기업들은 낡은 인습과 규칙에 사로잡혀 있다. 이들은 관습의 틀에 스스로를 가두었다.

　그래서 나는 마치 목사가 설교하듯, 스스로 너무 비관해서는 안 된다고 줄기차게 설득해왔다. 우리의 문제는 물질주의나 무신론이 아니다. 회의주의나 상대주의도 아니다. 우리의 문제는 이른바 '제도적 관성institutional inertia'이다. 내 말에 기분이 좀 나아졌는지 모르겠다. 어쨌거나 우리만의 잘못이 아니다. 이 세상 곳곳의 리더들과 마찬가지로 여러분도 변화를 따라가지 못했을 뿐이다.

　뒤죽박죽 복잡한 지금의 사회에서 우리는 전진하지 않으면 퇴보한다. 그렇다고 한자리에 머물 수 있는 것도 아니다. 지금 이 순간에도 교회를 비롯한 수많은 조직들이 퇴보하고 있다.

　대대로 비즈니스 리더들과 교회 리더들은 패러다임의 근본적 전환을 고민하지 않고도 별문제를 겪지 않았다. 또한 그들은 그들의 기본 비즈니스 모델이 영원히 지속될 수 있다고 추정했다. 교회의 경우, 매주 빠짐없이 예배당에 나타나 의자만 따뜻하게 해놓고 가는 사람들이 끊이지 않았다. 이런 사람들은 매주 별다를 것 없는 설교를 가만히 앉아서 들은 후 헌금함이 도착하면 십일조를 내고, 목사와 정중히 인사를 나눈 뒤 점심 식사를 하러 식당으로 향했다.

그러나 영원히 지속 가능한 비즈니스 모델은 없다. 최근 들어 비즈니스 모델의 수명이 줄어들고 있다. 산업의 발전 과정을 통해 근본 패러다임을 전환한 기업이 업계를 재편한 사례를 우리는 똑똑히 목격했다. 가장 주목할 만한 사례를 소개한다.

- 항공업계에서는 대형 항공사들이 제트블루 jetBlue와 버진 아메리카 같은 한층 특화된 경쟁 기업들에게 입지를 빼앗겼다.
- 제약업계에서는 마구잡이식 의약 개발에서 질병에 초점에 둔 의약 디자인, 유전자 기반의 의약 디자인으로 의약 개발 흐름이 전환되었다.
- 자동차 업계에서는 플러그인 하이브리드 자동차와 순 전기자동차가 오랜 세월 군림한 연소 엔진에 도전장을 내밀었다.
- 소프트웨어 업계에서는 상품 지향 소프트웨어에서 서비스 지향 소프트웨어로 패러다임이 전환되었다.
- 미국 출판업계에서는 이북 e-book 시장이 폭발적으로 성장하고 전통 서점의 역할이 축소되었다.
- 의료 서비스 업계에서는 진료별로 돈을 내는 비즈니스 모델이 통합 진료 모델에 밀려났다.

교회를 비롯하여 기업들은 대부분 단일 비즈니스 모델이라는 족

쇄를 차는 신세가 된다. 그러다가 비즈니스 모델의 효과가 떨어지면 조직도 영향력을 잃고 만다.

비즈니스계의 엔트로피 증가의 법칙

물리법칙으로 말하자면, 열역학 제2법칙이 물리계뿐만 아니라 비즈니스계도 지배하고 있다. 이 법칙을 '엔트로피 증가의 법칙'이라고도 하는데, 시간이 갈수록 엔트로피가 증가한다는 것이다. 이는 열이 뜨거운 데서 차가운 데로 전달되듯 한쪽 방향으로만 일어나는 현상을 말한다. 이런 과정은 거꾸로 일어날 일이 없는데, 이를 일컬어 '비가역적 현상'이라고 한다. 이를테면 혜안이 풍부한 회사 창립주가 신념 강한 경영자들에게 경영권을 넘긴다. 하지만 경영자들은 창립주로부터 물려받은 사업에서 짜낼 것을 다 짜내면서도 사업 모델을 재창출하지 못한다. 또 정부 관료들은 불 보듯 분명한 상황을 추론하면서도 그것을 개선할 생각을 하지 않는다. 세월이 흐를수록 영감과 열정의 태엽이 서서히 풀리기 마련이다. 기업은 성장하지만 변하지는 않고, 그러다가 조금씩 입지를 잃어간다.

수 세기가 지나는 동안 기독교는 제도화되었다. 기독교는 철저한 계층제, 상급직이 넘쳐나는 관료제, 고도로 전문화된 역할, 틀에 박힌 관행 등으로 점철되어 왔다(여러분의 조직도 이런 측면이 있겠지만, 교회는 더 심하다). 교회 리더들이 그러한 두터운 장벽을 부수고 그들의 사명감을 재발견하지 않는 한 종교의 의미가 되살아나지 않을 것이다.

교회는 포스트모던 시대에 적합한 자기 개혁을 해야 한다. 하지만 교회의 쇄신을 가로막는 '관성력'이 존재한다. 그중 일부를 살펴보자.

- 오랫동안 자리를 꿰차고 있는 특정 교파 소속의 리더들. 이들은 예배와 봉사라는 비관습적인 모델에 익숙하지 않다.
- 지역적 실험의 기회를 제한하는 하향식 정책 매트릭스
- 신학대학들. 여기서는 교리 준수와 성직자의 역할에 대한 종래의 관점을 영속시키고 있다.
- 전통 교회 관습에 순응해야 한다는 승진 기준
- '예배 보는 법'을 둘러싼 구시대적 신념의 구속

마지막 사항과 관련해서 거의 모든 교파가 늘 동일한 '전달 모델'과 '영적 서비스'를 고수한다는 점 그리고 예배의 기준이 성경의 산물이 아니라 관습에서 비롯되었다는 점을 짚고 넘어가야 한다.

기독교에서 문제 제기가 되지 않은 전제들을 살펴보자.

- 예배는 교회에서 한다.
- 설교는 종교의 지혜를 전파하기에 가장 좋은 방법이다.
- 성직자는 앞장서고 일반 사람들은 성직자를 뒤따른다.
- 행사를 많이 할수록 좋다.
- 예배하는 순서가 정해져 있다. 이를테면 인사하고, 노래 부르고, 성경을

읽고, 기도하고, 설교를 듣고, 찬양하고, 헤어진다(이 과정을 매주 반복한다).
- 호기심 풍부한 회의론자들보다 신도들이 교회의 주요한 지지층이다.
- 교회에 가는 것이 영적 삶을 산다는 주요한 징후이다.
- 교회는 설교를 듣는 곳이지 토론을 하는 곳이 아니다.
- 영적 연관성을 찾는 외부 사람들보다 교회 신도들에게 봉사하는 것이 교회의 주요한 사명이다.
- 기독교 공동체를 성장시키는 가장 좋은 방법은 대형 교회를 복제한 것 같은 소형 교회를 세우는 것이다.
- 기존 신도들은 새로운 신도를 끌어들이기 위해 그들의 믿음을 선전해야 한다. 자신의 믿음을 실천해서 더욱 설득력 있는 모습을 보일 필요는 없다.

여기서 잠시 숨을 돌리고 싶을지 모르겠다. 그렇다면 여러분의 조직에서 낡은 관습의 족쇄를 스스로 채우게 만드는 것들을 열거해보자.

조직화된 종교(기독교)가 영향력을 잃어가고 있다는 것은 교회가 그들의 교리를 고수하기 때문이 아니다. 낡은 관습과 관행, 과거의 역할을 고수하기 때문이다. 즉 종교 그 자체가 아니라 조직화된 부분에서 문제를 찾아야 한다.

1세기와 2세기에 기독교 교회는 다양한 집단과 관련되어 있었던 데다 자연스럽게 성장했고 조직화되지 않았다. 당시 교회의 모습은 지금의 인터넷 환경과 매우 닮았다. 당시 교회는 정치적 힘이 없었을 뿐(군대를 일으키거나 군주를 폐하지 못했다), 막강한 영향력을 가지고 있었다. 로마제국 시기에 기독교 교회는 크게 성장하여 서기 40년 소수에 불과했던 신도 수가 서기 350년에는 3,100만 명으로 늘어났다.

이로써 교회는 전 세계에 유례가 없을 정도로 바이러스처럼 세를 확장했다.

교회의 상황을 다른 조직에도 충분히 적용할 수 있다. 더 조직화하고 더 철저히 관리할수록 조직은 변화에 잘 적응하지 못한다. 세상에서 변화에 가장 민감한 인터넷이 느슨하게 조직화되어 있고 별로 관리되지 않는다는 것은 그리 놀라운 사실이 아니다. 1세기의 기독교 교회가 그러했다.

이 대목에서 어떤 교훈을 얻을 수 있을까? 격변의 시대인 오늘날, 조직은 번영하기 위해 조직화와 관리의 끈을 약간은 헐겁게 풀어야 한다. 조직화가 덜 된, 계층화가 덜 된, 관습화가 덜 된 조직을 구축해야 한다.

엔트로피 증가 예방책

다음 순서에서 조직의 엔트로피가 증가하는 원인을 파헤칠 작정이다. 여기서는 엔트로피를 저지하기 위한 예방책을 살펴보자.

먼저 여러분은 여러분 자신이 사실 부정의 상태에 빠지지 않도록 스스로 조심해야 한다. 사실 부정의 상태에 오래 머물수록 자기 개혁은 지연된다. 다행히 사실을 부정하는 태도는 익숙한 패턴을 따라 나타난다. 그 패턴을 인지해야 경계도 할 수 있다. 부정의 사이클이 어떠한지 머릿속에 그려보는 차원에서, 한 남자가 아내와 서서히 관계가 악화되고 있음을 깨닫고 어떤 반응을 보일지 상상해보자.

처음에 남자는 그냥 문제를 묵살하고 만다. 남자는 "부부는 원래 싸우게 되어 있어"라고 하거나 '힘든 시간을 겪어야 관계가 좋아지는 법이야'라고 속으로 생각한다. 남자는 신경 쓰지 않으면 문제가 사라진다고 생각한다. 이제 상황이 나아질까? 그러나 안쓰럽게도 부부의 관계는 계속 예민해진다. 부부는 속이 부글부글 끓고 껄끄러운 침묵을 지키다가 성난 감정을 자주 분출한다.

그 시점에서 문제를 묵살했던 우리의 남자 주인공은 합리화를 하기 시작한다. 그의 아내가 화를 참지 못하는 경우가 글쎄, 조금은 흔치 않은 일이라는 것은 분명한 사실이다. 그래서 그는 그 원인을 추측하기 시작한다.

'아마 집사람은 지금 하고 있는 일이 마음에 안 들어서 그럴 거야. 아마 집사람은 어린 시절의 상처를 간직하고 있을지 몰라. 아니면 집사람은 무책임한 아버지를 향한 울분을 다른 부분에 전가하고 있는지 몰라.'

이 모든 추측이 변명이라는 점에 주목하자. 남편은 문제가 무엇이든지 간에 그것이 아내의 문제라고 생각하고 있다. 상황은 더욱 악화된다. 부부가 소리를 지르며 다투는 일이 잦아진다. 그러자 아이들은 방에 숨어 나오지 않고, 남편은 자주 소파에서 밤을 보낸다. 합리화는 더 이상 통하지 않는다. 무슨 조치를 취해야 할 때가 되었다.

갈피를 못 잡는 남편은 잠잠해진 틈을 타고 아내에게 조심조심 다가간다. 남편이 아내에게 묻는다.

"우울증 치료받을 생각은 해봤어?"

그러자 아내가 대답한다.

"말이 되는 소리를 해요. 얼어 죽을 우울증은······. 분통이 터지니까 그렇죠."

남편은 다시 뭐가 뭔지 모르는 상태가 되지만 다행히 그제야 상황을 인식한다. 그러고는 상황을 직시한다. 이때 남편은 아내의 사정만이 아니라 자신의 단점을 직시해야 한다. 남편은 성미가 급한 데다 흠 잡기 좋아하고 아내에게 고마움을 잘 표현하지 않았다. 이런 남편 때문에 아내는 참고 참던 화를 터뜨리고 말았던 것이다.

이런 패턴, 즉 문제를 묵살, 합리화, 완화, 직시하는 과정은 부부의 침실뿐 아니라 기업의 중역 회의실에서도 똑같이 벌어진다. 가까운 예로, 음악 업계는 파일 공유에 굼뜨게 대응했다. 파일 공유 이야기를 하면 업계 전문가들은 하나같이 조소를 날렸다. 컴퓨터로 음악을 들으려고 하는 사람은 없다는 것이었다. 인터넷에서 음악을 검색하고 MP3 파일을 다운로드한 다음 그것을 다시 CD로 구워야 하는데, 이 복잡한 과정을 묵묵히 견뎌낼 사람은 없다고 업계 전문가들은 장담했다.

그렇지만 얼마 지나지 않아 냅스터Nepster 등 음악 공유 사이트들이 급격히 늘어나기 시작했다. 글쎄, 그랬다. 업계 경영자들은 현실을 인정했다. 인터넷은 음악을 다운로드받는 사람들로 넘쳐났다. 그런 붐이 일게 된 이유는 단순했다. 다운로드가 무료였기 때문이다. 무료 다운로드 서비스를 없앴다면, 소비자들은 허둥지둥 CD 음반을 다시 샀을지 모른다.

음악 공유가 폭증하자 문제를 합리화하는 분위기가 문제를 완화하는 분위기로 전환되었다. 예를 들어 '10대 음악 도둑들'을 고소해

보면 어떨까? 그들을 감옥에 보낸다면 다시 예전으로 돌아갈 수 있을지 모른다. 그러나 미래를 부정할 수는 없는 법이다. 음반 판매율이 뚝 떨어지고 애플이 온라인 음악 가격을 좌지우지하자, 그제야 업계 CEO들은 100년 묵은 비즈니스 모델의 수명이 다 되었음을 깨달았다.

부정의 늪을 피해 가기 위해서는 세 가지 지침을 실천해야 한다. 첫째, 오만하지 말아야 한다. 업계에 퍼진 통념을 단순한 가설이라고 생각하라. 그것을 끊임없이 의심해야 한다. 경영자들이 내게 이런 말을 자주 한다.

"게리, 이건 우리 업계의 방식이에요."

이런 말이 나올 때마다 매번 똑같은 말을 해야 한다.

"그래요, 그것이 통하지 않을 때까지만요."

여러분이 신을 받들고 싶다면 그렇게 해도 좋다. 하지만 전통 또는 오랫동안 간직한 가정을 신처럼 받아들여서는 안 된다. 지금의 시대는 언제, 어떻게 변화가 일어날지 모른다. 그러니 오만을 부리다간 치명적인 결과를 초래하고 만다.

둘째, 솔직해야 한다. 여러분의 조직에서 가장 문제시되는 것들을 찾아서 모든 직원과 공유하라. 조직의 리더는 미래와 당당히 마주해야 한다. 미래를 불신해서는 안 된다. 조직 내부에서 반대의 목소리를 찾아 도약의 발판으로 삼아라. 또한 통념을 벗어난 비즈니스 모델(교회 리더라면 포르노 중독자들에게 영적인 안정을 주는 'www.xxx-church.com' 같은 사이트를 개설해도 좋을 것이다)을 찾고 그것으로 어떻게 업계 통설을 뒤집을지 고민해보라. 거기에 '광산의 카나리아'

가 있다. 여러분은 그것을 찾아야 한다.

조직의 사명을 한껏 드높여도 엔트로피를 차단할 수 있다. 시간이 흐를수록 기능보다 형식에 치우치고 기존의 활동과 사명을 혼동하기 마련이다. 예컨대 신문사는 세상 곳곳에서 일어난 사건을 사람들에게 알려주는 것을 목표로 삼아야지 신문지 배포를 목표로 삼아서는 안 된다. 이 점을 간과한 수많은 언론사들이 〈구글 뉴스Google News〉, 〈허핑턴 포스트Huffington Post〉, 〈드러지 리포트Drudge Report〉 같은 시장 침입자들에게 앞마당을 내주고 말았다.

마찬가지로 세계 최고 순위에 올라 있는 대학들 가운데 수단과 목적을 혼동하는 대학들이 많다. 온갖 화려한 미사여구를 동원하여 상아탑의 목적에 대해 떠들어대지만, 대학의 총장과 학장들은 뭔가 잘못 알고 있는 것 같다. 그들은 엄격히 선발되어 상당한 특권을 받은 소수의 학생들이 졸업 후 모교와 동급인 엘리트 기관에 들어가도록 돕는 것이 엘리트 대학의 사명이라고 생각하는 것 같다. 그래서 그들은 그 소수의 학생들이 독점적 자격을 획득하도록 하기 위한 원대한 계획을 세우고 실천하고자 애쓴다. 이런 편협한 구시대 관점으로 인해 교육 시장에 구멍이 뻥 뚫렸다. 피닉스 대학교 같은 사이버 대학들, P2PU Peer-to-Peer University 같은 한층 더 급진적인 사이버 대학이 그 구멍을 메우고 있다.

다시 교회 이야기를 해보자. 교회를 세우는 목적은 무엇일까? 신도들이 주말마다 모여서 자신들의 도덕적 우월성을 자부하고 세련되게 즐기며 시간을 보낼 수 있는 곳, 이런 장소를 제공하는 것을 교회를 세우는 목적이라고 말하는 목사는 없을 것이다. 그런데 반드시 그렇지는 않은 것 같다. 윌로 크리크 교회 강연에서 이런 질문도 던져 보았다.

"교회를 섬기는 것과 예수 그리스도를 섬기는 것에 차이가 있나요?"

그랬더니 청중은 당연한 질문을 왜 하느냐는 반응을 보였다. 나는 다시 의문이 들어서 청중에게 물어보았다.

"그렇다면 여러분은 어디에 사명을 두었습니까? 구원과 화해입니까? 아니면 여러분 교회의 전통적인 행사와 정책입니까? 전자라면 사람들이 어떻게 그 사실을 알까요? 무엇이 근거가 될까요? 그와 같은 익숙한 관습 같은 것을 원대한 사명의 제단에 기꺼이 바칠 의지가 있나요?"

자기 개혁의 뿌리

현재의 현상을 유지하는 데 한 몸 다 바치겠다고 맹세하는 리더는 여태 한 번도 본 적이 없다. 그럼에도 아직까지 변화를 주도해나갈 만한 조직 또한 별로 보지 못했다. 이를 어떻게 설명해야 할까? 우리 몸에 깊이 배어 있는 습관을 밝히는 것이 매우 어렵다는 사실에 부분적인 해답이 있을 것 같다. 그렇다면 업계 통설을 이론상으로 이해한다고 해도, 그것이 혁신을 방해하는 낡은 방식인지 오랫동안 유효성이 입증된 방침인지 어떻게 알 수 있을까?

우리의 습관을 극명하게 드러내는 요인이 딱 두 가지 있다. 첫째,

위기로 인해 우리는 우리가 가진 공통의 근시안을 적나라하게 노출하게 된다. 둘째, 매우 흥미롭고 파격적인 임무를 맡음으로써 우리는 우리의 케케묵은 관행을 재고하게 된다. 몇 년 전 MBA 프로그램 책임자들과 경영대학원 학장들이 모인 콘퍼런스에서 나는 이 두 가지를 지적했다.

250달러. 이 숫자를 스크린에 띄운 다음, 내가 물었다. "왜 우리는 250달러에 MBA 학위를 주지 못할까요? 요즘 명문 대학 MBA 학위를 이수하는 데 드는 비용이 총 10만 달러 이상 되기도 한답니다. 우리가 경영학 교육자로서 정말로 전 세계 기업 경영의 수준을 높이고자 한다면, 학위 이수 비용을 대폭 줄이는 방안을 찾아야 합니다."

그리고 나는 생각해볼 만한 사례 연구를 소개했다. 고빈다파 벤카타스와미Govindappa Venkataswamy 박사가 1976년 인도 남부의 마두라이Madurai에 세운 아라빈드 안과 병원Aravind Eye Care System 이야기였다. 가난한 이들의 정신적 지주였던 벤카타스와미 박사는 일명 '닥터 V'로 불렸다. 닥터 V는 안과 수술 체계를 혁신하여 시력을 읽어가는 극빈층 환자들을 돕겠다는 사명을 띠고 안과 네 곳을 하나로 통합하고 맥도날드의 저비용, 패스트푸드 시스템을 모델로 삼아 효율이 극대화된 백내장 수술 체계를 수립했다.

아라빈드 병원에서는 여유가 있는 환자들은 절차에 따라 수술 비용을 내지만, 환자의 약 70퍼센트는 무료로 수술을 받는다. 의사들은 변변치 않은 보수를 받으면서도 12시간 교대 근무 때마다 수술을 100회 정도 시행한다. 특별히 건립된 아라빈드 병원 다섯 곳은 수술실이 하루 24시간 내내 돌아가는데, 매년 수술이 30만 회 이상이나 시행된다. 수술 비용은 대략 18달러로 미국에서 유사한 수술 시 발생하는 비용의 약 1퍼센트에 불과하다.[12] 그렇기는 하지만 아라빈드의 수술 후 합병증 비율은 유럽이나 미국 병원들의 평균보다 낮으면 낮았지 높지 않다. 뿐만 아니라 아라빈드 병원은 시설 및 인력 운영의 측면에서 놀라울 정도로 효율을 발휘한 덕분에 재정적 자립이 가능한 시스템을 정착시켰다.

그래서 나는 내 경영대학원 친구들에게 물어보았다.

"20달러도 안 되는 비용으로 백내장 수술도 받는 세상인데, 250달러에 MBA 학위를 제공하지 못하란 법은 없지 않을까요?"

그렇다. 고등교육 사업은 의료 사업처럼 유독 효율이 떨어지는 사업이다. 생각해보자. 교수 한 사람이 80명이나 되는 학생들 앞에서 강의를 한다. 수백만 달러가 건물 짓는 데 들어간다. 이름 없는 학술지에 들어갈 미스터리한 논문을 쓰는 데 막대한 연구비 예산이 소모된다. 이처럼 일반 경영대학원에서 당연시되는 행태는 여러분이 성공의 개념을 재정립하기 전까지 합당하고 필수불가결한 일처럼 보인다. 경영대학원이 매년 200~300명의 젊은 경영자를 교육한다는 생각을 버리고 20만~30만 명을 교육하겠다는 목표를 세운다면 어떻게 될까?

다양한 형태의 기독교 교회 그리고 그런 교회가 세운 우수한 대학들은 역사상 가장 지속성이 뛰어난 기관임이 증명되었다. 애초에 그 기관들의 근저에 깔려 있는 것은 사명이었다. 변화가 가속화됨에 따라 그들은 그들의 기조를 더욱 강화해나갈 것이다. 여러분의 조직 또한 그렇게 될 것이다. 하지만 그 또한 쉽지 않을 것이다.

조직이 성장할 만큼 성장하면 사명에 녹아 있는 긍정적 요지가 퇴색하고 익숙한 것을 고수하게 만드는 관성력이 강화된다. 그러다가 어느 한순간부터 낡은 습관의 중력장을 도무지 벗어날 수 없는 지경에 이르게 된다. 이런 역학적 측면을 다음 순서에서 자세히 다룬다. 지금은 이 사실만 기억해두자. 적응성이 뛰어난 사람(오만을 부리지 않고 반대 의견을 수용하고 풍부한 영감을 발휘하는 사람) 없이 적응성이 뛰어난 조직을 구축할 수 없다는 것이다. 이 점은 자기 개혁의 뿌리이다. 또한 성장 과정의 우위를 구축하기 위한 요건일 뿐 아니라 우리가 분명히 가장 중요시해야 할 가치이다.

하향세를 진단하라

나는 GM 본사가 있는 미시건에서 자랐기에 2009년 벌어진 GM의 파산을 뼈저리게 실감했다. 당시는 GM이 미국에서 판매되는 자동차의 절반 이상을 만들었던 시기로, GM은 국가의 보호와 감독을 받고 있었다.

GM이 단 한 번 의사 결정에서 실수하여 극적으로 파산의 운명을 맞이한 것이 아니었다. GM은 과감한 시도를 하지 않았고 근시안으로 현상을 유지하기에 바빴다. 그럼에도 미국의 납세자들 덕분에 구원을 받았다. 하지만 GM이 과거의 영광을 재현할지는 아무도 확신하지 못한다.

세계 최대 경제시장에서 경쟁자가 범접하지 못하는 사업 영역을 처음부터 점유한 기업은 설렁설렁 오랫동안 명맥을 유지할 수 있다. 그러나 시간이 충분히 가고 시야가 좁아졌을 때, 기업은 결국 성장의 탄력을 소진하고 만다. GM만이 아니다. 지금 이 순간에도 이름만 들으면 알 법한 기업들이 휘청거리고 있다. 영국의 음반회사 EMI Electric & Musical Industries, 〈뉴욕 타임스〉, 존슨 앤드 존슨 Johnson and Johnson, 노키아 Nokia, 코닥 Kodak 등을 생각해보라. 이 기업들은 최근 들어 마력을 잃었다. 기업의 성공은 끝까지 두고 봐야 하는 것이 사실이다. 그러나 지금은 그렇게 지켜볼 만한 기업이 별로 없다.

어떻게 이런 일이 벌어지는 걸까? 저마다 업계의 상징으로 통했던 기업들이 어떻게 경쟁에서 낙오되었을까? 어떻게 탁월함의 시효가 끝이 났을까? 세 가지 현상이 비즈니스 세계를 지배하고 있기 때문이다.

첫 번째 현상: 중력 법칙 같은 우세한 법칙이 작용한다

시간이 흐름에 따라 성공 곡선이 하향세를 보이는 현상을 세 가지 물리법칙으로 설명할 수 있다. 첫째는 대수의 법칙이다. 우리는 대기업이 중소기업보다 성장하기가 더 힘들다고 알고 있다. 400억 달러 규모의 기업을 25퍼센트 성장시키려면 열 개 분야에서 각각 10억 달러 규모의 신규 사업을 창출해야 한다. 동일한 비율로 4,000만 달러 규모의 기업을 성장시키고자 한다면 1,000만 달러의 수익만 새로이 창출하면 된다. 생물학의 관점에서 경영을 생각하면, 덩치가 클수록 더 천천히 성장한다.

다음은 평균의 법칙이다. 무기한으로 평균을 능가할 수 있는 기업은 없다. 잭 웰치Jack Welch는 GE 회장직에서 퇴임하기 전 5년 동안 900억 달러에 못 미쳤던 회사의 시장 가치를 5,000억 달러 이상으로 성장시켰다. 거센 성장 속도를 유지하고자 했다면 2000년 웰치에게서 배턴을 이어받은 제프리 이멜트Jeffrey Immelt가 취임 후 5년 동안 회사의 가치를 약 3조 달러까지 키워야 했을 것이다. 하지만 그런 일은 전혀 일어나지 않았다. 1년에서 5년 상당의 기간을 늘린다면 그래서 10년이라는 기간을 둔다면, 평균을 능가할 확률은 급격히 떨어져 0에 가까워진다. 결국 성장하는 기업은 하나도 없다.

마지막은 수확 체감의 법칙이다. 수익 마진 증대를 목표로 한 계획은 시간이 갈수록 그 효과가 떨어지는 경향이 있다. 시장이 성숙함에 따라 성장이 느려지고, 어쩌다 하나쯤 떨어지는 일처럼 생산성을 얻기가 더 어려워진다. 어떠한 성장 전략을 실행하든지 간에 노력 대비 결과의 비율이 시간이 갈수록 점차 떨어진다.

이 현상들은 중력만큼 탄력이 강하지는 않지만, 극복하기가 여간 어렵지 않다. 소수의 기업만이 이 현상들을 극복한다. 최선의 방책은 단일 체제로 구성된 방만한 조직을 작은 사업 단위로 분할한 다음, 각 사업 단위에 성장 목표를 부여하여 도전하게 하는 한편, 성장 속도가 빠른 영역에 자원을 공격적으로 할당하고, 성장이 둔화되는 사업 단위를 분리하고, 어디에서든 새로운 차별화의 원천을 찾는 것이다.

경영자들은 대부분 농부처럼 해야 한다. 즉 경영자들은 농부가 농사지을 한 마지기 땅을 얻어 농사를 짓듯, 사업 영역이나 마켓 세그먼트를 확보하고 최대로 가능한 수익을 창출하겠다는 목표를 세운다. 그러나 시간이 갈수록 땅에 염분이 많아져(시장이 포화된다) 필수 영양소들이 고갈되고(차별성이 감소한다) 농사가 잘되지 않는다. 그럼에도 지금 마케팅 담당 부사장은 그 땅 없이는 못 사는 사람이라 비료를 더 많이 뿌리고(마케팅을 강화한다), 비용을 더 들여서 우물을 더욱 깊이 판다(투자 자본 수익률이 떨어지는데도 자본 투자를 늘린다).

차라리 목장 주인처럼 하는 편이 더 낫다. 목장에서는 늘 정신없이 왔다 갔다 하는 가축들을 돌봐야 한다. 그래서 목장 주인은 작은 땅덩어리 하나에 공을 들인다거나 특정한 가축 한 마리만 애지중지 키우지 않는다. 풀밭에 뜯어먹을 풀이 없으면 곧바로 가축 무리를 다른 곳으로 이동시켜야 한다. 무리에서 뒤처지는 가축은 도살된다. 그리고 시간이 흘러서 노쇠한 가축이 도살되고 새로운 새끼가 태어남에 따라 무리 전체가 새로이 대체된다.

이런 관점에서 약 200여 개 법인으로 구성된 영국의 버진 그룹을 생각해보자. 버진 그룹의 창립자이자 회장인 리처드 브랜슨Richard Branson 경은 아마 이 지구상에서 가장 많은 사업을 벌인 사람일 것이다. 브랜슨은 모험을 좋아해서 죽을 고비도 여러 번 넘겼다. 그래도 브랜슨은 우주관광업체 버진 걸랙틱Virgin Galactic을 세우는 등 여전히 새로운 모험을 마다하지 않는다. 그러면서 버진의 정체성이 특정한 사업 영역에 국한되는 것을 결코 용납하지 않는다. 이 대목에서 간단하지만 지나쳐서는 안 되는 교훈을 얻는다. 성공을 지속하기 위해 더 이상 성공 가능성이 없는 것은 기꺼이 버려야 한다는 것이다.

두 번째 현상 : 전략의 효과가 사라진다

효과가 끝나지 않는 전략은 없다. 최근 들어 전략의 수명 주기가 줄어들었다. 인간은 주로 각종 질병이나 암, 사고로 사망한다. 이와 대조적으로 전략은 다음과 같은 상황에서 효과를 잃는다.

전략이 모방된다
혁신을 일으킨 전략도 시간이 지나면 그 힘을 잃는다. 제트블루는 사우스웨스트 항공의 운영 방식을 모방했고, 시알리스Cialis와 레비트라Levitra는 비아그라를 흉내 냈다. 또한 구글의 안드로이드 플랫폼은 여러 부분에서 애플 운영체제와 닮았다. 유독 모방하기 힘든 전략(특히 특정 상품의 수요가 다른 사람들에게 영향을 주는 '네트워크 효과'를 활용하는 전략)이 있긴 하지만, 대다수의 전략은 경쟁 기업들이 있는 힘을 다해 해독해내고 만다.

전략이 대체된다
훌륭한 전략은 그보다 더 훌륭한 전략으로 대체되기 마련이다. 이를테면 신생 기업이 기존보다 고객 니즈를 잘 충족하는 사업을 창출한 경우가 그러하다. 디지털 카메라가 탄생한 이후 필름은 쓸모없는 물건이 되었고, 스카이프 덕분에 무료로 해외에 전화를 할 수 있게 되었다. 또한 인터넷 무료 백과사전 서비스 위키피디아Wikipedia는 기존의 백과사전을 대체했다. 성공 전략은 모방되기도 하지만, 또 다른 전략으로 대체되기도 한다.

전략의 골자만 빼먹는다

영향력 있는 고객들 또는 신규 경쟁자들이 성공 전략의 핵심만 쏙 빼감으로써 전략의 효과를 사라지게 만들기도 한다. 인터넷이 발명된 이후 생산자와 소비자 간의 관계에 급격한 변화가 일어나 구매 협상력이 생산자에게서 소비자에게로 넘어가게 되었다. 이에 소비자들은 거의 완벽한 정보로 무장한 채 세상 모든 것의 가격 거품을 터뜨려버렸다. 자동차를 사든, 보험에 가입하든, 호텔을 예약하든, 고급 시계를 구매하든, 소비자들은 인터넷에서 정보를 검색해보고 구매한다. 따라서 기업들에게는 정보력이 뛰어난 소비자들이 자본력 좋은 경쟁자들보다 이익 창출에 큰 위협이 되고 있다. 경쟁이 극심해지는 탓에 수익성이 악화되기도 한다.

과거부터 살펴보면 어느 산업을 막론하고 소수 기업이 시장을 독점하는 경우가 있었다. 소수 독점 기업들은 규제 장벽, 특허 장벽, 유통 독점, 규모의 경제economy of scale로 신규 시장 진입자들의 접근을 차단했다. 그러나 오늘날 이런 장벽들이 무너지고 있다. 탈규제화, 기술의 상품화, 인터넷 글로벌화, 풍부한 벤처 캐피털의 활성화 등 다양한 트렌드가 시장을 지배하고 있기 때문이다. 더군다나 수많은 신규 시장 진출자들이 난공불락 같던 영역을 정복하고 있다. 이런 측면에서 중국의 통신업체 후아웨이, 브라질의 항공기 제조 기업 엠브라에르Embraer, 아일랜드의 저가 항공사 라이언에어Ryanair는 시장에서 가장 악명 높은 침입자로 통한다.

인간은 갑자기, 예상치 않게 죽음을 맞이하기도 한다. 전략이 쇠퇴

하는 과정은 인체에 암이 전이되는 과정과 매우 닮았다. 암세포는 서서히 증식하며, 치료를 뒤로 미루면 미룰수록 더욱 번식한다. 전략 매트릭스를 적절히 구상하는 가운데 대개 전략의 쇠퇴를 예상할 수 있다. 이 과정에서 수익 폭의 감소, 성장 지연, 자산 생산성 감소, 시장점유율 하락, 고객의 변심 비율 증가, 신규 상품의 수익 감소, 이례적인 비즈니스 모델 급증, 가격 추세선의 하향, 주가 수익 비율의 하락, 수익 대비 마케팅 비용 상승 등 특이할 만한 사전 징후를 찾을 수 있다. 전략이 붕괴되는 것을 넋 놓고 바라볼 수밖에 없다면, 전략 매트릭스를 적절히 구상하지 않은 경영진에게 책임을 물어야 한다.

세 번째 현상 : 성공의 의미가 변질된다

비즈니스 세계를 지배하는 중력 같은 힘, 시간이 갈수록 조직이 노쇠해지는 것은 어느 정도는 피할 수 없는 부분이다. 그렇다고 해서 오로지 이런 요인으로 인해 조직이 흔들리지는 않는다. 성공을 통제할 수 있는 현상으로 착각하게 만드는 인적 요인과 조직적 요인이 있다. 그중 가장 위험스러운 요인들을 살펴보자.

방어적 사고

조직이 업계 정상에 한번 서게 되면, 조직 구성원들은 지위 고하를 막론하고 방어적 사고를 하기 시작한다. 그에 따라 기업가적 정신을 강조했던 조직의 기풍이 사라지고 자기의 이익을 챙기려는 풍토가 만연한다. 한때 현상 유지에 도전했던 경영진도 그때부터 그것을 방어하기 시작한다. 그래서 그들은 엉뚱한 아이디어를 두고 그것이 회사에 무슨 도움이 되느냐며 의심부터 품는다. 그러다 보니 위험 회피 현상이 만연하고 조직 곳곳에서 반대 세력이 나온다. 더 심각하게는, 그들만의 성공을 재현할 마음이 없는 경영진이 정치적 영향력을 이용하여 신규 시장 진입자들의 진입을 방해하는 규제 장벽을 형성한다.

탄력 없는 비즈니스 시스템

기업은 성장할수록 혁신에서 개선, 탐구에서 활용으로 그 기조를 전환한다. 그래서 규율, 초점, 정렬 따위의 개념에 치중한다. 수년간 카이젠Kaizen('개선改善'이라는 한자의 일본식 표현. 조직과 시스템에서 낭비를 없애는 데 초점을 맞추는, 지속적이고 끊임없는 개선을 의미한다 - 옮긴이)식의 개선을 하면 초고효율, 최적화된 비즈니스 시스템이 수립된다. 이렇게 되면 자산과 역량, 각종 프로세스가 더욱 특화되고 변화가 점증적으로 일어난다. 이 때문에 조직의 효율성은 상당히 좋아지지만, 변화에 대한 적응성은 극도로 나빠진다. 얼마 지나지 않아 비즈니스 시스템의 모든 구성 요소들이 단단히 결합된다. 이로써 조직은 어떤 변화도 거부하는 지경에 이른다.

고착된 사고 모델

성공으로 인해 수년 전, 심지어 수십 년 전에 실시했던 정책 결정을 강화하게 되는데, 그러다가 한때의 전략적 선택이 종교적 신념으로 굳어져 버린다. 시간이 흐를수록 한때 최고였던 것이 유일한 것이

되어버리는 것이다. 성공은 또한 행운을 재능으로 전환시킨다. 환경의 충돌 덕분에 우연히 시장을 뒤흔들 묘안을 얻은 CEO는 미래를 내다볼 줄 아는 경영자로서 추앙받는다. 유감스럽게도 이런 경영자들은 대부분 두 번째 왕좌에 결코 오르지 못한다. 그럼에도 자신들의 지위와 평판을 이용하여 자신들만의 교리에 도전하는 발상을 묵살해버린다. 더군다나 고전적인 전략이 창업주나 회장의 발명품이라면, 그것을 개조하자고 말을 꺼내는 것조차 정말 어렵다. 조직의 성공을 반박하는 건 참으로 힘든 일이다. 그러나 성공을 거둔 CEO에게 반박하는 건 더더욱 어려운 일이다.

풍부한 자원

조직이 성공을 이뤄내면 조직 구성원이 늘어나고 자본이 증대하고 시장 지배력이 강화된다. 그런데 자원이 풍부할 때 경영진이 '지적으로 게으름을 피운다'는 데 문제가 있다. 경영진은 경쟁자들보다 우수한 사고를 해서가 아니라 자본을 많이 투자한 덕에 성공을 이룩했다고 믿기 시작한다. 자원이 풍부하면 또한 태만해지기 시작한다. 이 때문에 시장 선도 기업의 경영진도 시간이 충분하다는 착각에 빠진다. 이로써 신규 시장 진입자들에게 위험을 무릅쓸 만한 빌미를 제공하고 그들에게 업계의 권좌를 물려주고 만다. 자원이 풍부하다고 해서 전략도 우월하다는 법은 없다. 풍요로움으로 인해 오히려 혁신의 의지가 꺾이기도 한다. 부족한 자원을 극복하려는 의지를 불태워야 기발한 아이디어도 창출하는 법이다. 그러기 위해 항상 긴장의 끈을 조여야 한다. 투자한 회사가 창의성보다 자원에 의존하고 있는가? 그렇다면 그 회사의 주식을 매도할 때가 된 것이다.

만족과 자격 의식

수십 년간 성장을 이어온 조직에서는 경영진이 조직의 지속된 성장이 예정되어 있었다고 착각하기도 한다. 즉 불모지 같은 시장을 개척하고 무에서 유를 전혀 창조해보지 못한 고위 관리자들은 조직의 성공을 미리 정해진 것, 흔히 일어나는 일쯤으로 생각하는 경향이 심하다. 성공이란 본래 이루기 어렵고 쉽게 사라진다는 사실을 모르는 것이다.

무언가를 창출해내는 것은 단순히 관리만 하는 것과는 차원이 다르다. 끊임없이 사고하고 과감히 도전해야 새로운 것을 창조해낼 수 있다. 변화를 이룩하기 위해서는 그보다 더 노력해야 한다. 말 그대로 출근 도장을 찍기 바쁜 고위 관리자들은 그런 개념을 좀처럼 이해하지 못한다. 그들은 부모 말 잘 듣고 예의 차리는 부잣집 자식처럼 대개 거대한 유산을 물려받을 자격을 지니고 있다고 믿지만, 그와 같은 행운을 배가시키기 위한 동기도, 역량도 없다. 만족과 자격 의식은 과거의 성공에서 비롯된 피할 수 없는 부산물인 동시에 미래의 성공을 가로막는 큰 장애물이다.

그러면 성공을 좀먹는 요인들을 어떻게 억제할 수 있을까? 오만해지고 현실에 안주하는 것을 보여주는 사소한 징후에도 주의를 기울여야 한다. 치료하지 않으면 암으로 발전할 가능성이 조금이라도 있는 세포를 유심히 관찰함으로써 어느 날 치명적인 위험을 수면 위로

안이한 경영자	여러분의 응대
"무슨 일이든 술술 잘 풀릴 겁니다."	"무슨 일이든 안전을 장담할 수 없습니다."
"그들은 우리 자원에 대해 부러워하고 있습니다."	"그들은 우리와 달리 원가가 고정되어 있지 않습니다. 그들은 그 점에 만족하고 있습니다."
"이것이 우리가 이 업종에서 이익을 창출하는 방법입니다."	"우리 생각일 뿐입니다."
"우리는 우리의 시장 세그먼트에서 선두 주자입니다."	"본인들의 시장 세그먼트를 지배했던 모든 기업과 우리는 어떻게 다릅니까?"
"전략은 쉬운 부분이고, 실행은 어려운 부분입니다."	"진정한 차별화 전략을 창출한 적이 없기 때문에 전략이 쉬워 보일 뿐입니다."
"우리는 우리의 가장 가까운 경쟁 회사보다 자본을 두 배나 투입하고 있습니다."	"고객들은 우리가 경쟁자들보다 두 배로 혁신하고 있다고 생각할까요?"
"우리는 총력을 다하고 있습니다."	"그렇습니다. 그런데 새로운 '성장 엔진'을 도입했나요? '100퍼센트 전기로 움직이는 플러그인 하이브리드' 같은 것은 어떤가요?"
"이것은 우리의 핵심 역량입니다."	"그렇다면 역량이 부족한 부분은 무엇입니까?"
"그것은 우리의 전략에 포함되지 않습니다."	"그것이 바보 같은 아이디어라서 그렇습니까? 혹은 그것이 현상 유지에 위협이 되기 때문인가요?"
"우리 규모가 가장 큽니다."	"타이타닉호도 그랬습니다."
"우리의 최고 자산은 유통(또는 R&D 또는 생산 또는 브랜드)입니다."	"우리 경쟁자는 그것을 어떻게 우리의 최고 골칫거리로 만들까요?"
"우리는 _____에 집중하고 있습니다."	"_____에 집중하는 사이 우리가 놓치고 있는 것은 무엇일까요?"
"우리는 그들을 위협으로 생각하지 않습니다."	"분명히, 그들은 그 점을 믿고 있어요."
"그것이 우리가 이 회사를 세운 방법입니다."	"분명한 사실입니다. 하지만 우리를 여기에 있게 해준 것이 우리를 그곳으로 데려다주지는 않습니다."

끌어 올릴 수 있다. 막 생겨난 작은 여드름도 신통하게 찾아내는 피부과 의사처럼 밝은 눈을 가져야 한다. 또 성공이 영원하다고 착각하게 만드는 말을 가려내는 밝은 귀를 가져야 한다.

지금껏 안이한 경영자들에게서 들은 말들을 앞과 같이 정리해봤다. 여러분의 조직에서 그런 말을 듣고 대응할 때 쓰면 좋은 표현들을 함께 정리했다.

성공으로 인해 조직 문화가 고착되어서는 안 된다. 그러나 여러분을 비롯한 조직 구성원 모두가 매사에 방어적 사고, 독단, 비유연성, 자기도취를 본능적으로 극복하려고 하지 않는 한 그런 일이 현실로 나타나고 만다. 만족과 자격 의식을 철저히 억제하라. 오늘의 성공이 미래에 이룩할 더 원대한 성공의 발판이 될 것이다.

기업의 파산을
비통해하라

다음 순서에서 변화에 잘 적응하는 조직을 어떻게 구축할 수 있는지, 또한 '성장 과정의 우위'를 어떻게 강화할 수 있는지 살펴볼 예정이다. 그전에 먼저 근본적인 물음을 짚고 넘어가야 한다. 여러분의 조직에서 이미 그 물음을 고민하고 있을지 모르겠다.

역동하는 경제 환경에서 특정한 기업이 생존하는지 사라지는지 관심을 가져야 할 이유가 있을까? 달리 말해서 조직의 장기 지속성은 주주와 직원, 고객에게 또는 사회 전반에 본질적 가치가 있을까? 여러분이 벤처 자본가나 자유시장 이론가라면 두 물음에 대해 아니라고 답할 가능성이 높다. 나는 이런 대답을 자주 듣는다. 개방경제에서는 기업이 사회 자원을 계속 남용하는 것을 어렵게 만드는 다양한 메커니즘이 존재한다. 즉 치열한 경쟁, 기업 지배권 시장, 활기찬 기업가들은 고객과 주주들을 부실한 경영이 장기화되는 사태로부터 보호한다. 이런 보호 체제가 수립되어 있는 경우, 변화하는 환경에 적응하지 못하는 기업은 고객과 우수한 직원들을 잃고, 급기야 경영권까지 잃게 된다. 한때 화려한 명성을 자랑했던 선 마이크로시스템스를 2009년 오라클이 인수한 것도 다 그런 이유 때문이다.

기업의 생존과 파산

모든 메커니즘이 제대로 작동하지 않을 때 늘 파탄이 일어난다. 이내 구제 불능 굼벵이 기업의 자원이 더 생산성 높은 용도로 재분배된다. 이런 논리에서 보면 그런 시기가 오기 전에 망하는 기업은 없어야 마땅하다. 그럼에도 기업의 생존과 파산 문제는 보기보다 복잡한 것 같다. 그 이유를 살펴보자.

첫째, 주요한 공공 기관들은 대부분 주식 공개 회사가 아니다. 예컨대 미국의 대테러 업무 담당 기관인 국토안전부Department of Homeland Security, 영국 국가보건서비스NHS, National Health Service, 유럽중앙은행ECG, European Central Bank, 북대서양조약기구NATO, National Atlantic Treaty Organization 같은 기관을 예로 들 수 있다. 이런 기관들은 대부분 다른 기관들과 직접적으로 경쟁할 일도 없고, 다른 기관에 인수당할 일도 없다. 공공 부문에서는 열정과 창의성을 발휘하지 않는다고 해서 지적당할 일이 거의 없다. 근래에 정부종합청사 같은 공공 기관에 가본 적이 있는가? 그렇다면 한번 생각해보자.

아마존에서 킨들용 이북을 구매했거나 넷플릭스에서 영화를 다운로드 받았을 때와 비교해보자. 특별히 기억할 만한 일이 있었는가? 불량 고객이나 적대적 인수자가 없는 한 그리고 파산의 위협이 없는 환경에서 공공 부문의 관료들은 영향력 있는 고위 관료들의 눈치 보기에만 바쁘다. 이러다 보니 공공 부문에서 변화를 주도하거나 조직에 혁신을 이룩한다는 것은 먼 나라 얘기일 뿐이다.

둘째, 기업의 부실한 경영을 감시하고 조정하는 장치가 느슨하거나 제대로 작동되지 않아서 기업이 무너지는 경우가 너무도 많다. 규칙을 잘 준수하는 이사회도 흔히 사업 손실을 감추거나 비용 거품을 방조하는 CEO에게 가공할 인내력을 발휘한다. 예컨대 야후의 공동 창업자 제리 양Jerry Yang이 웹 2.0 비즈니스 모델에 맞춰 조직을 개혁하지 못해놓고 얼마나 오랫동안 CEO직을 유지했는지 생각해보라. 양은 마이크로소프트의 인수 제안을 거절하라며 이사회를 설득하기도 했다. 당시에 마이크로소프트는 야후의 시장 가치를 기존의 두 배로 제시하며 거래를 제안했었다.

기회가 된다면 존립이 위태로운 기업을 하나 정해서 그곳의 이사회 회의록을 한번 살펴보라. 과거의 향수에 젖고 어려움을 회피한 경영진이 심판의 날을 뒤로 미룬 흔적이 자주 눈에 띌 것이다. 그런 경영진은 적대적 인수자에 대항하기 위한 장벽을 세우고, 리베이트를 주거나 상품 가격을 인하하는 방법으로 부실한 상품을 경쟁력 있는 상품으로 위장할지 모른다. 그뿐인가. 긴축 계획을 발표하면서 과감한 조직 개혁을 실시하는 양 속이거나 부도 직전의 사업을 유지하기 위해 자산을 헐값에 팔아치울지도 모른다. 간단히 말해서 거대 기업은 서서히 무너진다. 몰락의 고통은 수년간 지속되며, 그 사이 자원이 허비된다.

셋째, 기업이 무너지면 그에 따른 조정 비용이 발생할 수밖에 없다. 때문에 기업의 파산을 결코 편안하게 바라볼 수 없다. 파산 직전의 기업이 지닌 고도의 전문 기술과 자산을 재분배하는 과정은 비효율 그 자체이다. 이를테면 해고된 직원들이 새로운 직장을 구하는 데 수개월 또는 수년이 걸릴지도 모르며, 그들이 새로운 일을 구한다 해도 기존보다 보수를 적게 받을지도 모른다. 또한 가동되지 않은 시설과 장비를 다시 사용하는 데 더 긴 시간이 걸릴지도 모른다. 실리콘밸리에서 일시 해고되는 자동차 공장 직원들은 대부분 일자리를 다시 구하지 않는다. 빈 깡통 같은 자동차 공장을 고급 주택지로 전환하는 것도 요원한 일이 될 수 있다.

또한 엎친 데 덮친 격으로 예상치 못한 일이 꼬리를 문다. 도산한 기업이 실업 수당 형태의 비용을 사회에 전가하기도 하고, 세입이 줄어들기도 하며, 사회 전반의 만족 수준이 떨어지기도 한다. 이에 대해 좀 더 깊게 알고 싶다면, 한때 자동차 산업의 중심지였지만 폐쇄된 자동차 공장이 즐비한 디트로이트 주변 황무지를 떠올려보라. 시기적절하게 자기 개혁을 하지 못하는 미국 자동차 회사들이 얼마나 무능력한지, 그로 인해 얼마나 막대한 사회적 비용이 소모되고 있는지 생각해보라. 거대 기업이 피치 못할 사정으로 쓰러질 때 소비자들과 경쟁 기업들은 손해 볼 것이 없다. 대개 납세자들과 시민들이 그 기업의 '장례 비용'을 떠안아야 한다.

넷째, 대규모 기업은 어떤 경제에서든 중요한 기능을 한다. 반대로 신생 기업들은 대체로 역사가 오래된 기업들보다 능률을 잘 발휘하지 못한다. 혁신을 하고 있지만 비즈니스 프로세스를 최적화하지 않았기 때문이다. 게다가 신생 기업들은 자본 투자, 경영 기술, 시장 진입 등과 관련해서 시장에 자리 잡은 기업들에게 의존하는 경향이 있다. 예부터 자주 거론되는 대표 사례로, 마이크로소프트는 초창기에 IBM의 브랜드와 유통망을 잘 활용한 덕분에 성장할 수 있었다. 대기업과 중소기업은 중요한 공생 관계에 있다. 이 모든 이유 때문에 신생 기업들은 시장 지배 기업들을 대신하지 못한다. 그럼에도 대기업이 변화에 적응하지 못하여 사회에 막대한 비용을 떠넘기는 행태와 비교했을 때 신생 기업들은 보험 같은 기능을 한다. 나중에 손실을 보상받느니 재앙을 피하는 편이 더 낫다. 실리콘밸리 같은 첨단 산업공단이 여러 면에서 사회에 기여하고 있다 해도 이는 기존 기업들의 변화 부적응 문제를 해결하는 데 부분적 해법에 지나지 않는다.

기업의 파산 문제를 가만히 들여다보면, 기업이 하나의 유기체와 다름없다는 생각에 이르게 된다. 자연계에서 동물은 먹이를 차지하기 위해 혹은 짝짓기를 하기 위해 경쟁한다. 즉 동물의 세계에는 약육강식의 원리가 지배한다. 사자가 가젤을 잡아서 물어뜯는 장면을 보고 생명이 사라졌다고 통곡하는 사람은 거의 없지 않은가(디스커버리 채널을 보는 어린아이들은 다른 반응을 보일지도 모르겠다).

그런데 씨티그룹이나 휼렛패커드 또는 소니를 단일 유기체로 보는 것은 옳지 않다고 본다. 이런 기업의 조직 규모나 범위, 그들의 성공이나 실패가 경제에 미치는 영향을 고려할 때 조그만 단일 조직이 사회에 미치는 영향력이란 정말로 미미하다. 대기업의 파산과 맞먹는 재앙이 생태계에서 일어난다 치면, 그것은 북극곰 한 마리의 죽음이나 치타 한 마리의 죽음을 의미하지 않는다. 그것은 전체 자연계의 붕괴 또는 해당 종의 소멸, 생물학자들이 땅을 치며 통곡하게 만들 만한 사건인 것이다.

그럼에도 생태학자들은 입을 모아 적응성이 다양성에서 비롯된다고 말한다. 경쟁에서 살아남는 기업들은 몇 차례 현명한 판단을 해서가 아니라 시장에 관한 총체적 지혜를 발휘함으로써 시장에서 선택받는다. 아이디어, 우수한 인력, 자본이 자연스럽게 조합되어 형성된 시장인 실리콘밸리는 해마다 신생 기업을 수백 개씩 양산한다. 그런데 이상하게도 조직 이론가들은 단단히 밀착된 사회적 네트워크(대기업들)가 실리콘밸리의 수준을 따라갈 수 없다고 믿는 것 같다. 대기업들은 조직 내부에서 새로운 법칙을 발견하기 위한 실험을 시도하지 못한다는 말이다. 이런 편견으로 인해 변화에 집중하는 많은 신생 기업들이 치열하게 경쟁하는 가운데 경제가 회복된다는 믿음이 확산된다. 그러나 기존의 거대 기업들이 기업가적 정신을 발휘하고 변화에 맞게 조직을 대폭 개혁해나간다면 경제를 활성화할 수 있을 것이다. 이런 인식이 충분히 확산될 수 있다고 본다.

기업의 파산은 비통한 일이다

이제 다시 우리의 물음으로 돌아가자. 기업이 갑자기 무너질 수 있을까? 벤처 자본가들은 물론 대다수 경제학자들이 아니라고 대답한다. 기업은 쓰러질 만하니까 쓰러진다. 주주들의 기대를 충족하지 못할 때, 이런 일이 상습적으로 벌어질 때, 기업은 무너지고 만다. 기업은 자연적인 원인으로 인해 무너지지 않는다. 기업은 앞서 얘기했듯이 예상 가능한 원인으로 인해 무너진다. 그런데 예상 가능하다고 해서 그것이 필연적이라는 말은 아니다. 200년을 사는 인간은 없지만, 200년 넘게 유지되는 기업은 수없이 많다. 기업이 무너지는 것은 대부분 자멸하는 것이다. 의사 결정을 잘못해서 혹은 적절히 의사 결정을 하지 않아서, 시대를 따라가지 못하는 조직을 구축해서 기업은 몰락한다. 우리는 대개 누군가 자살하면 일어나지 말아야 할 일이 일어났다고 생각한다(아마 말기 암 환자의 죽음은 그렇게 생각하지 않을 것이다). 그런데 우리는 왜 기업의 자살 행위를 그와 똑같은 시각으로 보지 않는 걸까? 그래서는 안 된다. 기업의 파산도 비통한 일이다. 우리의 미래가 걸려 있기 때문이다.

시간은 복잡성을 만들어준다. 수년, 수십 년, 수백 년이 흐를수록 세상은 복잡해진다. 수백만 년 동안 진화가 진행되면서 포유류의 눈이 생기고, 마침내 인간의 뇌가 탄생했다. 캄브리아기의 폭발_{Cambrian explosion} 이전에 기후변화 같은 현상이 일어나 지구상의 생명체가 모두 사라졌다면, 인간이 이성을 지니게 되는 과정도 중도에 막을 내렸을 것이다. 재앙이 일어나 어떤 것이 '사라진다'는 것은 추상적 개념이지만, 비즈니스 세계와 같은 실제 현실에 충분히 적용해서 생각할 수 있는 개념이다.

조직은 단순한 아이디어를 복합적인 시스템으로 전환하고 발전시켜나감으로써 성장하고 번영한다. 대중을 위한 자동차를 생산하겠다는 생각에서 자동차 기업 포드 자동차가 탄생했으며, 인터넷 검색이라는 개념에서 세계 최대의 인터넷 기업 구글이 탄생했다. 그럼에도 영감이 가치로 전환되기까지는 시간이 걸린다. 이 과정은 실험, 학습, 선택, 명문화의 순환 과정이 반복되면서 진행된다. 경영진이 잘못된 의사 결정을 내려서 이른 시기에 이 순환 과정에 차질이 빚어진다면, 사회는 영감 있는 좋은 아이디어의 혜택을 놓칠지도 모른다. 그 시기에 시장 선도 기업이 무너져 내린 잿더미에서 다른 기업이 그 아이디어만 빼낸다 해도 결과는 다르지 않다.

잠시 구글의 두 창립자 래리 페이지_{Larry Page}와 세르게이 브린_{Sergey Brin}을 떠올려보자. 두 사람은 구글 고유의 페이지 링크 알고리즘을 기반으로 수익 모델을 구축하려고 했지만 실패했다. 머지않아 신진 세력이 등장하여 우리의 인터넷 검색을 도왔을지 모르지만, 그 사이에 인류 진보로 향하는 중요한 길목이 차단되었을지도 모른다. 대체로 간단한 것보다 복잡한 것이 인간에게는 더 가치가 있다. 맥북 에어와 단순한 알루미늄 덩어리를 비교해보라. 그러나 복잡성은 시간을 잡아먹는다. 이 또한 기업이 변화에 적응하지 못하는 것을 편안히 바라볼 수 없는 이유이다.

한때 업계를 주름잡았던 기업이 하루아침에 무너지거나 명성에 걸맞지 않은 모습을 보여주는 것을 비통해해야 하는 이유를 살펴보자. 미래에 어떻게 될지 모르지만, 인간이 죽음을 초월하는 방법에는 딱 두 가지가 있다. 유전자를 물려주거나 영원히 지속되는 기관을 만드는 것이다. 케임브리지 대학교, 마이크로소프트, 도요타, 아마존

등의 대학과 기관, 단체를 생각해보자. 이런 조직에 소속된 수천, 수만, 수십만 명의 사람들이 열정과 아이디어를 쏟아붓고 있다. 이런 조직은 인간의 재능이 결집되어 형성된, 현존하는 기념비라고 할 수 있다.

피라미드, 대영 박물관의 엘긴 대리석, 솔즈베리 대성당을 향해 관심과 경의를 품듯이, 우리가 속한 기관이나 단체, 기업을 향해 관심과 경의를 품어야 한다. 마치 여느 미술 박물관의 큐레이터처럼, 우리는 우리가 물려받은 유산을 보호해야 할 의무가 있다. 쓰러져가는 기업을 지원하고 현실로부터 그들을 차단시키는 게 아니라 그들이 변화하고 적응하여 번영을 이룩하도록 도와야 한다.

우리는 우리가 속한 단체 또는 적어도 우리의 기술과 열정을 쏟아붓는 단체에 관심을 가진다. 평소에 기업의 도산을 흔한 일 정도로 바라보던 종신 경제학 교수라도 출신 대학이 부실한 행정이나 자금난으로 인해 미래가 불투명하다고 하면 돕기 위해 발 벗고 나설 것이다. 우리 조직 또는 적어도 우리 조직의 건전성에 관심을 가지지 않으면서 다른 누군가가 우리의 조직에 관심을 가져주기를 기대할 수는 없다.

오해의 여지를 없애기 위해 분명히 해두자. 부실 경영의 영향을 받지 않도록 정책 결정권자가 기업들을 보호해야 한다고 말하는 것이 아니다. 기관이나 단체의 파산은 불가피한 일일까? 아니라고 본다(이론적으로 보면 어느 기업이나 영원히 지속될 수 있다). 그러나 파산해도 마땅한 기관들이 수없이 많다. 정책 결정권자는 그들을 운명에 맡겨야 한다. 어떤 종류의 보조금을 지원하든 비용이 많이 들어가고 취지에서 벗어나는 경우가 많다. 보조금 지원과 긴급 구제를 실시하면, 경제적 의사 결정이 왜곡되고 잘못된 관행에 대해 보상해주는 꼴이 된다. 그에 따라 낡은 업계 구조가 고착화되고 성장이 억제된다. 그래서 나는 자유시장 옹호자들의 의견에 주로 동의하는 편이다.

한편 제도적 실패institutional failure로 인해 경쟁력 상실, 조정 장치의 비효율 발생, 관련 사회적 비용 상승 등 여러 측면에서 엄청난 대가를 치를 수 있다(때문에 오바마 정부가 GM에 구제금융 자금 500억 달러를 지원한 것은 잘한 일이라고 본다). 그럼에도 납세자이자 소비자, 시민, 투자자, 직원으로서 나는 이 모든 비용이 발생하지 않기를 바란다. 그렇게 하기 위한 유일한 방법이 모든 유형, 모든 규모의 기관이나 단체가 변화에 더 잘 적응하도록 돕는 것이다.

그렇다. 조직의 장기 지속성은 가치가 있지만, 지역의 고등학교든, 미 육군이든, GM이든, 어느 조직을 막론하고 끊임없이 생존할 권리를 획득해야 한다. 즉 조직은 보호받기보다 복원력을 발휘함으로써 장기 지속성을 확보해야 한다. 일부 기관들이 단기간에 파산하기에는 규모나 영향력이 너무 커졌다 해도, 정책 결정권자는 어느 기관에도 '경제적 다원주의Economic Darwinism(환경에 가장 잘 적응하는 집단이 살아남는다는 적자생존의 개념을 경제 현상에 적용한 용어 – 옮긴이)'에 대한 면역력을 부여하지 말아야 한다.

조직의 미래 경쟁력을 강화하라

이번 내용으로 책도 쓸 수 있는데, 내용을 다 정리했다면 아마 책 두 권 분량은 나왔을 것이다. 그래서 대신 핵심을 뽑아서 설명하고자 한다. 내용을 요약하다 보니 기본적인 내용을 일일이 설명하지 않았음을 미리 말해둔다. 흔히 비즈니스 관련 도서를 보면 〈하버드 비즈니스 리뷰 Harvard Business Review〉 논문을 인용하고 여러 사례를 제시한다. 〈하버드 비즈니스 리뷰〉 논문도 대개 수많은 자료와 도표로 채워져 있다. 그래서 여기서는 불필요한 내용을 빼고 중요한 알맹이만 뽑아서 조직의 미래 경쟁력을 강화하는 매뉴얼을 전달하고자 한다.

지금까지 조직의 적응성이 왜 중요한지 설명했고, 조직이 흔히 변화에 적응하지 못하는 이유도 간략히 살펴보았다. 이제 세상의 변화를 따라잡는 조직을 구축하기 위해 반드시 지켜야 할 핵심 '설계 규칙design rule'을 소개하려고 한다.

여러분에게 좀 어려운 주문을 할 것이다. 오늘날 미래의 방향성에 맞게 변화해나가는 기업이 별로 없는 것 같다. 그래서 기준으로 삼을 만한 기업 역시 거의 없다. 구글이나 애플, 아마존은 신규 사업을 창출하는 동시에 핵심 사업을 전환하는 역량을 여지없이 보여주었다. 세 기업은 한 번도 실적 둔화 없이 그 모든 일을 해냈다. 하지만 일찍이 설명했듯이 이런 기업들은 비교적 역사가 짧고 창립 이래 조직 개혁을 꾸준히 해온 데다 운 좋게도 늘 선지자 같은 리더의 지휘를 받았다.

반면에 수십 년을 이어왔을 여러분의 조직은 변화 자체를 거부하고 있을지 모른다. 그렇다면 여러분의 조직은 말끔한 티셔츠 차림의 '반항아들'이 아니라 정장 차림의 '공무원들'이 주축일 것이다. 더 심각한 사실은 여러분 조직의 경영 프로세스(목표 수립, 계획 창출, 자원 할당, 운영 관리, 성과 평가 등의 활동에 필요한 도구와 시스템)가 수십 년 전에 개발된 것이며, 효율성이라는 단 한 가지 목표를 최우선으로 하고 있다는 점이다. 이런 탓에 여러분의 조직은 중앙에 권한이 집중되어 있고 체계가 분명하며 규칙이 상당히 엄격하지만(그렇다. 식스 시그마 전략이라고 하면 되겠다!), 창의성을 발휘하고 변화를 주도하고 새로운 것을 시도하는 측면에서 부족한 점을 드러낸다.

전 세계 기업들은 최근 수십 년 동안 효율성과 속도의 측면에서 비즈니스 프로세스를 재설계하는 데 상당한 공을 들여왔다. 특히 물류, 재고, 고객 지원 등의 영역을 개선하는 데 집중했다. 그런데 앞으로

10년 동안 기업들은 소위 '제로 트라우마zero-trauma(엄청난 재난이나 과도한 조직 개편, 또는 대규모 결손 처리 등이 생기지 않는 무결점 조직-옮긴이)'에 도전하는 측면에서 경영 프로세스를 재창출하기 위해 같은 수준의 노력을 기울여야 할 것이다. 이런 노력은 단순한 투자 활동과는 차원이 다르다.

기업은 새로운 변화를 맞이하여 정확히 어떻게 해야 적응력을 발휘할 수 있을까? 여기서는 그에 대한 핵심 요인 여섯 가지를 정리해본다. 그중 세 가지 요인은 지적 유연성, 전략적 유연성, 조직적 유연성 같은 다양한 형태의 유연성에 초점을 맞추었다. 나머지 세 가지 요인은 예측, 다양성, 조직의 회복력을 높이는 가치 등에 대해 주로 설명한다. 여기서 목표는 여러분 조직에 맞는 포괄적 프레임워크를 구축하는 것이다. 그에 따라 여러분의 조직에서 변화해야 할 부분, 문제의 인과관계를 보여주는 지렛점leverage points을 찾아낼 것이다.

예측

: 미래가 다가오는 것을 보지 못한다면 미래를 앞서 나갈 수 없다

불가피한 운명을 직시하라

기업들은 대개 미래를 알 수 없어서 놓치는 게 아니다. 미래에 당황하기 때문에 놓친다. GM이 비대해진 미국 브랜드 포트폴리오를 손질해야 한다고 시인하기까지 얼마나 오래 시간을 끌었는지 생각해보라. 그 덕에 GM은 캐딜락Cadillac, 뷰익Buick, 쉐보레Chevrolet, GMC

뿐만 아니라 사브Saab, 허머Hummer, 새턴Saturn, 폰티악Pontiac 같은 계열 회사들을 매각하거나 폐쇄하는 아픔을 겪었다. 이 경쟁력 있는 브랜드 라인은 모두 GM이 미국 자동차 시장의 절반 이상을 점유했을 때만 해도 그만한 가치가 있었지만, GM의 시장점유율이 20퍼센트 미만으로 떨어지면서 부채를 눈덩이처럼 불리는 역할을 했다.

노키아도 GM처럼 문제를 외면했다. 노키아는 1996년 '노키아 커뮤니케이터Nokia Communicator'라는 스마트폰을 가지고 스마트폰 시장의 선도 기업으로 나서 놓고도 모바일 데이터 혁명의 선두에 서지 못했다. 하드웨어 기기 회사에서 소프트웨어 플랫폼 회사로 과감히 변화를 시도하지 않은 탓에 노키아는 애플과 구글에 시장의 문을 열어주고 말았다.

GM과 노키아 조직에는 재앙의 조짐을 인지한 직원들이 분명히 있었다. 하지만 그들의 최고 경영진은 조직의 '감정적 자산emotional equity(직원들의 정신적 에너지와 신뢰, 리더를 따르고자 하는 의지를 자극하여 회사와 회사의 목표를 위해 역량을 최대한 발휘하도록 유도하는 것-옮긴이)'을 온통 과거에 쏟아부었다. 이처럼 기업은 과거의 향수에 빠지지 않도록 조심해야 하는데, 무엇보다 경영진이 전략에 관한 의사 결정을 독점하지 않게 해야 한다.

이를 위한 한 가지 방법으로, 온라인 포럼을 개설하여 직원들이 위험 가능성 있는 문제를 사전에 공유하고 그에 대한 잠정 해법을 제안하게 해도 좋다. 과거가 아닌 미래에 감정적 자산을 쏟아붓는 사람들이 토론을 주도해야만 한다. 또한 수십 년 전의 의사 결정에 의심을 품는 사람들이 대화를 이끌어나가야 한다.

비주류에게 배워라

음악이나 패션, 예술에서 통하는 것은 비즈니스에서도 통한다. 미래는 주류가 아니라 비주류를 통해 시작된다. 소설가 윌리엄 깁슨 William Gibson 은 "미래는 이미 일어났어, 아직 충분히 퍼지지 않았을 뿐이야"라고 말하기도 했다. 미래를 예측하기 위해 경영자들은 초기 신기술은 말할 것도 없고 이례적인 경쟁 기업들, 비주류 고객 집단에 관심을 가져야 한다.

대략 규칙을 정해보라. 하루에 한 시간, 한 달에 2~3일 정도 시간을 정해서 최신 기술이나 생활 방식, 규정, 벤처 금융 등에 관한 새로운 트렌드를 고찰해보라. 그리고 현장에 직접 나가보라. 투자자나 전문가, 기자, 사회운동가 같은 사람들과 직접 대화를 나눠보라. 책상만 지키고 앉아서는 미래를 예측할 수 없다.

미래를 사냥하는 데 열심히 나서는 사람들이 조직에서 영향력을 확고히 다진다. 그런데 경영자들은 직접 체험하지 않는 한, 조직의 비주류 동료들이 전하는 불편한 의견을 외면하는 경향이 있다. 잊지 말아야 한다. 먼저 찾아 나서지 않는 한, 미래는 소리 소문 없이 다가온다.

예상 가능한 미래에 대비하라

트렌드를 파악했다고 해서 다가 아니다. 트렌드에 담긴 의미가 무엇인지, 트렌드가 어떻게 작용할지 고찰한 다음, 예상 시나리오 별로 비상 계획을 수립해야 한다. 이런 과정을 철저히 이행해야 장차 돌발 상황에 신속히 대응할 수 있다. 영화 시나리오를 보고 다음 장면을 속속 파악하듯 해야 한다.

지적 유연성
: 유연한 조직은 유연한 사고를 필요로 한다

통념에 도전하라

어느 조직을 막론하고 뿌리 깊이 박힌 통념은 거대한 압박으로 작용하여 조직이 변화에 적응하지 못하게 만든다. 20년 전만 해도 미국 항공업계를 지배하는 통설이 있었다. 항공기의 종류가 다양해야 하고 항공기가 경유하는 공항이 필요하며 그렇게 해야 항공사가 수익을 창출한다는 것이었다. 이런 통설은 사실로 통했다. 저가 항공으로 성공한 사우스웨스트 항공이 업계의 통설을 깨버리기 전까지는 말이다. 10년 전만 해도 비디오 게임은 가만히 앉아서 하는 것으로 통했다. 이런 통념도 닌텐도 위Nintendo Wii가 탄생하면서 깨져버렸다. 위가 출시된 이후 게이머들은 동작 인식 조종 장치를 들고 서서 이리저리 몸을 흔들며 비디오 게임을 즐기기 시작했다.

전례 없는 변화가 끊임없이 일어나는 오늘날, 창조적 파괴로부터 스스로를 보호하는 유일한 방법은 스스로를 파괴하는 것이다. 그러기 위해 제일 먼저 업계 통념을 뒤집어야 한다. 이런 관점에서 여러 물음을 고찰해야 한다. 리걸줌닷컴LegalZoom.com이 법률 서류 작성 서비스를 제공하듯이, 어떻게 해야 업계 원가 구조를 30퍼센트, 50퍼센트, 90퍼센트까지 낮출 수 있을까? 피닉스 대학이 미국 최초의 가상

대학을 설립하여 중년 직장인들에게 학위 이수 프로그램을 제공하듯이, 어떻게 해야 완전히 다른 범주의 고객들에게 접촉할 수 있을까? 아마존이 킨들을 개발하여 도서 구매 시간을 1분 이내로 단축했듯이, 어떻게 해야 열 배 개선된 서비스를 고객들에게 제공할 수 있을까? 애플의 에반젤리스트(기업 전도사)였던 가이 가와사키Guy Gawasaki가 마음을 움직이는 말을 전달하듯이, 어떻게 해야 고객들을 단순히 만족시키거나 고객들에게 호소하는 차원을 넘어 고객들이 넋을 빼놓을 수 있을까? 통념을 깨기 위해 상상 이상의 것을 늘 마음속에 그려봐야 한다.

유전적 다양성을 고취하는 데 투자하라

유전적 다양성이 부족하면 종이 적응하고 변화하는 능력에 한계가 생긴다. 자연에서 통하는 것은 비즈니스에서도 통한다. 그러나 현실은 그렇지 않다. 세상 모든 것이 다양화하고 있는데, 대다수의 기업들은 아직까지 다양성을 실현하지 못하고 있다. 기업의 경영위원회를 들여다보면, 경험과 생각이 비슷한 사람들이 오랫동안 자리를 꿰차고 있는 모습이 눈에 들어온다.

동질성은 나름의 가치가 있다. 즉 동질성이 있으면 의사소통이 촉진되고 의사 결정이 빨라진다. 하지만 동질성으로 인해 상식 밖의 위협과 기회에 대응하는 조직의 역량에는 한계가 생긴다. 팀은 조직에서 차지하는 위치에 상관없이 나이, 성별, 문화, 기술, 업계 경험 등의 부분에서 다양성을 고려해야 한다.

변화는 촉매제와 같다. 내 경험에 따르면 최고의 촉매제는 살아온 경험과 관점이 우리와 완전히 다른 사람이다. 조직 내에 다양성을 고취하는 간단한 방법이 있다. 모든 팀, 조직 내부 의사 결정 기구에 평균보다 젊고, 다른 업종에서 근무한 경력이 있고, 본사에 소속되지 않은 직원들을 배치해보라.

토론을 장려하고 변증법적 사고를 고취하라

최고 경영진이 순응과 일치를 최고의 덕목으로 삼는 조직은 어떨까? 그런 조직에서는 다양성을 별로 중요시하지 않는다. 맥킨지 앤드 컴퍼니가 그토록 오랜 기간 컨설팅 업계 1위를 유지해온 데 특별한 비결이 있을까? 답은 간단하다. 맥킨지는 내부의 불만을 촉진한다. 맥킨지에는 치열한 토론이 의사 결정의 질을 높인다는 개념이 자리를 잡았다.

어느 조직에서나 흔히 통념에 반대하고 기존의 방식을 비판하는 사람들이 100년 묵은 비즈니스 모델의 종말이 임박했음을 가장 먼저 인지하고, 엉뚱하고 신선한 아이디어의 가치도 가장 먼저 발견한다. 그럼에도 이런 사람들이 자유로이 의견을 개진할 수 있는 분위기를 만들어주지 않고 이들의 입을 막아버리는 경우가 많다.

중요한 이슈가 생길 때마다 관리자들이 늘 부하 직원과 동료들에게 던져야 하는 물음이 있다.

'어디에서 꼬인 걸까요? 여러분이 달리 보는 부분이 있습니까? 제가 생각지 못한 대안이 있습니까?'

일류 리더들은 모든 경우의 수를 충분히 고려해서 의사 결정을 한다. 직원들이 반대 의견을 자유로이 내도록 권장하는 조직이야말로 변화에 가장 잘 적응하고 끝까지 생존한다.

전략적 다양성
: 숲 속의 새 떼를 확인한 후, 손 안에 쥔 새를 날려 보내야 한다

새로운 전략적 대안의 포트폴리오를 구축하라
결과가 몹시 기대되는 전략적 선택 사항이 없다면, 경영자는 매일 써먹는 전략을 선택할 수밖에 없다. 새로운 전략 대안을 끊임없이 도출하고 시험하는 기업이 혁신을 이룩하는 것도 다 이런 이유 때문이다. 이에 관한 확실한 법칙이 있다. 엉뚱한 아이디어 1,000개 중에 100개만이 소규모 실험을 할 만한 가치가 있고, 또 그중 10개만이 많은 투자를 할 만한 가치가 있고, 또 그중 하나나 두 개만이 사업을 전환하거나 신규 사업을 창출하는 데 활용된다.

구글은 이 법칙을 잘 활용한다. 〈비즈니스 위크〉에 따르면, 구글은 매년 소프트웨어 변경 시험을 5,000회 이상 실시하여 그중 대략 500개를 선정한다.[1] 구글이 인터넷 검색 업계에서 막강한 자리를 유지하는 이유도 대부분 이런 식의 실험을 아주 신속하게 실시하기 때문이다. 요컨대 기업은 새로운 전략적 대안을 창출하고 시험하는 역량을 키워나가는 가운데 발전을 거듭할 수 있다.

위대한 아이디어 집결지를 만들라
전략적 선택의 범위를 넓히기 위해, 먼저 혁신의 그물망을 되도록

폭넓게 짜야 한다. 이런 취지에서 IBM은 2006년과 2008년에 이노베이션 잼이라는 온라인 브레인스토밍 회의를 열어서 새로운 비즈니스에 대해 토론하고 의견을 나누었다. 첫 번째 회의에는 각계 전문가, 소매업자, 직원, 고객 등 15만 명이 넘는 사람들이 참여했다. 당시에 두 차례 실시된 72시간짜리 브레인스토밍 회의에서 4만 6,000건의 글이 올라왔다. IBM은 이렇게 분출된 아이디어에서 핵심을 뽑아 10대 주요 성장 과제를 수립했으며, 그에 대한 자금으로 1억 달러를 조성했다. 델도 이노베이션 잼과 유사한 '델 아이디어스톰 Dell IdeaStorm'이라는 웹 사이트를 구축하여 고객들이 제품의 기능이나 서비스를 제안할 수 있게 했다.

조직의 혁신이란 세상의 위대한 아이디어를 모조리 끌어모으는 가운데 이룩할 수도 있는 법이다. 예상치 못한 경험에 열려 있지 않으면 변화에 적응하지 못할 수밖에 없다.

시험 비용을 최소화하라

전략적 대안을 시험하는 데 매번 막대한 비용이 소요된다면, 다양한 대안을 도출할 수 없다. 문제는 대기업들이 그런 시험을 빠르고 간편하게 실시하지 못한다는 점이다. 시제품화를 신속히 하는 역량을 갖춘 조직이 변화에 앞서 나간다. 즉 투자 대비 학습 비율을 최대화함으로써 신상품의 수요를 창출하거나 경쟁자들보다 더 신속하게 비용을 절감하면서 신규 사업을 정착시키는 데 소위 '스위트 스폿 sweet spot(경제 분야에서는 최적의 시기 또는 최적의 상태를 뜻함-옮긴이)을 찾는다.

구글은 이런 체계도 확실히 다졌다. 구글 회장 에릭 슈밋과 이야기를 나눈 적이 있는데, 그는 내게 이런 말을 했다.

"우리는 시간과 비용 단위당 타수를 누구보다도 더 많이 가지는 것을 목표로 삼습니다."

전략적 대안을 될수록 많이 도출하고 충분히 시험하기 위해, 조직은 스토리보드, 시뮬레이션, 롤플레잉 시나리오를 구성하고, 초기 아이디어를 두고 고객들과 의견을 주고받기 위한 저렴한 시험 모형을 개발하는 등 시험 비용을 최소화할 방법을 강구해야 한다. 일찍 터득하고, 저렴하게 터득하고, 빨리 터득하라. 이 세 가지 핵심 원칙을 실천하는 조직이 변화에 앞서 간다.

전략적 유연성
: 민첩한 기업이 거대한 기업보다 앞서 나간다

조직을 세분화하라

덩치가 크면 민첩하게 움직이지 못한다. 체중이 100킬로그램이나 나가는 체조 선수, 점보 여객기처럼 덩치 큰 전투기가 없는 것도 다 그런 이유 때문이다. 지구상에서 덩치가 가장 컸던 공룡은 6,000만 년 전에 멸종했다. 반면 지구상에서 가장 작은 생물체인 박테리아는 여전히 존재하는데 그 수는 숫자로 표현할 수 없을 정도로 엄청나다.

기능성 소재 고어텍스Gore-Tex를 비롯한 최첨단 기능성 제품 1,000여 가지를 개발한 고어Gore & Associates사는 같은 이유로 사업 단위를 대략 200개 정도로 유지하고 있다. 또한 세계 최대 토마토 가공 회사 모닝 스타Morning Star는 정규직 직원이 500명밖에 없는 조직을 20개가 넘는 사업 단위로 분류했다. 뿐만 아니라 구글은 팀 인원을 평균 4명에서 7명 수준으로 유지하고 있다.

두세 개의 대규모 조직 단위로 구성된 기업에서는 대개 지적 다양성이 결여되는 현상이 일어난다. 동일한 사업 단위에 속한 직원들의 사고방식에는 비슷한 경향이 있기 때문이다. 대규모 사업 단위는 다수의 관리 계층으로 구성되는 편이며, 이는 새로운 아이디어의 실현을 방해하는 사람들이 많다는 것을 의미한다. 게다가 거대한 조직은 직원 개개인의 책임을 그다지 중요시하지 않는 경향이 있다. 직원이 수천 명인 대규모 조직의 구성원은 조직을 바라보는 관점이 소규모 팀의 팀원의 관점과 다르기 마련이다. 대규모 조직에 소속된 직원 개개인은 조직이 새로운 환경에 적응하고 변화하는 데 별로 관심을 보이지 않는 경우가 많다. 물론 그런 부분은 경영진의 책임이지만 말이다.

이 모든 이유 때문에 사업 단위가 세분화된 조직은 새로운 변화에 잘 적응해나간다. 경영자들 중에는 소규모 사업 단위를 큰 단위로 조합하는 방식을 오래도록 고수하는 사람들이 많다. 이는 유연한 곡예사를 뻣뻣한 거인으로 만들기 좋아하는 꼴이나 다름없다. 조직 내부의 군살을 빼고 유연한 조직을 만들되 폭넓은 시야로 조직 외부를 살펴야 한다.

현실적인 자원 경쟁을 조장하라

가능성 있는 것을 포기하고 오로지 확실한 것에 과도하게 투자하는 기업은 실패하고 만다. 이런 기업은 불경기에 무너지는 경우가 많다. 그 이유는 무엇일까? 기업들은 대개 효과가 확실한 전략과 시장에서 인정받는 제품 라인에 자원을 투입하는 경향이 강하다. 반대로 완전히 새로운 상품을 창출하는 것은 흔히 인력과 자본을 확보하는 데 굉장히 불리한 일로 통한다.

이런 현실이 존재할 수밖에 없는 이유가 두 가지 있다. 첫째, 관료제 조직에서는 조직의 자원을 통제하는 능력이 곧 개인의 영향력으로 통한다. 이런 이유로 조직의 자원을 유용한 곳에 투자할 수 있는데도 관리자들은 하나같이 인력과 예산을 양보하지 않으려고 한다. 둘째, 신규 사업에 대한 투자 기준이 너무 까다로운 경향이 있다. 확실한 사실을 잘 따져봐야 하는 경우에, 즉 조직의 핵심 사업에 대규모 투자를 하는 경우에는 확고한 기준을 적용해도 괜찮다. 하지만 새로운 영역에 실험적으로 소규모 투자를 하는 데 까다로운 기준을 적용하는 것은 참으로 어리석은 짓이다. 소규모 실험을 하는 데 소규모 자본을 투입하면서 확실한 근거를 찾을 필요는 없다. 기업들을 보면, 대개 기존 사업을 운영하는 사람들이 점유자의 권리 같은 혜택을 독차지하고 있는 듯 보인다. 즉 이들이 보유한 예산과 인력이 연간 예산 순환 과정에서 전체 조직 구성원들에게 공유되는 비율이 굉장히 낮다.

이 문제에 대한 여러 해법이 있다. 먼저 경영자들이 혁신 사업에 투자할 자본 예산을 별도로 확보해두어야 한다. 이런 식으로 하여 오래된 사업을 새 영역으로 발전시킬 수 없을 때, 그 자본의 상당 부분이 자연히 보다 혁신적인 사업 단위에 재할당되게 해야 한다.

그다음 소규모 시험 사업에 대한 투자 기준을 완화해야 한다. 벤처 투자가들은 흔히 포트폴리오 수준에서 위험을 평가하지 프로젝트별로 위험을 평가하지는 않는다. 그들은 신규 사업이 대부분 실패한다는 것을 알면서도 투자한다. 그들은 15개 또는 20개의 기업으로 포트폴리오를 구성한 다음 그중 하나라도 제2의 이베이나 페이스북이 되기를 고대한다. 저명한 벤처 투자가인 스티브 저벳슨Steve Jurvetson은 내게 "대체로 우리는 틀리지만, 우리가 옳을 때는 정말 옳은 것입니다"라고 말하기도 했다. 특정한 부분에 투자를 해도 수익이 거의 없을지 모르지만, 일반적으로 포트폴리오를 통한 수익은 굉장히 낙관적인 수준에 이르기도 한다. 이런 측면에서 기업들은 흔치 않은 대규모 위험과 수많은 사소한 위험을 수용할 줄 알아야 한다.

마지막으로 경영자들은 이른바 인재 이동에 대한 보상책을 마련해야 한다. 오랜 기간 자리를 잡은 기업에서 걱정 없이 경비원 역할만 하려고 하는 경영자보다 신규 사업을 창출하기 위해 과감히 자리를 옮기는 유능한 경영자에게 더 많은 보상을 해야 한다.

신규 사업안에 대한 자금 원천을 늘려라

기업에서는 흔히 새로운 아이디어에 대한 수요 독점이 벌어진다(수요 독점은 구매자가 한 사람뿐인 경우, 공급 독점은 공급자가 한 사람뿐인 경우이다). 예컨대 직원이 참신한 아이디어를 실현하기 위한 자금을 확보할 수 있는 곳이 지휘 계통의 상부에 한정된 경우가 상당히 많다. 그래서 신규 사업이 상사의 우선순위 또는 상사의 편협된 시각에 부합되지 않을 때 신규 사업 자금을 확보할 수 없게 된다. 자금 창출의 원천이 차단됨으로써 조직의 혁신이 엄청나게 억제되는 것은 이 때문이다.

실리콘밸리에 벤처 자본 회사가 하나밖에 없고, 그 회사를 마이크로소프트 출신이 운영했다면 어떤 일이 벌어졌을까? 한번 상상해보라. 구글과 세일즈포스닷컴은 투자 자금을 전혀 지원받지 못했을지 모른다. 벤처 캐피털 업계에서는 흔히 사업 지망자가 투자자의 투자를 받는 데 열 번 시도하면 반은 성공한다. 그러나 기업에서는 흔히 단 한 번의 거절로 유망한 프로젝트가 사라지고 만다.

여기서 해법은 조직 내부에 벤처 펀드를 조성하거나 벤처 인큐베이터Venture Incubator에 의지하는 것이 아니다. 이런 방법을 통해 자금 창출의 원천을 확대할 수 있지만, 그것만으로는 부족하다. 대기업에는 예산을 이른바 자유재량으로 운영할 수 있는 사람들이 수백 명이나 있을 것이다. 이런 사람들이 저마다 유망하게 생각하는 사업 활동에 각자 운영 예산 중 2퍼센트나 5퍼센트를 투자하도록 허용한다면 어떻게 될지 상상해보라. 조직 내부에서 신규 사업을 추진하는 직원들에게 갑자기 자금을 제공해줄 수호천사 같은 투자자가 많이 생기게 된다. 이렇게 되면 더 이상 수구 세력 같은 경영자가 단독으로 참신한 아이디어를 폐기하는 일이 일어나지 않게 될 것이다.

온라인 토론방을 만들어서 아이디어 경쟁을 벌이는 것도 중요하지만, 혁신을 꾀하는 사람들이 자금 창출의 원천을 충분히 활용하도록 지원하는 것이 훨씬 더 중요하다. 경영자 한 사람 또는 벤처 관련이사회가 신규 사업에 대한 자금 지원을 결정하게 해서는 안 된다. 조직의 자원을 할당하는 측면에서 기업들은 대부분 실리콘밸리보다 소련 연방에 더 가까운 게 현실이기 때문이다.

조직적 유연성
: 자율권은 마지못해 포기하더라도 유연성만큼은 힘써 고수하라

되돌릴 수 없는 약속을 회피하라

대규모 자본 투자, 장기 노동 계약, 전문화된 시설, 높은 고정비용, 이것들은 모두 과거의 거울로 미래를 볼 수 없는 세계에서 굉장한 위험을 초래한다. 대대로 경영자들은 단기간의 경제적 이익(일시적 노동 안정, 조건 좋은 장기 임대차 계약, 대규모 시설 등)과 장기간의 적응성을 맞바꿔버린 경우가 많았다. 앞으로는 모든 의사 결정을 두고 '적응 비용'을 명쾌하게 따져야 할 것이다. 이와 관련해서 다음과 같은 물음을 고찰해야 한다.

"이런 의사 결정을 내리게 되면 우리에게 무슨 문제가 생길까?"
"어떤 부분에서 우리의 권리가 줄어들까?"
"우리는 무엇을 노출할 수밖에 없을까?"

경기 침체로 인해 고급 여행 수요가 줄어들었음에도, 포시즌 호텔 체인은 객실 요금을 끝까지 인하하지 않았다. 대신 투숙객들에게 4일째나 5일째 숙박을 무료로 제공했다. 그런데 이런 식으로 요금을 인하함으로써 단기간에는 객실 예약을 늘릴 수 있었지만, 장기간에

걸친 가격 유연성을 떨어뜨리고 말았다. 매사에 '원상 회복성'을 핵심 조건으로 의사 결정을 내려야 조직의 적응성이 강화된다.

전략적 유연성에 투자하라

최신 기술과 트렌드를 수용하는 것만으로는 충분치 않다. 기업은 또한 상황에 맞는 전략을 선택할 여지를 늘 마련해두어야 한다. 시장에 균열이 생기고, 고객들의 변덕은 날이 갈수록 심해지고, 수요는 수시로 변하는 것이 비즈니스 세계의 현실이다. 이런 세상에서 기업은 자사의 손익분기점을 낮추거나 상품 믹스의 다양성을 높일 때 결정적 우위를 점할 것이다.

도요타를 생각해보라. 전략적 유연성을 확보하여 오랜 명성을 유지한 도요타는 10년 전 혁신 제조 공정인 GBL Global Body Line을 가동한 이래 전략적 유연성을 더욱 강화했다. 그 이전에 FBL Flexible Body Line이라는 제조 공정을 가동했던 때에 비해 GBL을 가동한 후 기존 조립라인에서 다양한 차종을 생산하며 비용을 70퍼센트나 줄였다. 또한 조립라인의 공간을 반으로 줄였으며, 관련 자본 경비도 반으로 줄였다.[2] 역설적으로 말하면 몇 가지 핵심 변수를 표준화하여 유연성의 우위를 확보할 수 있는데, 도요타는 동일한 조립라인에서 새 모델을 생산하는 표준화된 생산 설비를 갖추었고, 이로써 다양한 모델을 신속하게 생산하는 역량을 갖춘 것이다. 2000년부터 GBL을 설치하기 시작한 도요타는 전 세계 공장을 모두 GBL로 교체하여 언제 어디서든 모든 차종을 생산하는 역량을 갖추려 하고 있다. 이 같은 역량이 전략적 유연성이다.

다양한 역량과 사업 플랫폼을 기반으로 조직을 정의하라

기업은 새로운 환경에 적응하기 위해 특정한 시장이나 상품군에 귀속된 상태를 탈피해야만 한다. 이에 앞서 전략적 유연성과 확장성을 기반으로 자기 정의를 해야 한다. 달리 말해 특정한 상품이나 서비스를 넘어서 핵심 역량과 폭넓은 사업 플랫폼을 기반으로 조직을 정립해야 한다.

만약에 애플이 일류 디자인 역량과 사용자 위주의 디지털 기기 엔지니어링이 아니라 컴퓨터 시장 선도 기업으로 조직을 정의했다면 음반 업계를 재정립하지도, 이동전화 업계를 재편하지도 못했을 것이다. 사례를 하나 더 들어보겠다. 앞서 소개한 고어사는 50년 전에 창립한 이래 해마다 수익을 냈다. 이는 뛰어난 적응성을 보여주는 증거이기도 하다. 고어사의 비결은 무엇일까? 고어사는 '핵심 사업'을 하지 않는다. 즉 고어사는 수많은 시장에서 활용 가능한 다양한 핵심 역량이 조합된 포트폴리오로서 조직을 정의했다.

조직의 회복력을 높이는 가치

: 조직의 DNA에 적응성을 배양해야 한다

원대한 도전을 수용하라

변화에 잘 적응하는 직원들, 변화해야 할 때 혹은 변화하기를 바랄 때 반드시 변화를 이룩하는 개개인 없이는 조직의 적응력을 강화하기 어렵다. 극심한 변화는 위기를 동반하기 마련이다. 또한 조직 구성원들은 흔히 그들의 통제 밖의 상황에 따라 변화에 내몰린다. 그럼에도 세상 사람들은 일상에서 급히 변화를 수용한다. 왜 그럴까? 원대하거나 흥미로운 또는 고결한 무언가를 할 기회에 이끌리기 때문이다. 따라서 조직 구성원들이 유행에 앞서서 변화를 실천하게 하려면, 변화를 실천하게 할 만한 것을 제공해야 한다. 다시 말해 조직 구성원들에게 도전할 만한 것을 제시하여 그들의 관심을 이끌어내거나 그들이 스스로를 정의하게 해야 한다.

단순하게 들릴지 모르겠고 실제로도 그렇지만, 기업들은 지금부터라도 사람들을 침낭에서 끌어내 눈덮인 비탈을 올라 산봉우리에 도달하게 해야 한다. 즉 원대한 목표를 수립하여 직원들이 변화와 도전을 시도하게 해야 한다. 바로 이 점이 핵심이다. 원대한 목표 없이 현상을 타파하는 과정은 고통 그 자체일 수밖에 없다.

새로운 경영 원칙의 뿌리를 깊이 내려라

3장을 시작하면서 현대의 기업 조직들이 변화에 대한 적응성보다 통제와 효율성 위주로 설계되었다고 설명했다. 이런 이유로 대규모 조직을 변화시키는 일은 개를 두 발로 걷게 만드는 일만큼이나 어렵다. 예컨대 강아지 코앞에 특별한 것을 놔두고, 강아지를 구슬려서 몇 발자국 움직이게 할 수는 있을 것이다. 하지만 여러분이 뒤돌아서는 순간부터 강아지는 참지 못하고 다시 네 발로 앉을 것이다. 그 이유는 강아지가 본래 두발짐승이 아니라 네발짐승이기 때문이다. 강아지의 DNA에는 두 발로 서는 영역이 포함되어 있지 않다. 마찬가지로 기업들의 조직 게놈genome에는 적응성의 DNA가 존재하지 않는다. 기업들은 대부분 핵심 경영 프로세스에 적응성의 개념을 적용하지 않는다.

이런 현실을 변화시키기 위해 '유전자 치료' 같은 조치를 취해야 한다. 즉 기업들은 효율성의 DNA에 적응성의 DNA를 덧붙여야만 한다. 실제로 어떻게 하라는 말일까? 이는 수십 년, 수 세기, 영겁의 세월 동안 우리 세계가 생물학 시스템을 구축하고 민주주의를 수립하고 도시를 건설하고 주식시장을 개발해왔듯이, 우리 세계가 적응성을 발휘해온 부분들을 열심히 본받으라는 의미이기도 한다. 이런 탁월한 적응 시스템을 파헤침으로써 우리는 조직의 적응성을 높이는 원칙을 찾게 된다.

조직의 적응성을 높이는 핵심 원칙으로는 다양성(새로운 것을 창출하는 시도), 분산화(아래로부터 변화하는 메커니즘 구축), 우연성(예기치 못한 만남이나 우연한 대화에서 기회 창출), 배분적 유연성(정보와 자원의 배분이 용이한 시스템 구축)을 들 수 있다. 물론 현실에서는 이 원칙들을 여러분 조직의 일상 활동에 적용하는 법을 찾아내야 하는 문제가 생긴다. 이 부분은 이어지는 4장과 5장에서 깊이 있게 살펴본다.

인터넷이 전하는 가치를 숭상하라

인터넷이야말로 세상에서 변화에 가장 잘 적응하는 체제이다. 구글부터 크레이그스리스트Craigslist(미국판 온라인 벼룩시장 사이트-옮긴이), 트위터에 이르기까지 또 유튜브부터 플리커Flickr, 페이스북에 이르기까지 웹은 10년 전부터 우리가 상상할 수 없는 형태로 변화되어 왔다. 또한 인터넷을 통해 크라우드소싱, 폭소노미, 오피니언 마켓

opinion market, 위키스wikis, 매시업mash-ups(웹상에서 자원을 두 개 이상 섞어서 새로운 자원을 창출하는 기술-옮긴이), 마이크로블로깅microblogging(짧은 메시지를 해당 블로그에 관심이 있는 개인들에게 실시간으로 전달하는 통신 방식-옮긴이) 등 수많은 사회적 기술social technology이 창출되었다. 하향식 통제 모델인 우리의 경영 시스템과 달리 인터넷은 모든 것이 주변부에 속해 있고, 중심이 되는 것이 거의 없다. 즉 인터넷은 중심에서 분산되는 방식이 아니라 서로가 서로에게 연결되는 방식이다.

그런데 구조적인 부분 외에 경영 기술과 인터넷 기술은 많은 부분에서 구별된다. 인터넷의 핵심에는 일단의 사회적 가치가 존재한다. 이런 가치는 일반 기업이 우선시하는 가치와 현저히 차이가 나는 것이다. 즉 커뮤니티, 투명성, 자유, 실력주의, 개방성, 협동 등의 가치는 인터넷의 기본 이념을 형성한다. 반면에 기업 집단의 영역에서는 통제, 규율, 책임, 신뢰, 예측 가능성 등의 가치가 우세하다. 21세기 기업들은 이처럼 상반되는 가치들을 통합해야만 한다. 이를 실천하는 방법은 이 책의 마지막 순서에서 살펴볼 것이다.

인터넷의 가치와 조직의 가치를 통합하는 일은 조직의 적응성을 높이는 방법이기도 하다. 이는 여간 어려운 일이 아닐 것이다. 미리 조합해놓은 팬케이크보다는 프랑스 해산물 요리를 만드는 과정과 비슷하다고 할까. 헨리 포드와 프레더릭 윈슬로 테일러Frederick Winslow Taylor 같은 경영의 선구자들을 가만히 떠올려보자. 경영의 선구자들은 농업과 수공예 기반의 경제체제에서 태어나서 활동했다. 그들은 효율이 극대화된 대량생산 체제의 비밀을 어떻게 풀었을까? 당시에 누구에게나 막막해 보였던 사명을 어떤 힘에 이끌려 달성했을까? 어쩌면 노동력을 절감하고 삶의 질을 높이는 기계를 대폭 늘려서 온 세상 사람들의 삶을 개선하겠다는 꿈을 품어서가 아닐까? 그렇다면 우리의 꿈은 무엇인가?

오늘날 대규모 조직들이 세상을 지배하고 있다. 우리는 소비자로서 그들을 필요로 하고, 직원으로서 그들을 위해 일하고, 투자자로서 그들을 신뢰한다. 그러나 아직까지 그들은 우리의 기대를 종종 저버리는 것 같다. 우리는 소비자로서 그들의 무관심 그리고 서비스보다 효율성 위주의 규정과 정책으로 인해 피해를 보는 경우가 많다. 또한 그들의 직원으로서 우리는 조직에서 목소리를 내어도 묵살당하고 창의적 에너지를 낭비하는 경우가 많다. 뿐만 아니라 투자자로서 우리는 한때 명성이 자자했던 기업들이 방향을 잃는 탓에 우리의 포트폴리오 수익률이 낮아지지나 않을까 주시해야 하는 경우가 많다. 우리는 모두 여러 대규모 조직과 이해관계로 얽혀 있다. 따라서 그들이 지금보다 훨씬 더 탄력성을 발휘하는 것이 우리에게도 좋은 일이다.

먼 옛날 경영 혁신에 앞장선 사람들처럼 우리도 꿈을 품으면 된다. 언제나 앞을 내다보고 '인간의 조건$_{human\ condition}$'을 개선하는 기회라면 모두 받아들이는 조직을 꿈꾸면 된다. 권위주의에 흔들리지 않고 사명감에 젖은 직원들 각자가 미래를 향해 열심히 달려가는 조직, 변화를 이룩하고자 하는 열정이 조직 전반에 퍼진 조직을 꿈꾸면 된다. 과감히 현실을 개혁하는 사람들이 변화를 두려워하는 사람들보다 늘 앞서 나가는 조직, 미래를 준비하는 사람들이 과거에 집착하는 사람들보다 큰 목소리를 낼 수 있는 조직을 꿈꾸면 된다. 변화로 인한 고통 없이 자기 개혁의 드라마를 펼치는 조직을 꿈꾸면 된다.

  대담하게 새로운 것을 창출하고 과감히 혁신을 이룩해나간다면 우리가 꿈꾸는 조직을 만들어낼 수 있다. 지금 중요한 것이 바로 그것이다.

지금
중요한
것은
열정이다

4

PASSION

불미스러운
작은 비밀을 드러내라

생명을 구해준 환자보다 생명을 빼앗은 환자가 더 많은 의사를 어떻게 생각하는가? 살인 사건을 해결하기보다 살인을 더 많이 저지른 형사를 어떻게 생각하는가? 혹은 학기가 진행됨에 따라 성적이 좋아지는 학생보다 성적이 떨어지는 학생을 더 많이 둔 교사를 어떻게 생각하는가? 이렇게 기대에 어긋난 결과가 이례적인 일이 아니라 일반적인 일이라면 어떻게 될까? 이것이 대다수의 의사, 경찰, 교사의 모습이라면 어떨까? 여러분은 당혹스러움을 넘어서 굉장히 격분할 것이다. 그리고 무언가 조치를 취하라고 요구할 것이다!

그런데 관리자들이 대부분 직원들의 열정을 죽이는 성향이 있음을 알게 될 때 우리는 왜 입을 다물까? 우리의 경영 시스템이 이례적인 성과를 억제하는 경향이 있는데도 왜 화를 내지 않을까?

업무 몰입도의 문제

컨설팅 기업 타워스 페린Towers Perrin(현 타워스 왓슨Towers Watson)이 발표한 '2007~2008 글로벌 인적자원 보고서Global Workforce Survey'의 내용을 생각해보자.¹⁾ 타워스 페린이 전 세계를 대상으로 직원 몰입도를 평가한 조사에 세계 18개국 근로자들이 9만 명 이상이나 참여했다. 이 조사에서는 의사 결정 참여 능력, 혁신적 사고를 실행하는 용기, 업무 향상 기술의 유용성, 직원 복지에 대한 경영진의 관심 등 직원들의 몰입도를 결정짓는 여러 핵심 요인을 다루었다.

조사 결과에 따르면 응답자들 중 거의 5분의 1(21퍼센트)이 그들의 고용주를 위해 한층 더 노력한다는 차원에서 성심껏 업무에 참여한다고 답했다. 또한 응답자 10명 중 거의 4명(38퍼센트)이 대체로 또는 늘 업무에 몰입하지 못한다고 답했다. 반면에 나머지 응답자들은 그저 그렇다는 답을 내놓았다. 이 조사 결과를 보기 좋게 꾸밀 방법은 없다. 이 조사 결과는 경영자들이 위기에 무관심하다는 것을 신랄하게 암시한다.

그렇다면 우리는 왜 이 조사 결과에 분개하지 않을까? 나는 해마다 수많은 경영자들을 만나 이야기를 나누는데, 직원의 업무 몰입도를 화제로 꺼내는 경영자가 별로 없다. 경영자들은 분명히 심각한 문제를 무시하고 있다. 이런 현상을 어떻게 설명할 수 있을까? 그에 대한 몇 가지 가정을 다음과 같이 세울 수 있다.

무지

직원들 대부분이 업무에 관심을 가지지 못하는 상황을 경영자들이 인식하지 못할지도 모른다. 또한 조직의 리더들이 타워스 왓슨의 설문조사 결과가 반영된 여러 연구 자료를 접하지 못했을지도 모른다. 그것도 아니라면 경영자들이 감성 지능 Emotional Intelligence이 부족해서 직원들의 흔한 불만을 가볍게 여기는 것일지도 모른다.

무관심

경영자들은 많은 직원들이 업무 의욕을 상실한 것을 알면서도 그것에 그리 관심을 두지 않는다. 그 이유는 경영자들이 냉담한 기업 문화 속에서 동정심을 잃었거나 직원의 업무 몰입도가 회사의 수익에 별로 영향을 미치지 않는다고 생각하기 때문이다. 무관심은 나쁜 태도는 아니지만, 긴요한 태도도 아니다.

무기력

관리자들이 늘 고민하면서도 뾰족한 개선책을 못 내는 건지도 모른다. 그래서 여러 업무가 너무도 따분하게 느껴질지도 모른다. 당연히 직원들(소매점 점원, 공장 직원, 고객 상담 센터 직원, 행정 비서 등의 직원들)도 업무에 집중하지 못한다. 이와 반대 현상이 벌어지면 어떻게 될까? 교도소 소장처럼 행동했던 관리자들은 '수감자들'이 갑자기 삶의 환희를 느끼며 즐거워하는 모습에 어안이 벙벙할 것이다.

세 가지 가정이 현실에 얼마나 가까운지 평가해보자. 첫 번째 가정은 현실과는 거리가 먼 것 같다. 〈딜버트$_{Dilbert}$〉(기업에서 일어나는 현상을 비꼬아주는 시사만화 - 옮긴이)를 읽어본 사람이라면 대규모 조직에 냉소주의와 수동성이 유행병처럼 급속히 확산된다는 것을 잘 알 것이다. 그러니 단지 현실을 회피하다가 그 사실을 인식하지 못했을지도 모른다.

두 번째 가정은 첫 번째 가정보다 현실에 더 가깝다. 직원 몰입도와 재정적 성공의 긴밀한 관련성을 아직까지 이해하지 못하는 경영자들이 많은 것 같다. 타워스 왓슨이 실시한 조사[2], 또 벤틀리 대학 라젠드라 시소디아$_{Raj\ Sisodia}$ 교수가 실시한 연구[3]에 따르면, 직원 몰입도가 높다고 평가받은 기업이 그렇지 못한 기업보다 더 높은 수익과 마진을 달성했다고 한다. 업무 흥미도와 수익성의 상관관계는 앞으로 더욱 강력한 변수로 작용할 가능성이 크다. 애플의 아이폰을 예로 들어 그 이유를 설명하겠다.

스스로 물어보자. 이동전화 사업 경험이 전혀 없었던 애플은 어떻게 그토록 신속하게 이동전화 사업에 뛰어들었을까? 답은 무엇일까? 애플은 풍부한 원자재 정보를 기반으로 하여 외주 부품을 표준화할 수 있었다. 아시아에 이동전화 외주 생산 업체가 많다는 사실도 어느 정도 이유가 된다. 하지만 그것은 아이폰이 그토록 경이로운 성공을 이룬 이유로는 부족하다.

2011년 1분기에 노키아는 휴대전화를 애플보다 여섯 배나 많이 팔았다. 하지만 수익은 애플이 노키아보다 훨씬 더 많이 올렸다. 이유는 무엇일까? 컴퓨터 월드 블로그$_{Computer\ World\ Blog}$에서 인용된 시장

조사 업체 스트레티지 애널리틱스Strategy Analytics 소유 보고서에 따르면, 노키아의 일반 휴대전화 도매가격이 87달러였던 반면 아이폰의 도매가격은 638달러였기 때문이다.[4]

이 대목에서 중요한 교훈을 얻는다. 수익을 높이기 위해 반드시 매출을 늘릴 필요는 없지만, 경쟁 업체와 최대한 차별화를 꾀해야 한다는 것이다. 애플은 아이폰에 모바일 운영체제를 탑재함으로써 아이폰을 돈 버는 기계로 만들었다. 2007년 아이폰을 출시한 이래 애플은 사용자들에게 아이폰 고유의 기능 포트폴리오를 제공하고 있다. 사용자들은 아이폰 하나로 터치스크린 디스플레이, 내장 MP3 플레이어, 고성능 웹 브라우저를 비롯해 날씨, 주식 정보, 유튜브 동영상 등을 제공하는 수많은 애플리케이션을 이용한다.

애플이 노키아보다 이익 폭이 훨씬 더 크다는 사실은 간단한 현실을 반영한다. 이동전화 사업에 뛰어든 애플은 노키아보다 이동전화의 일반적 구성을 훨씬 더 많이 차별화했는데, 이를 고효율적인 방식으로 실현했다. 즉 아이폰의 가치 체인에 속한 수많은 업체들 중 애플이 단연코 비용 대비 차별화 비율을 최대로 높였으며, 그에 따라 이윤 폭을 가장 많이 증대시켰다.

정보를 사고파는 세상에서는 비표준 정보를 양산하는 기업에게 이익이 돌아가기 마련이다. 여기서는 투자 자본을 반영해서 직원 한 명당 수익을 근거로 회사의 성과를 평가한다. 예상했겠지만 애플의 직원 1인당 수익은 여타의 대규모 경쟁 업체들과 비교해서 상당히 높다. 수익 대비 순 고정자산 비율도 마찬가지다.

여러분의 회사가 업계 생태계 어디에 위치하든 혹은 조직이 수직적 또는 수평적으로 얼마나 통합되어 있든, 그런 것은 상관이 없다. 중요한 것은 상대적인 '고객 인식 가치 비율', 그 가치를 창출하기 위해 회사가 발생시키는 비용이다. 또한 차별화 비율이 높을수록 업계 수익 점유율이 높아진다는 점이 중요하다.

물론 애플도 상품화의 영향력에서 자유롭지 못하다. 아이폰이 출시된 지 몇 달 만에 경쟁 기업이 아이폰 고유의 기능을 모방했다. 이에 애플은 한 번 더 혁신을 달성해야 했다. 애플은 제3의 개발자들을 영입하여 아이폰 전용 애플리케이션을 개발하게 했다. 이로써 애플은 이동 컴퓨팅 혁명의 초석을 다졌다. 하지만 또다시 블랙베리와 구글 등의 경쟁자들이 애플의 뒤를 바짝 쫓고 있다.

이 모든 것은 직원 몰입도와 어떤 관계가 있을까? 오늘날 고객들은 아침에 눈을 뜨자마자 새로운 것, 다른 것, 놀라운 것을 찾는다. 따라서 지금 기업의 성공은 지위 고하를 막론하고 전 직원에게서 독창적인 사고와 상상력, 열정을 이끌어내는 능력 여하에 달려 있다. 결국 기업의 전 직원이 자신의 업무를 위해, 회사를 위해, 조직의 사명을 실현하기 위해 열과 성의를 다할 때 비로소 기업은 성공을 이룩할 수 있다.

직장 내 인간 역량의 계층

내가 전에 쓴 《경영의 미래》에서는 매슬로의 욕구 계층 이론 Maslow's Hierarchy을 나름대로 정리하여 간단한 모형으로 만들었던 적이 있다.

표 4-1에서 볼 수 있듯이 이번에는 인간 욕구의 계층이 아니라 직장 내 인간 역량의 계층을 정리해봤다.

맨 아래 단계는 복종의 욕구인데, 직원들은 매일 출근하여 정해진 규정과 절차를 따른다. 대규모 기업이 직원들을 복종시키지 않고 조직을 운영하지 못하듯이, 복종은 중요한 단계에 해당한다. 다음 단계는 성실의 욕구이다. 이는 직원들이 열심히 일하고 업무를 끝까지 마무리하고, 훌륭한 성과를 달성할 책임을 다하려고 하는 욕구를 말한다. 성실의 욕구 또한 상당히 중요하다. 게으름뱅이들과 함께 조직의 성공을 달성하기는 어렵기 때문이다. 그다음 단계는 지적 능력 또는 개인 역량의 욕구이다. 어느 기업이나 잘 훈련되고 하나라도 더 배우려고 애쓰는, 즉 일류급 역량이 있는 직원을 원한다.

문제는 복종, 성실, 역량이 글로벌 상품화되고 있다는 데 있다. 다시 말해 이런 인간 역량은 이 세상 어느 곳에서든 얻을 수 있으며 특히 인도와 중국 같은 곳에서는 거저나 다름없이 얻을 수도 있다. 이를 눈치챈 기업들은 잘 훈련받고 고분고분한 근로자들이 넘쳐나는

표 4-1 직장 내 인간 역량 계층 이론

6단계	열정의 욕구
5단계	창조성의 욕구
4단계	진취성의 욕구
3단계	전문성의 욕구
2단계	성실의 욕구
1단계	복종의 욕구

나라에 수많은 작업을 아웃소싱해왔다. 그럼에도 저가 임금 체계는 장기 경쟁 우위를 달성하는 데 좋은 전략이 되지 않는다. 직원들에게서 오직 복종, 근면, 지식만 끌어내서는 결국 경쟁 업체들에 뒤지고 만다.

따라서 우리는 역량의 피라미드를 높이 쌓아야 한다. 먼저 전문성을 넘어서 진취성을 키워야 한다. 진취성의 욕구는 직원들이 문제나 기회를 접할 때마다 망설이지 않고, 또 직무 기술서에 얽매이지 않고 즉시 행동하고 실천하고자 하는 욕구를 말한다. 그 위 단계는 창조성의 욕구이다. 이 단계에서 직원들은 통념에 맞서려고 하고, 다른 업계를 주시하면서 기발한 아이디어를 물색한다. 마지막으로 맨 꼭대기 단계는 열정의 욕구이다. 이 단계에서 직원들은 그들의 업무를 사명, 더 나은 세상을 만드는 일이라고 여긴다. 이처럼 열정 속에 일하는 직원들에게 업무는 즐거움 그 자체이다. 이런 직원들은 자신의 모든 것을 업무에 바친다. 이들은 다른 직원들이 단지 출근하는 데 의미를 둘 때 업무에 열심히 참여한다.

오늘날의 창조적 경제에서는 맨 꼭대기 단계의 역량을 발휘해야 최고의 가치를 창출할 수 있다. 지금의 비즈니스 세계에서는 대담성, 상상력, 열정이 경쟁력을 차별화하는 근본 원천이다. 그런데 그와 같은 높은 차원의 인간 역량은 타고나는 재능과도 같아서, 지시한다고 해서 발휘되지 않는다는 데 문제가 있다. 직원들에게 열정을 가지라고 하거나 창조성을 발휘하라고 말해봤자 소용이 없다. 글쎄, 물론 그렇게 할 수는 있겠지만 별로 도움이 되지 않는다. 직원 개개인은 매일 업무에 열정을 쏟을지 말지 고민한다. 내가 소장한 자료에 따르면, 직원들은 대부분 후자를 선택한다고 한다.

인간이 먼저, 조직이 뒤에

비즈니스 역사를 통틀어 경영자들은 직원들이 순순히, 성실히, 능숙히 조직의 목표를 달성하게 하는 것을 주요 임무로 삼았다. 이제는 '조직이 먼저, 인간이 뒤에'라는 전제를 완전히 뒤집어야 한다. 조직에 헌신하라고 직원들에게 요구하기 전에, 직원들이 업무에 열정을 바칠 수 있는 조직을 구축하는 법을 핵심 임무로 삼아야 한다. 단도직입적으로 말하겠다. 오늘날 경영자라면 직원들이 조직에 몸과 마음을 바치도록 고무하고, 열정, 상상력, 진취성을 쏟을 가치가 있는 업무 환경을 조성해야 한다.

그 방법을 간략히 정리해보자.

- 어느 업종에나 핵심 정보가 상품화된 거대한 영역이 있다. 이런 영역에서 아직까지 상품화되지 않은 것이 머지않아 상품화될 것이다.
- 이런 전제에서 우리는 '지식 경제'와 작별하고 '창조적 경제'를 반가이 맞이해야 한다.
- 지금 중요한 것은 기업이 새로운 흐름을 만드는 것, 이를테면 고객 가치를 증진시키는 새로운 지식을 빨리 정립하는 것이다.
- 상품화의 폐해에서 벗어나기 위해 기업은 시장의 판도를 바꿔나가야 한다. 이를 위해 직원들의 진취성과 창의성, 열정을 불러일으켜야 한다.

- 문제는 창조적 경제에서, 가장 중요한 인간 역량을 가장 관리하기 어렵다는 것이다.
- 이 모든 이유 때문에 우리는 '관리'에서 '유도'로 초점을 옮겨야 한다.

오늘날 비즈니스 리더들의 최고 관심사는 무엇일까? 조직이 미래를 창출해나가는 데 직원들을 동참시키는 것이다. 직원의 참여는 산업 경제에서는 상관이 없었고 지식 경제에서는 선택적이었을지 모르지만, 현재는 기업의 성패를 좌우하는 핵심 요인이 되었다.

여러분의 조직은 괜찮다고 말할지 모르겠다. 여러분은 직원들이 열심히 일하는 업무 현장을 만들고 싶지만, 직원들은 아주 멋진 최첨단 상품을 만들어내지 못하고 있다. 이것이 지금 여러분 조직의 현실이다. 직원들은 그저 고객 센터에서 고객 전화를 응대하고, 호텔 방을 청소하고, 손님이 구매한 물품을 정리하고 있다. 별로 흥미롭지 않은 업무에도 직원이 집중하게 하려면 어떻게 해야 할까? 정말로 형편없는 업무도 수없이 많다. 그 근거가 되는 자료가 있을까?

실제로 그런 자료는 없다. 타워스 왓슨이 실시한 조사에 따르면, 직장인 응답자 중 86퍼센트가 자신의 일을 사랑하거나 좋아한다고 밝혔다. 그런데 왜 업무 몰입도는 그 수준을 넘어가지 않을까? 타워스 왓슨의 인사·인재 관리 부문 대표이자 '글로벌 인적자원 연구'를 이끈 줄리 게바우어Julie Gebauer는 직원의 업무 몰입도를 높이는 핵심 요소 세 가지를 지적했다. 하나는 직원들이 학습하고 발전해야 하는 범위, 즉 성장할 수 있는 기회이다. 다른 하나는 조직의 평판과 사회 헌신도, 즉 조직에 삶을 바치게 만드는 사명이다. 마지막은 조직 리더의 태도와 가치, 즉 리더의 신뢰도와 리더십이다.

이 모든 것이 관리 이슈들이다. 직원 개개인에게 힘을 불어넣고 그들이 탁월한 성과를 발휘할 수 있는 환경을 만드는 사람이 바로 관리자이다. 사회에 기여하는 차원의 고무적인 비전과 슬로건을 수립하도록 돕는 사람도 관리자이다. 훌륭한 가치를 제시하는 사람도 관리자이다. 그런데 다시 말하지만, 여론조사 결과는 충격적이다.

여론조사에 따르면 응답자들 중 38퍼센트만이 '최고 경영진이 진정으로 직원들의 행복에 관심을 가진다'고 답했다. 또한 응답자 10명 중 4명 미만이 '최고 경영진이 생각을 터놓고 소통한다'고 했다. 뿐만 아니라 응답자들 중 40퍼센트도 안 되는 사람들이 '최고 경영진이 사업에 관한 의사 결정을 공유한다'고 밝혔으며, 응답자들 중 44퍼센트만이 '최고 경영진이 직원들과 소통하기 위해 노력한다'고 답했다. 무엇보다 '최고 경영진의 의사 결정이 우리의 가치와 일치한다'고 답한 사람들이 40퍼센트도 안 된다는 사실에 충격을 금할 수 없다.

이 모든 사실로 미루어 볼 때 직원의 몰입도를 높이려고 하기 전에 직원들의 흥미와 열정을 죽이는 요소가 업무의 문제가 아닌 경영의 문제임을 먼저 자각해야 한다.

조직보다 구성원을 먼저 생각하라

나는 샌앤드레이어스 단층San Andreas fault에서 1킬로미터도 채 떨어지지 않은 곳에 살고 있다. 그래서 어디에선가 지진이 났다는 소식을 접할 때마다 남의 일이 아니라는 불안감에 휩싸인다.

한편 시장을 흔드는 재앙의 조짐이 어느 정도는 그간의 경쟁 과열에서 비롯된 게 아닐까 하는 생각이 들곤 한다. 여러분은 모든 것을 앗아갈지 모르는 내일에 대비해서 조직을 정비해야 한다.

변화가 일어날 때 흔히 그렇듯이, 대규모 지각 변동은 아주 서서히 그리고 갑자기 일어난다. 지구의 지각 판은 수십 년 또는 수백 년에 걸쳐 마찰로 인해 저항을 받다가 어느 날 힘의 균형이 깨져 뒤틀려버린다.

신뢰가 무너지는 순간

사회적 격변은 대개 지진처럼 갑작스럽게 일어나지는 않지만, 그럼에도 충격을 동반하기도 하며 특히 무방비 상태에 있는 사람들을 엄청난 쇼크에 빠뜨린다. 사람들이 수십 년 동안 억눌렀던 울분을 갑자기 터뜨려서 오랫동안 유지된 관계가 깨지기도 한다.

이와 관련된 사례를 몇 가지 들겠다. 1773년 지나치게 세금을 많이 거두는 영국 정부에 화가 난 미국 식민지 주민들이 보스턴 항구에서 영국 동인도 회사의 차 상자 300개를 바다에 집어던졌다. 1966년에는 미국에서 결연히 뭉친 흑인인권운동 시위대가 셀마, 앨라배마를 거쳐 주 의회 의사당까지 진군했다. 1989년 독일에서는 통일을 염원하는 독일 시민들이 동서독 분단의 상징인 베를린 장벽을 무너뜨렸다. 이뿐만이 아니다. 2011년에는 이집트 시민들이 소셜 네트워크 서비스를 통해 이집트 독재 정권의 실상을 전 세계에 알림으로써 호스니 무바라크 대통령을 권좌에서 끌어내렸다.

이런 일은 개개인과 조직 간에 존재하는 '단층선'을 따라 지금 이 순간에도 벌어지고 있다. 조직 구성원 개개인이 대규모 조직에 몸을 담고 관리자에게 협력하려고 하는 의지, 즉 조직 구성원 개개인과 조직 간의 신뢰가 근본적으로 무너지고 있다. 지난 몇 년간 우리는 이런 일을 자주 목격했다. 앞서 소개한, 미국의 여러 직업의 윤리 수준을 평가하는 갤럽 여론조사를 보자.[1] 이 조사에서 응답자들은 대기업과 주요 정부 조직의 대표자들에게 거의 최하 점수를 주었다. 응답자들 중 15퍼센트만이 경영진의 윤리 수준이 '높거나 매우 높다'고

표 4-2 각 직업의 윤리 수준이 '높거나 매우 높다'고 밝힌 응답자 비율

직업	응답자 비율
간호사	81%
의사	66%
경찰관	62%
성직자	53%
TV 기자	23%
은행가	23%
변호사	17%
경영자	15%
국회의원	9%
자동차 영업사원	7%

답했다. 국회의원의 윤리 수준이 높다고 응답한 사람은 전체 응답자의 9퍼센트도 되지 않았다.

2010년 미국에서 실시된 에덜먼 신뢰도 지표조사Edelman Trust Barometer[2]에서는 회사 CEO가 전하는 정보를 '매우 신뢰하거나 극히 신뢰한다'고 한 응답자가 전체 응답자의 25퍼센트밖에 되지 않았다. 혹자들은 이런 신뢰 결핍 현상이 이탈리아 식품 업체 파르말라트의 회계 부정과 리먼 브러더스 사태 같은 몇몇 대형 사건의 영향 탓이라고 주장할지 모르겠다. 그런데 더 깊이 고려해볼 문제가 있다. 그 문제는 현재 진행형이다. 조직 구성원 개개인의 관심사와 조직의 관심사 사이에 존재하는 '지각층'이 다른 방향으로 이동하고 있다. 이런 변화는 얼마 전부터 적어도 일반 직장인들과 시민들의 시각에서 비롯되었다.

크래프트 푸즈Kraft Foods 회장 아이린 로젠펠드Irene Rosenfeld가 영국

소머데일 소재 캐드버리 초콜릿 공장을 폐쇄하지 않겠다던 인수 전 약속을 어겼듯이[3], 정치인이 진실을 왜곡하거나 기업 총수가 약속을 어길 때 신뢰는 깨지고 만다. 그럼에도 개개인과 조직의 분열은 여러 사소한 거짓말 또는 간간이 발생하는 엔론 스캔들 규모의 기업 범죄가 아니라 그보다 더욱 근본적인 원인에서 비롯된다고 생각한다.

그것은 조직 구성원 개개인이 조직 리더의 진실성을 의심하는 단순한 문제가 아니다. 또한 그것은 조직 구성원 개개인이 더 이상 자신들을 대변하지 않는다며 사회 주요 기관들을 신뢰하지 않는 문제를 넘어선다. 이미 설명했지만 미국인들 중 6퍼센트만이 워싱턴 관료들이 '제대로' 또는 '탁월하게' 일을 해낸다고 생각한다.[4] 또한 이전 순서에서 살펴봤듯이, 관리자가 직원들의 행복에 진심으로 관심을 가진다고 보는 직장인들이 10명 중 4명이 채 되지 않는다.[5]

신뢰는 단순한 믿음의 문제가 아니다. 신뢰는 우호와 호감의 문제이기도 하다. 우리는 진심으로 우리를 위해 애쓰는 사람들을 신뢰하고, 우리 일에 관심이 없어 보이는 사람들을 신뢰하지 않는다. 속임수와 직무 유기로 인해 관계에 금이 가지만, 또한 그로 인해 친밀감과 일체감이 서서히 손상되기도 한다.

정부 관료들이 시민들의 이익보다 재정적 후원자들의 이익을 우선시할 때 혹은 장기간에 걸친 국가의 경제 안정을 희생시키고 단기간의 정치적 이익을 우선시할 때, 정부기관은 윤리 기준 위반 여부를 떠나서 신뢰를 잃고 만다. 마찬가지로 비즈니스 리더들이 제 주머니에 막대한 보너스를 챙기면서 직원들을 소모품처럼 다루거나 혹은 자신들만의 사치스러운 특권을 누리면서 직원 혜택을 축소할 때, 법을 어긴 문제를 떠나서 기업은 사회에서 의심의 눈초리를 받는다.

리더를 바라보는 시선

최근 들어 사회 리더들의 정직성이 감소했음을 보여주는 실증적 증거가 있지는 않다. 하지만 사회 리더들이 시민들과 직장인들의 이익을 살피는 책임을 다하지 않는 듯 보이는 것만은 사실이다. 대다수의 사람들이 그렇게 느낄 것이다. 이렇게 기존의 관계가 깨지는 원인은 여러 부분에서 찾을 수 있다. 예컨대 미국 연방 정부는 다음과 같은 폐해를 빚고 있다.

- 현재의 선거 재정 시스템에서 국회의원은 특수 이익을 추구하는 꼭두각시가 되고 만다.
- '게리맨더링(특정 정당이나 특정인에게 유리하도록 선거구를 정하는 것-옮긴이)'을 한 선거구에서는 도전자들이 기존 정치인들을 넘어서지 못한다.
- 현재의 후보 선정 시스템에서 정당의 극단론자들에게 과도하게 힘이 실린다.

기업은 다음과 같은 원인으로 인해 조직 내부에 균열이 생긴다.

- 저가 임금 체계에 대한 보상책을 마련해야 하는 경쟁 압박이 심해지고 있다.

- 경영자 보상 제도로 인해 장기적 사고를 하지 못한다.
- 권위주의 경영 체제에서 도덕성이 훼손되고 직원들의 업무 의욕이 저하된다.

또한 기업 부문과 공공 부문을 막론하고 리더가 서서히 충동에 빠져들어 차츰 문제를 일으키기도 한다. 권력을 맛볼수록 거기에 더 빠져들고, 그럴싸하게 합리화하며 더 탐하게 되는 것이다. 예컨대 조직 구성원들의 화합과 정보 공유, 규모의 경제에 대한 포괄적 해법이 필요하다는 데 이의를 제기할 사람이 있을까? 그러나 권력이 누군가에게 집중됨에 따라 그런 문제를 해결하고자 하는 조직 구성원 개개인의 영향력이 줄어들고, 업무 현장에서 관련 정책의 실효성도 떨어진다. 결과는 분명하게 나타난다. 모든 직원들이 무력감을 느끼고 불만을 터뜨린다.

그런데 인터넷이 발달하면서 개인과 조직 간의 틈이 메워지고 있다. 얼마 전부터 너 나 할 것 없이 인터넷의 개방적·경쟁적 구조를 잘 활용하고 있다. 우리는 인터넷에서 우리의 의견을 표현하고, 권력자의 횡포를 폭로한다. 또한 인터넷에서 온라인 커뮤니티를 만들고 새로운 세상과 문화를 창출한다. 인터넷에서 활동하면 할수록 우리는 오프라인 세상에서 경험하는 폐쇄적인 하향식 권력 구조를 거부하게 된다.

원인이 무엇이든지 간에 여기에는 분명한 근거가 있다. 자신의 조직이 오직 특권 계층을 위해 움직인다고 느끼는 사람들이 갈수록 많아지고 있는 것이다. 우리 성당 사람들은 암적인 고질병 같은 성추행

사건에 성당이 시큰둥하게 반응하는 것이 창피스럽다고 말하곤 한다. 티파티Tea Party(일반 시민이 주도하는 미국의 보수주의 유권자 단체-옮긴이)에서 활동하는 사람들은 벨트웨이Beltway(연방 정부의 공사를 많이 수주하는 회사-옮긴이)의 요구만 들어주는 정치인들 때문에 자신의 권리를 박탈당하는 것 같다고 토로한다. '월가를 점령하라Occupy Wall Street' 시위대는 대규모 금융 기업에 고액의 배당과 보너스가 돌아가는 금융 시스템에 분노한다. 전 세계 현장 근로자들은 자신들을 입맛대로 조정하려고 하는 관리자들 때문에 스스로 하찮은 존재 같은 기분을 느낀다.

피라미드 맨 아래에서 볼 때, 꼭대기 계층의 문제는 뻔한 부정행위가 아닌 아래 계층에 대한 무관심이다. 그래서인지 오늘날 미국 정치에서 포퓰리즘의 영향이 갈수록 강해지고 있으며, 또한 일자리를 구하는 MBA 출신들이 미래의 고용주를 평가할 때 그들이 받는 '초봉'만큼이나 '직원들에 대한 관심'을 중요한 평가 기준으로 삼고 있다.[6]

타워스 왓슨의 2010년판 인적자원 보고서에 따르면, 근로자들이 교육 기회나 보너스, 정기적인 급료 인상 같은 고용상의 특전 대신에 고용의 안정을 선택하는 경우가 어느 때보다 많아졌다고 한다.[7] 문제는 그 외의 부분에서 더 이상 안정이 이루어질 것 같지 않다는 점이다.

경색된 노동시장에서 노동자들에게 신의와 헌신을 다하지 않는 기업들은 노동자들에게 선택의 여지가 없는 경기 침체기에도 똑같은 태도를 취할 공산이 크다. 그런 기업의 경영자들은 아마도 새로이 얻은 교섭력을 이용하여 직원들을 위한 혜택을 줄이는 동시에 직원들에게서 짜낼 것은 다 짜낼 것이다. 경제가 휘청거리는 시기에는 회사의 매출이 바닥으로 떨어지는 반면, 직원들의 분노는 하늘로 치솟을 것이다. 경제 상황이 어떠하든 조직의 리더가 인간과 조직의 관계에 대한 기본 전제를 재고하지 않는 한, 개인과 조직에 연결된 실타래는 계속해서 엉킬 것이다.

두 가지 기업 모델

보통의 경영자가 지닌 사고의 틀을 깨보자. 다음과 같이 기업 조직을 개인 앞에, 또는 개인 위에 두는 방식이 어떠한지 고찰할 수 있을 것이다.

기업 → 개인 → 이익

즉 기업은 직원들을 고용해서 상품과 서비스를 생산하고 주주들을 위한 이익을 창출한다. 이런 모델에서 기업에 속한 개인은 매트릭스의 일부로, 기업이 그 목표를 달성하기 위해 고용하는 생산 요소 factors of production, 원자재로 취급된다. 인간은 현실에서 기계에 투입되지는 않지만, 흔히 자신에게 맞지 않는 역할과 만족스럽지 않은 업무에 투입된다. 기업에서는 대개 조직이 개인의 방식에 따르기보다 개인이 조직의 방식에 따른다. 이 얘기가 믿기지 않는다면, 조직에서 여러분이 자유로이 선택할 수 있는 일이 있는지 생각해보라. 여러분이 선택할 수 있다면 어떤 상사 밑에서 일하고 싶은가? 마음대로 물품을 구매할 수 있다면 당장 무엇을 들여놓겠는가? 쉽게 떠오르지 않을 것이다.

그럼에도 우리는 이와는 다른 모델, 즉 직원 개개인의 이익이 우선시되는 모델을 그려볼 수 있다.

개인 → 조직 → 영향

여기서 '기업'이라는 말 대신에 '조직'이라는 말을 사용한 점에 주목하자. 기업이라는 말에는 복잡한 구조, 계층에 따라 권한이 분할된다는 의미가 내포되어 있다. 조직이라는 말은 해석하기가 조금 더 애매모호하다. 조직은 알코올중독자협회Alcoholic Anonymous 같은 관계망 또는 오픈 소스 소프트웨어 프로젝트 같은 인터넷 네트워크도 포괄한다. 여기서 책임자 격인 사람들은 조직 구성원들에게 헌신하는 조직의 리더들이다. 조직의 리더들은 조직 구성원들이 대가를 받고 일한다 해도 그들을 자발적 주체로 바라본다. 이런 조직에서는 조직을 지탱하는 직원들의 필요를 충족할 때 비로소 성공을 이룩할 수 있다는 개념이 분명히 자리 잡고 있다. 이런 모델에서는 개인이 아니라 조직이 수단이 된다.

위 두 모델은 극과 극의 관점에 있다. 위 모델과 관련하여 아주 극단적인 형태의 조직(또는 기업)은 거의 없지만, 대규모 기업은 대개 직원보다 회사를 우선시하는 측면이 강하다. 이런 스펙트럼을 넘어서야 하는 이유가 두 가지 있다.

첫째, 조직과 개인의 목표가 불일치함으로써 조직의 경쟁력이 약화된다. 자기 이익을 중요시하고 불안에 떠는 대중은 규정과 규제를 늘려서 대기업들의 발목을 잡아주기를 바란다. 규제가 강화되면, 대기업들은 유연성을 발휘하지 못하고, 또 변화에 신속히 대응하지 못한다. 더군다나 직원의 신뢰도와 업무 몰입도가 낮은 기업은 조직 구성원들의 재능을 제대로 활용하지 못할뿐더러 혁신을 이룩하지 못하고 새로운 변화에 적응하지도 못할 것이다. 가혹한 규제가 시행되고 직원들의 역량을 제대로 활용하지 못하는 상황이 얽히는 가운데 조직은 잠재된 경쟁력을 제대로 발휘하지 못하게 된다.

둘째, 우리는 더 좋은 대접을 받아야 한다. 개방된 민주주의 사회가 아닌 공산주의 사회 같은 조직에서 일할 필요는 없다. 민주주의 사회에서는 누구나 예속적 신민이 아니라 자립적 사회 구성원인 시민으로서 대우를 받아야 한다.

인간 중심의 조직을 구축한다고 해서 19세기의 온정주의적 복지 제도 같은 것을 도입해야 한다는 말이 아니다. 그리고 그토록 과잉보호를 받고 싶어 하는 사람은 거의 없다. 불확실한 세계, 아무도 우리의 고용 안정을 보장하지 못하는 세상에 살고 있음을 우리는 알고 있다. 또한 개개인의 관심사가 다르고, 서로 모순되는 우리의 요구를 조화롭게 실현하는 조직이 없다는 사실을 알고 있다. 그럼에도 우리는 조직이 우리에게 충성을 다하길 바라지 그 반대이길 기대하지 않는다. 따라서 다음과 같이 간단하면서도 중요한 원칙들을 기반으로 조직을 구축해야 한다.

- 어떤 부분에서든 되도록 분산하라.
- 위계질서가 아닌 공동체 의식을 강화하라.
- 의사 결정의 투명성을 보장하라.
- 리더의 책임을 강화하라.
- 권한과 지위가 아닌 성과에 따라 보상하라.
- 하향식 평가 대신에 동료 평가를 시행하라.
- 자유재량의 범위를 차츰 확대하라.

그럼에도 스스로 물어보자. 조직 중심의 기업이 조직 안팎에서 변화할 수 있을까? 리더들은 그들의 사고방식을 전환할 수 있을까? 리더들은 그들만의 특권을 버릴 수 있을까? 지휘관형 관리자가 조직을 결속시키는 멘토형 관리자로 거듭날 수 있을까? 이 모든 사항을 운영상의 효율을 떨어뜨리지 않고서 실현할 수 있을까? 어떻게 하는가에 달렸지만, 답은 '그렇다'라고 할 수 있다. 다음 순서에서 고무적인 사례를 소개하고자 한다. 500년 된 어느 기업의 이야기이다.

열정의 공동체를 구축하라

내가 다소 공상에 빠져 있다고, 그것도 빨간 장미꽃과 와인 한 잔이 떠오르는 로맨틱한 공상에 빠져 있는 게 아니라 이상에 몹시 젖어 있다고 생각해도 상관이 없다. 여러분은 이런 말을 할지도 모르겠다.

"이봐, 게리, 맨 처음부터 다시 시도하면 모르겠지만, 개인을 우선시하는 조직을 구축할 수는 없어요."

그럼에도 신뢰 경영의 대표 주자 홀푸드는 그런 바람직한 조직의 대열에 이미 올랐다고 봐야 한다. 히피 출신 존 매키가 회사를 설립했고 여전히 경영에 관여하고 있다는 데 그 이유가 있다.

그렇다면 계층제가 뿌리 깊게 자리 잡은 전통적인 조직에서는 어떻게 여러분의 생각을 펼칠 수 있을까? 또한 여러분이 임원급이 아니고 단지 팀장급의 리더라면 무엇을 할 수 있을까? 당연히 조직에 열정을 불어넣고 싶겠지만, 조직의 계층제가 큰 장애물이 되면 그렇게 하기 어렵다.

현실을 두고 볼 때 오래된 조직이 변화한다는 것은 여간 어려운 일이 아니다. 그럼에도 어디서든, 바로 여러분의 팀에서 먼저 시작할 수 있다. 못 믿겠는가? 책장을 덮지 말고 나와 함께해보자. 영국 헨리 8세 통치기에 성립된 조직이 '상향식 변화'를 실현한 이야기를 들려주고 싶다. 바로 영국 성공회Church of England 이야기이다. 내 이야기를 듣는 내내 놀라움을 금치 못할 것이다.

영국 성공회의 문제

오늘날 한 달에 한 번 영국 성공회 예배에 참석하는 인원은 영국 인구의 3퍼센트도 되지 않는다.[1] 예배 참석률은 1969년 이래 절반으로 떨어졌다.[2] 기독교 자선단체 티어펀드Tearfund가 실시한 여론조사에 따르면, 영국 인구의 3분의 1이 현재 교회에 나가지 않는다고 한다. 그들은 과거에 주간 예배에 참석했던 교구 주민들이다.[3] 영국 주민들의 절반 이상이 아직까지 본인을 크리스천이라고 말하기 때문에 오랜 전통을 유지한 교회의 예배 참석률이 낮다는 것이 더욱더 혼란스럽게 느껴진다. 이와 관련하여 어느 기독교 관련 웹 사이트에서 이런 이야기가 나왔다.

"영국 성공회가 국가대표 축구팀이라면, 우리는 오래전에 감독을 파면했을 것이다."[4]

사실 영국 성공회는 대부분의 영국 시민들과 동떨어져 있다. 이런 이유 때문에 개인의 관심사가 중요하다고 말하는 것이다. 영국에서 지낸 10년 동안 나는 성공회 교회 예배에 자주 참석했다. 성공회 교회는 활력 넘치는 찬송, 열정적인 설교, 아이들을 위한 활기찬 행사 등이 특징이었다. 그럼에도 나는 말 그대로 앉았던 자리만 따뜻하게 해놓고 교회를 나온 적이 많았다. 내 생각만 하고 맨 뒷줄에 앉아서 불평만 늘어놓기도 했다. 이러니저러니 해도 목사는 단지 내게서 친절한 마음과 관대한 태도를 끌어내려 했던 것 같다. 다른 신도들에게 그랬듯이 교회의 순수한 활동에 참여하고 다양한 행사를 위한 모금 활동도 도와달라고 목사가 가끔 내게 말했기 때문이다.

그렇다고 성직자들 중에 나 또는 다른 사람이 새로운 일을 도모하고 뭔가를 시작하기를 열망하는 사람은 없는 것 같았다. 나는 사람들을 이끌어달라는 말을 들은 적이 없었다. 오로지 봉사하라는 얘기만 들었다. 내가 내 무기력함을 정당화하는 것처럼 보인다면, 잘 짚은 것이다. 하지만 새로운 일을 벌일 여지가 별로 없고 봉사의 범위도 다른 사람들이 이미 정해놓은 곳에서 의욕을 발휘하기란 여간 어렵지 않다.

솔직히 말해서 설교 위주의 하향식 교회 모델에서 변화의 여지를 찾으려고 무척 애썼고, 여전히 그러고 있다. 이런 점에서 나는 혼자가 아니다. 글쎄, 드루 윌리엄스Drew Williams의 체험을 토대로 한다면 그러하다.

교회를 개혁하라

드루를 만난 것은 몇 년 전이었다. 당시는 내가 영국에서 미국으로 돌아온 지 15년쯤 되었을 때였다. 드루는 얼마 전 대서양을 건너, 현재 미국 코네티컷 주 그리니치에 있는 교회에서 담임 목사로 일하고 있다고 한다. 드루가 직업을 바꾼 건 10년 전이었다. 당시 10년 경력의 기업 소송 전문 변호사였던 드루는 '고귀한 소명'을 지켜가기로 마음을 먹었다. 이후 드루는 영국 브리스톨Bristol에서 신학 수업을 마치고, 런던에서 북서부로 40킬로미터 떨어진 하트퍼드셔Hertfordshire 촐리우드Chorleywood 소재 성공회 교구의 부목사로 임명되었다.

내가 강의에서 조직을 열정의 공동체로 만들어야 한다고 주장한 이야기를 듣고 드루가 내게 이메일을 보내왔다. 드루는 이메일에서 이렇게 말했다.

"교수님이 그 말씀을 하셨다는 얘기를 듣고 기립 박수를 쳐드리고 싶었습니다. 하지만 영국에 있어서 그러질 못했습니다."

드루와 마지막으로 통화했을 때, 그가 세인트앤드루스St. Andrews에서 목사로 있으면서 급진적 관리 모델을 개척하는 데 기여했음을 알게 되었다. 그것은 설교가 아닌 신도들로부터 시작되고, 위에서 아래가 아닌 온 사방으로 퍼지는 모델이었다. 탄성이 절로 나올 정도였다. 500년을 이어온 조직에서 그런 일이 일어나는데, 웬만한 조직에서 개인과 조직 간의 차이를 극복하지 못할 리 없어 보였다.

2003년 세인트앤드루스에서 사역을 맡은 드루는 신도 500명 규모의 교회에 들어갔다. 드루는 행사 일정을 알차게 짰는가 하면 매주 여러 예배 행사를 굉장히 세련되게 진행했다. 드루의 교회는 영국 기준으로 볼 때 규모가 커졌고 성공을 거두었다.

그런데 드루가 말했듯이 들어오는 문보다 나가는 문이 더 컸던 것이 문제였다. 드루의 교회 신도 수는 매년 10퍼센트 가까이 줄었다. 주말 예배와 헌금 모금을 교회의 사명으로 보는, 신도 수 늘리기 바쁜 교회 모델을 두고 드루는 밤잠을 설쳤다.

드루는 이렇게 말했다.

"예배를 하면 엄청난 것들을 수없이 경험할 수 있는데, 우리는 사람들을 참여시키는 데 너무도 서툴렀습니다. 신도들은 모든 것이 그토록 전문적인 곳에서 도대체 무엇을 할 수 있겠느냐며 우리에게 불만을 터뜨릴지 모릅니다. 우리 신도들은 스스로를 청중이라고 생각했습니다."

세인트앤드루스의 교구 목사 마크 스티브Mark Stibbe도 교회의 현실 때문에 힘들어했다. 마크는 새로운 방법을 찾아보라고 드루에게 부탁했다. 드루는 당시를 회상하며 이렇게 말했다.

"어느 주일이었어요. 교회에서 마크가 설교를 할 때였습니다. 저는 마크 옆에 앉아 있었습니다. 그런데 마크가 신도들을 향해 2주 후에 아주 중요한 회합이 있으니 모두 나오면 좋겠다고, 또 제가 우리 교회의 새로운 방향에 대해 이야기할 것이라고 말하지 않겠어요."

전혀 과장이 아닌데, 드루는 마크의 말을 듣고 깜짝 놀랐다. 그 자리에서 그의 첫 임무를 부여받았기 때문이다. 드루는 당시를 떠올리며 말했다.

"이러지도 저러지도 못했습니다. 어디서부터 시작해야 할지 머릿

속이 깜깜했어요."

신도들 외에 교회 밖의 사람들에게 희망을 전하는 것이 세인트앤드루스 교회의 사명이라고 드루는 확신했다. 그때부터 드루는 신도들이 함께하는 교회를 어떻게 만들어나갈지, 즉 교회 공동체에서 신도들의 영향력을 늘리면서 신도들이 영적으로 성장하도록 독려하는 교회를 어떻게 만들어나갈지 고민하기 시작했다.

이런 문제와 씨름하는데 뭔가가 드루의 머리를 스쳐 지나갔다. 교회에 소규모 모임(대체로 3명에서 4명의 신도들이 주중에 모여서 대화하고 기도하는 모임)과 대규모 모임(전체 신도들이 모이는 모임)은 있지만, 중간 규모의 모임은 없다는 사실이었다. 사람 수로 말하자면, 3명 이상 50명 이하로 구성된 모임이 없었던 것이다.

시간이 지날수록 드루는 그와 관련된 모범 사례를(그의 말대로라면) 필사적으로 찾았는데, 마침내 영국 셰필드Sheffield에서 참고할 만한 모델을 찾아냈다. 셰필드에서 세인트토머스 교회St. Thomas Crookes의 목사 마이크 브린Mike Breen이 중간 규모의 집단 대상 프로그램들을 시험해왔다는 것이다. 드루는 운 좋게 가능성 있는 모델을 찾아내고 겨우 한숨을 돌렸다. 곧바로 셰필드로 차를 몰고 가서 마이크를 찾았고, 몇 시간에 걸쳐 그와 새로운 교회 운영 방식에 대해 의견을 나누었다. 마이크와 헤어지면서 드루는 '성배'는 찾지 못했어도 적어도 올바른 방향을 찾았다고 생각했다.

중간 규모의 모임들, 그가 나중에 MSCMission-Shaped Communities(선교형 공동체)라고 이름 붙인 단체를 바탕으로 세인트앤드루스 교회를 구성하면 여러모로 이점이 있겠다고 드루는 생각했다.

첫째로 소규모 모임 위주로 운영할 때보다 교회가 더욱 열린, 찾고 싶은 공동체가 된다. 소규모 모임들은 시간이 갈수록 배타적으로 변하는 경향이 있다. 드루도 신입 신도를 소규모 모임에 참여시키려고 하면서 종종 인원이 꽉 찼다는 말을 듣거나 신입 신도가 대하기 너무 힘든 사람은 아닌지 질문을 받기도 했다. 중간 규모의 모임은 인원이 꽤 많다 보니 신입 신도가 들어와도 별로 티가 나지 않지만, 그렇다고 신입 신도가 적응하지 못할 정도는 아니었다.

둘째로 신도들이 중간 규모의 집단에서 리더십을 발휘할 수 있는 여지가 많았다. 서너 명으로 구성된 소규모 집단은 중요한 행사를 진행하기에는 규모가 작고, 또한 역량이 뛰어난 평신도 대표들이 충분한 영향력을 발휘하지도 못한다. 한편으로 평신도 대표들은 대부분 신도들의 특별한 재능을 적절히 활용하지 못한 탓에 교회 전반에 관련된 대형 행사를 자원해서 맡을 엄두를 내지 못했다.

마지막으로 MSC가 신도들 간의 네트워크를 한층 강화하는 기회를 대거 창출함으로써 교회의 사회적 구조를 견고히 할 것으로 기대했다.

뜻을 모은 사람들

바람이 거세었던 11월의 어느 날 밤, 드루는 신도들로 거의 꽉 찬 예배당에 서서 그의 생각을 간략히 밝혔다. 원대한 계획을 기대했던 사람들을 실망시키기는 했지만, 드루는 굳하지 않고 초청기의 교회로 되돌아가야 한다고 강조했다. 기원후 첫 몇 세기 동안에 교회는 소규모 지역 공동체를 기반으로 조직되었다. 당시 초창기 신도들은 가장 넓은 장소를 골라 거기서 회합을 가졌다. 그리고 방이 다 차면, 모임을 다시 더 작게 나누어서 새로운 공동체를 구성했다.

드루는 그의 생각을 실현하기 위한 계획을 확실히 세우지는 않았다고 시인했다. 그러면서도 사람들에게 타 공동체보다 더 친밀하고 의욕이 넘치는 공동체의 일원이라면 어떤 면에서 차이가 있을지 생각해보라고 요청했다. 드루는 교구 주민들에게 물었다.

"여러분의 열정은 무엇입니까? 여러분의 가슴은 어디에 있습니까? 여러분은 어떤 봉사를 위주로 활동을 시작하고 싶습니까? 아니면 교세를 어떻게 확대하고 싶습니까?"

드루는 한 달 이내에 다시 모임을 마련할 것이며, 함께 MSC를 이끌어가고 싶은 사람이라면 누구든 환영한다면서 이야기를 마무리했다.

드루는 내심 유망한 평신도 대표 12명이 자신의 요청에 응할 것이라고 기대했고, 12명 정도가 되면 새로운 일을 도모할 수 있지 않을까 생각했다. 그리고 정확히 12월 6일에 많은 신도들이 나타났다.

신도들은 본기도를 마친 후 아이들을 위한 열정, 장애인들을 위한 열정, 학생들을 위한 열정, 노인들을 위한 열정에 대해 이야기했다. 드루는 신도들이 서로 생각을 나누고 자원봉사자를 모집하고 여러 계획을 수립하도록 유도했다. 평신도 대표를 지망하는 사람들에게도 별 말을 하지 않았다. 그들이 모임 횟수나 방식에 대해 물어보면, 드루는 그것을 두고 기도하라는 말로 답을 대신했다. 드루는 새로운 모델을 실현해야 할 책임을 재차 교구 주민들에게 넘겼다.

드루는 하나를 분명히 했다. 단순히 모임을 갖는 차원을 넘어 모든 모임에는 목적이 있어야 한다는 것이었다. 그래서 주말마다 드루는 초기 모임을 찾아서 사람들을 위해 기도하고 그들이 위험을 감수하고 성공으로 한발 더 나아가라고 독려했다.

최초 MSC가 1월에 결성되어 운영되었다. 최초 MSC 회원들은 촐리우드 인근 도시 왓퍼드에 거주하는 신도들을 끌어모으는 한편, 회원 집에 모여서 포교 활동 방안을 모색했다. 그러던 어느 날 그들은 한참 이야기를 나누다가 인근 공원에서 아이들이 시끌벅적하게 축구를 하는 모습을 목격했다. 아이들의 부모들은 꽁꽁 얼어버린 운동장에 서서 아이들을 응원하고 있었다. 사이드라인을 설치하는 것은 나이 어린 수십 명의 형제자매들에게 춥고 지루한 일이었다.

이 모습을 본 MSC 회원들은 혹시 누구라도 모험을 감행한다면, 놀거리가 마땅치 않은 아이들과 주말마다 함께하는 클럽을 운영할 수 있겠다고 생각했다. 아이들과 부모들은 클럽에 즉각 큰 반응을 보였다. 소문이 퍼지자마자 신규 MSC가 인근 초등학교에서 방과 후 클럽을 운영해달라는 요청을 받기도 했다. MSC 회원들은 그들의 의도를 솔직히 밝혔다. 그들이 예수님에 관한 이야기를 해도 괜찮겠냐고 물어보면, 거부하는 부모가 정말로 하나도 없었다.

어느 MSC 회원들은 밤새 술자리를 벌인 취객들이 집에 안전하게 돌아가도록 돕기로 했다. 그들은 새벽녘 나이트클럽에서 취객들이 휘청거리며 나올 즈음 거리로 나섰다. 그들은 굽 높은 구두를 신고 게슴츠레한 눈으로 비틀거리는 젊은 여성들에게 샌들을 주기도 했다. 또한 커피를 대접하거나 집까지 바래다주는 것도 아주 좋은 반응을 얻었다.

다른 MSC 회원들은 낡은 2층 버스를 들여와서는 이동식 커피숍으로 버스를 개조했다. 그들은 빈곤층 거주지에 버스를 대놓고 유쾌하고 활발한 분위기에서 청소년과 나이 어린 엄마 등에게 카푸치노를 대접했다.

동영상은 MSC의 이념을 퍼뜨리는 핵심 수단 중 하나였다. 드루는 주일마다 교회에서 MSC 활동 동영상을 틀어주면서 MSC의 활동에 참여하거나 자체 모임을 만들라고 신도들에게 권유했다.

MSC 회원들은 공동체 활동에 더해 일주일에 한 번은 교회 밖에서 예배를 보고 선교 계획을 세우도록 권유받았다. MSC는 대부분 교회처럼 예배 시설을 갖춘 공간을 마련했다. 반드시 교회 형식을 따를 필요가 없으니 취향대로 예배 공간을 만들면 된다고 드루는 강조했다.

드루는 마이크 브린에게서 전수받은 '낮은 통제, 높은 책임'의 원칙을 신조로 삼았다. 모든 MSC 모임들이 자유로이 사명을 정했지만, MSC 회원들은 사람들이 분명히 더 나은 삶을 살도록 돕는 것이 교회의 임무임을 알고 있었다. 그 외에 제약은 거의 없었다. 드루가 "부도덕한 짓이나 불법, 또는 이단 행위가 아닌 한, 밀고 나가라며 팀들을 독려했습니다"라고 말한 것을 보면 잘 알 수 있다.

처음에 MSC는 오로지 신의 은총을 공동체에 널리 퍼뜨리는 것을 사명으로 삼았다. 그래서 MSC 회원들은 복음을 지나치게 강요하지 않았다. 그럼에도 시간이 지날수록 MSC의 손길이 닿은 사람들 중 다수가 신앙에 이르는 길을 깨닫고 세인트앤드루스 교회를 찾기 시작했다.

　초창기에만 해도 MSC는 활동 비용을 전혀 마련하지 못했다. 드루가 남에게 손을 내밀지 않았기 때문에 새로운 계획을 실행하면서 내부의 반대에 부딪힐 일도 별로 없었다.

　MSC는 대부분 자체 기금을 조성했다. 그래도 결국에 회의실 비용 같은 미미한 운영 경비는 교회 자금에서 충당했다. 그래서 한때 드루는 30개 MSC 모임에 연간 3만 파운드의 예산을 지원했다.

　마크와 드루는 확신했다. 신이 세인트앤드루스와 함께 더 큰 일을 할 것이라고 말이다. MSC의 활동이 인기를 끌었던 그 순간에 드루는 교회 밑에 폭탄을 설치해서 언제라도 현재에 안주하려는 마음을 날려달라고 신에게 기도했다.

　'강력한 폭발'은 쇄신의 형태로 일어났다. 9개월 동안 교회 본당 건물을 폐쇄한 채 개조했다. 마크와 드루는 다른 시설을 알아보지 않았다. 더불어 신앙을 이어가고자 한다면 MSC와 함께 시간을 보내야 한다는 말만 신도들에게 전했다. 한쪽에서는 교회를 폐쇄하면 신도 수가 대폭 줄어들지 모른다고 우려했다. 그러나 그로부터 9개월이 지나자 관망만 하던 교구 주민들이 MSC에 관심을 가지면서 신도가 500명에서 1,000명으로 늘어났다.

MSC 모델의 장단점

　MSC 모델은 회원 개개인이 나름의 재능을 발휘하는 기회의 장이 되었다. 회원들 중에는 프로젝트 매니저로서 탁월한 역량을 발휘하는 사람이 있는가 하면 홍보물을 멋들어지게 디자인하는 사람도 있었다. 또 유독 아이들을 잘 보는 부모들이 회합 시간에 아이들을 돌보는 사이, 요리를 잘하는 사람들이 식사를 준비하기도 했다. 회원들은 자유로이 나름의 역할을 수행하면 되었다. 단 드루는 한 가지 규칙을 정했다. 회원이 50명으로 늘어날 때마다 조직을 분할하자는 것이었다.

이를 확신하지 못한 사람들은 자선 활동이 줄어들지 모른다고 걱정했다. 또한 교회 외부 회합에서 MSC 대표들은 드루의 제안에 미심쩍은 반응을 보였다. 그래서 교회는 회원들의 은행계좌나 신용카드에서 매주 기부금을 출금하고, 회원들이 그에 대한 규정을 수립하는 제도를 마련했다.

그런데 아무도 반박할 수 없는 사실이 하나 있었다. 공동체를 기반으로 하는 접근법을 활용하여 주변부 사람들을 중심부로 이동시켰다는 점이다. 이로써 사람들이 잠재된 리더십을 한껏 발휘할 수 있었다. 어느 MSC 대표가 자신의 역할을 어떻게 생각하는지 들어보자. 그는 귀가 완전히 들리지 않는 여성이었다.

솔직하게 말씀드릴 수 있어요. 지난 8개월 동안 MSC를 이끌었는데요. 지금까지 부모 노릇을 빼고 이처럼 어렵고 힘든 일은 없었어요. MSC를 운영하면서 저 자신에 대해 많은 것을 깨달았어요. 이미 알았던 사실도 있었고, 새로이 발견한 사실도 있었습니다. 저는 탁월한 관리자가 아니에요. 그렇다고 설교를 잘하지도 못해요. 제가 예배 인도자나 어린이 사역자라고 생각하지 않지만, 그와 관련된 모든 일을 해야 했습니다. 어느 시점에선 그 이상의 일도 해야 했습니다. 그런데 제가 그런대로 여러 일을 잘 해내더군요. 기도를 주도하고 커피도 잘 타고 아이들 시간에 곧잘 재밌는 얘기도 들려주었죠. 그뿐만이 아니에요. 필요하면 설교도 하고, 곤란한 문제를 두고 직접 대안을 결정하기도 했답니다.

교회를 다시 열었을 때 마크와 드루는 교회가 꽉 찰 정도로 신도가 굉장히 많이 늘었음을 알아차렸다. 그러나 예상했던 것보다 별로 문제가 되진 않았다. MSC 회원들은 대부분 신도석에 못 박혀 있기보다 실제로 변화를 가져오는 모험을 즐겨나가면서 교회를 쇄신하는 활동이 영원히 계속되기를 바랐다. 대다수의 MSC 모임들은 한 달에 두 번 예배 모임을 마련하는 한편, 그들 나름의 선교 활동을 벌이기 시작했다. MSC 모임 대표들이 "교회로 복귀해야 합니까?"라고 물을 때마다 드루는 "기도하시고 이끌리는 대로 하십시오"라고 답했다. 그래도 매달 네 번째 일요일에는 교회에 나와서 '축하 예배'를 보자고 모든 신도들에게 권유했다. 그날은 전체 신도들에게 맞춰서 하루에 네 번이나 예배 시간을 두었다.

교회 조직이 MSC 모임으로 분할되니 MSC 회원들이 신도들을 지도하고 예배를 주도하는 기회가 대폭 확대되었다. 반면에 한쪽에서는 교회 전체의 화합이 저해될지 모른다며 우려의 목소리를 내기도 했다. 걱정할 일이 있었다면, 회원들이 유대를 긴밀히 하면서 더 큰 공동체와의 동질감을 잘 느끼지 못할 것이라는 점이었다. 그러나 드루가 이룩하고자 한 것은 세분화였다. 분열이 아니었다.

그러한 목적으로 드루는 신도들이 교회와의 유대를 유지하도록 돕기 위해 주간 뉴스레터를 개시한 것은 물론 정기적으로 MSC 모임 대표들을 모아서 우선순위를 정하고 새로운 기회를 모색하는 시간을 가졌다. 시간이 지나면서 MSC 모임들은 대부분 자체 홈페이지를 개설했다. MSC 모임 홈페이지는 교회 소식을 전하는 새로운 메커니즘 구실을 했다.

주간 예배 토론 시간에 하는 교리 지도 시간 그리고 MSC 모임 대표와 회원들이 참여하는 의무 교육과정도 신도들과 교회의 유대가 강화되는 공통의 접점이 되었다. 한편 드루는 MSC 모임 대표들과 봉사 정신이 투철한 교구 주민들을 연결하는 데 많은 시간을 썼다. 그것이 그의 핵심 역할이었다.

당연히 여러 소소한 문제가 발생할 수밖에 없었다. 간혹 MSC 모임 대표가 효과가 미비한 활동 계획을 끈질기게 밀어붙이는가 하면 MSC 모임이 이웃 교구의 목사들과 마찰을 빚기도 했다. 영국 성공회는 지역별로 교구가 분리되어 있었는데, MSC가 해당 교구 밖에서 활동한다며 이웃 교구의 일부 목사들이 불만을 터뜨렸다. 사정을 알고 난 후 마크와 드루는 활동 과정의 문제를 예상하고 갈등을 완화하기 위해 좀 더 신경을 써야 했음을 시인했다. 그럼에도 MSC가 7년 동안 지역에 봉사하고 성장하는 모습을 보였기에 세인트앤드루스에서는 MSC의 실험적 활동에 이의를 제기하는 사람이 거의 없었다.

드루는 이렇게 말했다.

"이것은 지금까지의 모델과 180도 다른 교회 모델입니다. 중앙에서 모든 제도를 수립하고 축복을 비는 모델이 아닙니다. 권한을 중심으로 돌아가는 모델도 아니고, 중앙에서 전체를 통제하는 모델도 아닙니다."

그럼에도 그것은 놀라울 정도로 효과를 발휘한 모델이다. MSC 모임들이 예배 활동을 한 달에 106회 이상 지휘한 적도 있다.

2009년 드루가 세인트앤드루스를 떠났을 즈음, 신도 수는 1,600명을 넘어섰다. 신도들은 대부분 각 MSC에 소속되어 있었다. 드루는 지난 여정을 내게 이야기해주면서 세인트앤드루스에서 처음으로 크리스마스이브 예배를 올린 기억을 떠올렸다.

타고난 설교자와 연주 실력이 뛰어난 오케스트라를 동원해서 '캐럴 예배 carol service'를 연이어 진행했습니다. 행사를 할 때마다 사람들에게 앞에 나와서 기도하라고 요청했습니다. 하지만 사람들은 자리에 그대로 붙어 있었습니다. 한 사람도 앞으로 나오지 않았습니다. 교회가 앞으로도 그보다 더 나아질 일은 없을 것 같았습니다. 그런 모습은 '남에게 이끌리는' 예배의 본보기였습니다. 우리는 약 60킬로미터 이내에 있는 모든 교회를 돌며 모금 활동을 벌였습니다. 하지만 우리의 활동은 오로지 우리의 뜻을 전달하는 과정이었지 뭐 하나 나아지는 게 없었습니다. 신도들을 나누어서 캐럴 모금 활동에 보내는 편이 낫겠다는 생각이 들기도 했습니다. 그래도 기존의 교회 모델이 전혀 효과가 없다는 사실만큼은 확실히 깨달았습니다.

드루는 하던 말을 계속했다.

MSC 활동을 시작하기 전만 해도 우리는 일요일 내내 아이들의 활동에 시간을 다 쏟았습니다. 그리고 자원봉사자를 한 사람이라도 더 모집하려고 애썼습니다. 예배가 끝나면 사람들은 눈물을 흘렸지만, 우리의 제안에 응하는 사람은 없었습니다. 너무 절망적이었습니다. MSC 활동을 시작했을 때 회원들이 앞으로 나아가야 했습니다. 그리고 어느 순간 회원들은 깨달았습니다. 자신들에게 숨겨진 재능이 있다고 말입니다. 최고만 인정받는 풍토에서 사람들은 스스로 자격이 안 된다고 생각했습니다. MSC 회원이 된 사람들에게는 협력할 수 있는 사람들 그리고 할 수 있다고 용기를 북돋워주는 아마추어 동료들이 생겼습니다. 자신을 응원하는 친구들이 생긴 것입니다.

상향식 변화 실험

이처럼 상향식 변화에 대한 실험은 여러 시사점을 던져준다. 그중 두 가지에 집중하고자 한다.

첫째, 여러분이 리더로 임명되었고 사람들을 양에서 양치기로 변화시키고 싶다면, 리더의 감투를 벗어던지고 "저는 계획이 없는데, 여러분의 계획은 어떤가요?"라는 식으로 사람들이 스스로 사고하도록 유도해야 한다. 이는 스스로 자기를 낮추는 태도이지만, 이렇게 해야만 조직에서 잠재된 인재들을 끌어낼 수 있다.

둘째, 사람들이 스스로 정말로 하고 싶은 일을 찾도록 해주어야 한다. 이는 열정의 공동체를 구축하는 열쇠이다. 사람들을 틀에 꿰어

맞추려고 하면 사람들은 그에 맞춰서 행동할 뿐 과감하게 나서지 않고 놀랄 만한 성과를 이룩하지 못한다. 뜻밖의 성과를 거두고 싶다면 사람들이 자유로이 뜻밖의 일을 하도록 해주어야 한다.

이제 상상해보자. 그런 방식으로 항공사를 운영할 수 있을까? 혹은 반도체 제조 공장을 운영할 수 있을까? 어떻게 될지 모르겠지만, 그런 방법이라면 어느 조직의 부서라도 운영할 수 있다고 확신한다. 분명한 사실은 조직 내 탁월한 인재들이 능력을 충분히 발휘하게 하고 싶다면, 매일 이런 물음을 자신에게 던져야 한다는 것이다.

'어떻게 해야 이곳을 군대 같은 곳보다 공동체 같은 곳으로 만들 수 있을까?'

그리고 다행스러운 일은 그런 일을 하기 위해 꼭 캔터베리 대주교 Archbishop of Canterbury(영국 성공회의 최고위 성직자 – 옮긴이) 같은 위치에 오르지 않아도 된다는 것이다.

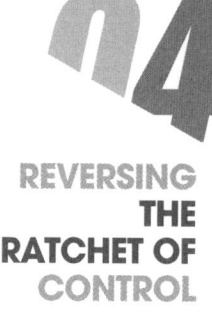

REVERSING
THE
RATCHET OF
CONTROL

통제의 쳇바퀴를 반대로 돌려라

기업 조직에서는 대부분 현장 직원들의 의사 결정 권한이 상당히 제한되어 있다. 그중에서도 영업 사원, 고객 센터 직원, 사무 담당 직원, 생산라인 직원들은 흔히 규정과 절차에 얽매여 생활한다. 이런 현실이 문제다. 직원의 자율권을 확대하지 않고 인간의 능력을 끌어낼 수는 없기 때문이다.

관례에 도전하는 자유를 직원들에게 부여해야 조직의 적응성과 혁신을 높일 수 있다. 또한 시간을 마음껏 쓰고, 절차 밖에서 행동하고, 아이디어를 실험하고, 위험을 감수하며, 열정에 충실할 수 있는 자유를 직원들에게 부여해야 한다.

흥미롭게도 인간이 가장 잘 적응하는 사회체제인 민주주의와 시장주의야말로 구성원들에게 자유를 최대한 부여하는 체제이다. 민주주의 사회에서는 정치운동을 하든, 시위를 조직하든, 소속 정당을 바꾸든 누군가에게 허락을 구하지 않아도 된다. 또한 시장주의 체제에서는 개개인이 원하는 것을 자유로이 구매하고 원하는 것에 마음대로 투자할 수 있다.

분명히 정책과 규정은 중요하다. 그것들 없이 어느 조직도 생존하지 못한다. 그럼에도 기업 조직은 대부분 과잉 통제되고 있다. 그 이유는 통제가 한쪽 방향으로만 회전하는 톱니바퀴처럼 일방적으로 이루어지기 때문이다. 기업 조직에서는 관리자들에게 규칙을 없애기보다 창출하라고 장려한다. 규칙이 많아지면 통제할 것도 많아진다. 또한 규칙을 많이 정할수록 자신의 자리를 보장받고 권한이 더 많아진다.

시간이 흐를수록 규칙과 규정은 겹겹이 쌓여간다. 신생 조직보다 오래된 조직에서 일이 더디게 진행되는 경우가 많은 것은 이 때문이다. 자신의 조직에 그런 경향이 있는지 의심스럽다면, 간단히 조사해보자. 5년 전에 비해 지금 자율권을 상당히 많다고 생각하는지 현장 직원들에게 물어보라. 여러분의 회사가 정말로 이례적인 경우에 속하지 않는 한 직원들은 아니라고 대답할 것이다.

그다음에는 곧 창립 150주년을 맞이하는 뉴질랜드 은행처럼 명망 있는 기관이 어떻게 운영되고 있는지 보자. 뉴질랜드 은행은 148년 전통을 자랑하는 오스트레일리아 최대 은행인 내셔널 오스트레일리아 은행의 자회사이다. 그런데 이 은행은 신기하게도 권한 분산의 성공 사례로 가치가 있다.

즉석에서 실험하라

시작은 그리 어렵지 않았다. 2007년 6월 뉴질랜드 은행의 소매금융 총책임자 크리스 베일리스Chris Bayliss가 크라이스트처치Christchurch(뉴질랜드 남섬의 주요 도시-옮긴이) 도심의 점포를 찾았다(소매금융 위주의 업무를 하는 뉴질랜드 은행에서는 '지점branch banks'이 '점포stores'로 통한다). 크리스가 점포를 방문했을 때는 오전 9시가 막 지난 직후였고 은행 문이 아직 열리지 않은 시간이었다. 그런데 은행 앞 보도 위에 고객들이 긴 행렬로 늘어서 있었다.

뉴질랜드 은행은 대개 오전 9시에 문을 열지만, 화요일과 수요일에는 직원 교육이 있어서 9시 30분이 되어서야 문을 연다. 크리스가 크라이스트처치 지점을 방문한 날은 화요일이었고, 그래서 은행이 문을 열기 전에 사람들이 줄을 서서 기다리고 있었던 것이다. 뉴질랜드 은행은 개점 시간을 규정으로 정해놨기 때문에 뉴질랜드 남부 항구 도시 인버카길Invercargill의 지점부터 뉴질랜드 북쪽 끝 도시 카이타이아Kaitaia의 지점에 이르기까지 180개 지점 전체가 동일한 시간에 은행 문을 열고 닫는다.

얼굴을 찌푸린 고객들의 줄이 길어지자 크리스는 지점장 수 이든Sue Eden을 향해 몸을 돌리며 입을 열었다.

"은행 문을 좀 일찍 열고 직원 교육은 다른 날로 옮기면 어떨까요?"

이에 지점장 수가 대답했다.

"물론입니다. 밖을 좀 봐주세요."

크리스는 얼굴을 찡그렸다. 수는 고객들에게 봉사하고 싶은 마음이 간절했지만, 은행의 규정이 방해가 된다고 했다. 크리스는 말했다.

"좋아요. 그러면 은행 문 열고 닫는 시간은 지점장님이 알아서 하세요. 인력 충원에 따른 추가 예산은 생각하지 마시고요."

지점장은 크리스의 제안을 곧바로 수락했다. 크리스는 은행을 나서면서 직원에게 자율권을 주었다는 점에서 '작은 혁명'을 일으켰다고 느꼈다.

그로부터 며칠도 안 되어 정책 전환 소식이 뉴질랜드 은행의 소매망을 통해 널리 퍼졌다. 이내 뉴질랜드 전역에서 지점장들이 크리스에게 연락을 해왔다. 전국의 지점장들이 하나같이 크라이스트처치 지점의 지점장처럼 자율권을 얻고 싶어 하는 눈치였다.

이메일이 홍수처럼 쏟아지자 크리스는 동료 마케팅 책임자 블레어 버넌Blair Vernon을 찾았다. 뉴질랜드 은행에서 지점 개점 시간은 '브랜드이자 고객 체험의 문제'로 통했는데, 블레어가 그 분야의 전문가였다. 블레어는 10대 시절 맥도날드에서 햄버거 뒤집는 아르바이트를 했는데, 당시에 맥도날드 체인점들은 영업시간을 자유로이 정할 수 있었다. 당시를 떠올리며 블레어는 뉴질랜드 은행에서도 맥도날드의 정책이 통하리라 판단하고 은행 영업시간을 지점의 자율에 맡기기로 했다.

이후 오클랜드 북쪽 해안에 위치한 타카푸나Takapuna에서 뉴질랜드 은행이 사상 최초로 일요일 영업을 시작했다. 그에 따라 타카푸나 지점은 지역의 농산물 장터에 몰려드는 수천 명의 고객들에게 금융 서비스를 제공하게 되었다. 또한 사우스 아일랜드South Island 스키 마을에서는 사람들이 스키를 즐기고 난 후 은행 일을 볼 수 있도록 지역의 모든 지점장들이 야간에도 은행 문을 열기로 했다. 도심부에서는 지점들이 대부분 인근 지점들과 영업시간을 맞춰서 영업을 했다. 그 이후 180개 지점이 대부분(거의 95퍼센트) 자체적으로 은행 개점 시간을 바꿨다.

너무 서두르지 마라

뉴질랜드 은행의 지점장들은 신속하게 움직였다. 그들이 새로운 자율권을 행사하는 사이, 본사에서는 지점에 대한 통제력을 상실할지 모른다는 우려의 시각이 많아졌다. 크리스와 블레어는 이내 깨달았다. 정책 변경을 무모한 짓이거나 성급한 판단으로 보는 본사와 승산 없는 싸움을 벌이고 있음을 말이다. 기업에서 그만한 규모의 변화를 시도할 때는 흔히 각 부문의 책임자들이 한자리에 모여서 잠재된 위험을 세세히 평가한다.

크리스와 블레어는 급히 내린 결정에 대해 변명하느라 진땀을 뺐다. 두 사람은 보통의 의사 결정 과정을 건너뛰지는 않았지만, 지점 운영의 유연성을 높이겠다는 일선 지점장들의 의지를 꺾지 못했다.

뉴질랜드 은행의 인사 부서는 직원 노동조합이나 금융노동조합 Finsec이 대소동을 일으킬까, 또 근무일을 늘리거나 주말 출근을 강제로 시행하는 등의 변화에 반발하지 않을까 우려했다. 점포 관리자들(지점장들)이 영업시간을 줄일까 봐 걱정하는 사람들도 있었다. 그런 변화는 고객 만족을 저해하는 요인이었다. 게다가 뉴질랜드 은행의 위기 전문가들은 나름대로 문제를 고민하고 있었다. 예컨대 은행 개점 시간이나 현금 수송 차량의 현금 이송 시간 등에 관한 규정이 확실히 정해져 있는 실정에서 어떻게 일선 지점장들이 그 늦은 시간에 은행 문을 열 수 있을까? 전산 부분도 난해한 문제였다. 전산 부서 직원들은 대부분 은행 영업이 끝난 이후에 시스템 유지 보수 작업을 한다. 은행이 밤낮 없이 영업을 하는 상황에서 전산 시스템이 작동되지 않는다면 어떻게 될까?

그다음은 마케팅이었다. 브랜드를 보호할 책임이 있는 간부급 직원들은 은행의 영업시간이 뒤죽박죽되면 은행이 신중히 쌓아올린 일관성과 신뢰성에 대한 평판이 타격을 입을지 모른다고 우려했다. 또한 고객들에게 새로운 영업시간을 알리는 공지 사항을 손으로 써서 은행 정문에 붙여놓는다면 어떻게 될까? 그것도 참 위신 떨어지는 일이었다.

많은 사람들이 현실을 외면한 채 정치적 이유로 반대 목소리를 냈음에도 일부 사람들은 정당한 근거를 대고 정책을 조정하려고 애썼다. 그들은 지점장이 영업시간 변경 공지 사항을 출력할 수 있는 소프트웨어 템플릿도 개발했다. 또한 은행의 보안 정책을 준수하고 직원의 안전을 저해하는 행위를 해서는 안 된다고 직원들에게 주지시켰는가 하면, 직원들과 충분히 상담한 후 업무 시간을 변경해야 하고, 새로운 영업시간에 대해 지점 전체 직원들에게 동의를 구해달라고 지점장들에게 부탁했다. 뉴질랜드 은행은 그와 같은 통고를 함으로써 노동조합의 반대를 무마했다. 영업시간을 윗선이 아닌 직원들이 정하는데 노동조합이 어떻게 이의를 제기할 수 있겠는가?

블레어는 이렇게 말한다.

"사람들은 어른으로 대우하면 어른답게 행동하기 마련입니다. 모든 사람들이 이 사실을 깨달았습니다."

일부에서 우려했던 운영상의 심각한 갈등은 전혀 일어나지 않았다.

엉뚱한 아이디어를 실현하라

크리스가 조직 차원의 테스크포스팀을 가동하지 않고 즉석에서 아이디어를 실험하여 새로운 정책을 수립했음을 뉴질랜드 은행의 지점장들은 알았다. 안 그래도 크리스와 블레어는 혁신을 위한 상향식 접근법이 중요하다는 말을 늘 입에 달고 살았다. 두 사람의 영향을 받은 지점장들은 누가 먼저라고 할 것 없이 색다른 아이디어를 실험하기 시작했다.

그렇게 지점장들이 낸 아이디어들 중 가장 엉뚱한 것은 '트레일러' 은행이었다. 블레어는 트레일러 은행을 이렇게 설명했다.

"그것은 일종의 아이스크림 수레 같은 것이었어요. 바퀴가 두 개 달려 있고 앞에서 끌 수 있는 구조로 되어 있는 수레 말이죠."

해당 지점의 지점장이 몇 개월을 고민한 끝에 새해 첫날 해변으로 수레를 끌고 나오자 직원들이 환호성을 질렀다. 이어서 뉴질랜드 은행 티셔츠를 입은 지점 직원들이 풍선을 불어서 날리기 시작했다. 곧이어 아이들이 부모와 함께 모여들었다. 사람들이 모이자 직원들은 바비큐를 굽고 사람들에게 소시지를 나눠주며 뉴질랜드 은행의 금융 상품을 설명했다.

그런데 인사 부서에서는 은행이 새해 첫날 직원들을 부려먹는다거나 바비큐 요리를 하느라 의료 안전 규정을 어긴다는 소문이 고객들 사이에서 돌지 모른다며 우려를 표시하기도 했다. 그래도 크리스와 블레어는 자신감에 넘쳤다. 두 사람이 보기에 '해변의 은행'은 직원들이 재량껏 아이디어를 실험하고 흥미롭게 새로운 시도를 한 모범 사례였다. 크리스는 말한다.

"우리가 직원들에게 그렇게 하라고 지시했다면, 그런 일은 전혀 일어나지 않았을 것입니다. 그것은 직원들의 아이디어였습니다. 아무도 눈치를 보며 허락을 구하지 않았습니다."

자율권을 부여하는 비결

그렇다면 뉴질랜드 은행은 어떻게 직원들에게 자유재량권을 충분히 부여하면서도 조직을 통제하고 수익을 창출했을까?

보상 제도도 해답 중 하나이다. 뉴질랜드 은행의 점포에는 대개 지점장, 창구 직원 두세 명, 영업 사원 두세 명, 상담원 등 4명에서 7명이 근무한다. 각 지점장은 급여 외에 지점의 목표 실적 달성도에 따라 보통 기본급의 10퍼센트에 해당하는 보너스를 받는다. 게다가 지점장은 목표 실적 초과분의 10퍼센트를 보너스로 지급받는다. 상담원도 신용카드나 생명보험 상품 매출을 기준으로 보너스를 받는다.

창구 직원들도 팀 보상 제도의 혜택을 받는다. 그에 따라 직원들은 매출 실적과 고객 만족도를 바탕으로 보상을 받는다.

크리스는 조직에 유연한 영업시간의 효과를 알려나갔는데, 재개발 중이어서 사람 그림자도 찾기 힘든 마을에서 은행 문을 계속 열면 직원들의 불만이 하늘로 치솟는다는 이야기를 자주 하곤 했다. 여기서 중요한 교훈을 얻는다. 기업은 모름지기 고객을 만족시키기 위해 열정을 불태워야 한다. 그리고 엄격한 규칙 때문에 직원들이 고객의 니즈를 탐구하지 못할 때는 그 열정을 분노로 표출해야 한다. 직원들이 올바른 결과를 창출하려는 동기를 자극받을 때 경영진은 직원을 통제해야 하는 부담을 덜게 된다.

뉴질랜드 은행이 정립한 이른바 '분산된 통제 시스템'의 두 번째 요소는 정보력이다. 블레어는 이와 관련하여 이렇게 말했다.

"직원들에게 자유재량권을 주되 정보를 주지 않는다면, 직원들은 방향을 잡지 못합니다."

이를 해결하기 위해 뉴질랜드 은행은 2004년 모든 지점의 직원들이 은행의 재정 성과를 자세히 살펴볼 수 있는 투명한 창구를 마련했다. 직원들은 매일 회사의 손익계산서를 보면서 각 지점의 비용과 수익, 이익, 상품과 서비스로 인한 손실 등을 자세히 살펴볼 수 있었다.

뉴질랜드 은행과 달리 다른 은행들은 지점장들이 대부분 실제 손익에 관한 정보를 얻지 못한다. 그 점 말고는 뉴질랜드 은행 시스템에 별다른 것이 없었다. 다른 은행의 지점장들은 손익에 관한 종합적인 설명 정도만 듣고 지점의 실제 수익성을 간략히 평가만 할 뿐 그 이상을 분석할 수는 없었다. 다른 지점의 실적에 대한 자세한 정보도 제대로 얻지 못했다. 이처럼 억지스러운 성과 평가로 본사의 경영진은 보상 제도를 마음대로 수정하고, 실적이 좋은 지점에 더 나은 성과를 내라고 다그친다. 하지만 현장 직원들은 재량껏 처리한 일이 실제로 얼마나 수익으로 이어졌는지 그런 부실한 정보로는 잘 판단하지 못한다.

이와 반대로 뉴질랜드 은행은 지점의 수익성을 평가할 수 있는 명확한 평가 기준을 지점장들에게 제공한다. 뉴질랜드 은행의 지점장들은 본사가 정한 각종 펀드의 도매가격도 알고 있다. 지점장들은 본사로부터 충분한 정보를 얻어 재량껏 의사 결정을 하고 결과에 대한 책임을 진다. 또한 신규 고객을 확보하기 위해 대출 이자를 알아서 낮출 수 있다. 단 대출은 완납되기 전까지 지점의 회계장부에 기록되기 때문에 충분히 고민한 후 최종 결정을 내릴 것이다.

블레어는 이렇게 말한다.

"정말 놀라운 일입니다. 본사가 한발 빠져 있고, 직원들에게 정확한 실적 정보를 제공한다면, 직원들은 발 빠르게, 올바른 방향으로 의사 결정을 내립니다."

뉴질랜드 은행에서 지점장들은 마치 소규모 기업의 사장처럼 재량껏 일을 처리하고 실적에 대해 정당한 보상을 받으며 충분한 정보를 제공받는다. 그래서 그들은 대부분 스스로를 출퇴근 도장만 찍는 사람, 그 이상으로 생각한다. 그들은 스스로를 회사에 실제로 이해관계가 있는 일종의 사장이라고 여기며, 자기 회사를 운영하듯 지점을 운영한다.

블레어는 뉴질랜드 은행의 변화에 관한 일화를 하나 소개했다.

"일요일 아침, 아이들을 데리고 우리 은행의 지점 한 곳을 지나쳤죠. 그때 아들이 말했습니다. '아빠, 은행 문이 열려 있어요.' 저는 말도 안 된다고 생각했습니다. 누군가가 은행 문 닫는 것을 잊은 게 아닐까 생각했습니다. 그런데 은행 안을 들여다보니 은행 전체가 영업을 하고 있더군요. 원래 일요일에는 출근을 시키면 안 되지만, 다른 지점의 직원들이 교대 근무로 출근을 했던 것입니다. 한 아기 엄마는 수요일에 쉬고 싶어서 일요일에 근무를 한다고 하더군요. 그 모습을 보니 머릿속이 번뜩했습니다. 본사 사람 그 누구도 지점의 일요일 영업 사실을 몰랐습니다."

크리스가 거들었다.

"원하는 날에 은행 문을 열 수 있는 자유를 주는 것은 그리 대단한 일이 아닐지 모릅니다. 하지만 그것은 직원들에게 굉장히 의미 있는 일입니다. 그들에게 '우리는 여러분을 신뢰합니다. 여러분에게 권한을 넘기는 것에 대해 진지하게 생각하고 있습니다'라고 말하는 셈이니까요."

이런 식의 운영은 말 그대로 일도 아니다. 간단한 정책 하나 때문에 회사의 운명이 바뀔 리도 없다. 그렇더라도 우리는 뉴질랜드 은행의 사례에서 좋은 교훈을 얻을 수 있다. 통제의 문화를 벗어던지고 사소한 부분에 대해서도 자율권을 부여하면 일방적 통제의 패러다임을 뒤집을 수 있다. 이를 두고 크리스는 이제 권한 위임을 따져야 한다고 말했다.

잠시 스스로 물어보자. 여러분의 조직은 오직 간부들이 장악한 비현실적인 것을 유지하기 위해 얼마나 많은 정책을 운영하고 있는가?

여러분의 조직은 얼마나 많은 규정으로 독창성과 열정을 죽여가며, 더군다나 성과를 높이지도 못하면서 모든 것을 틀에 짜 맞추고 있는가? 이렇게 스스로 물어보는 것보다 더 좋은 방법이 있다. 이와 같은 질문들을 사내 토론 사이트에 게시하고 동료들을 초대하는 것이다. 그리하여 통제의 쳇바퀴를 반대로 돌리는 활동에 동료들이 동참하게 하라.

REINVENTING
MANAGEMENT
FOR THE
FACEBOOK
GENERATION

페이스북 세대를 위한 경영을 재창출하라

전구, 전화기, 자동차를 발명한 사람들처럼 현대 경영의 창시자들도 19세기에 태어났다. 고전적 조직 이론의 대표 학자 제임스 무니 James Mooney, GM 회장을 역임한 앨프리드 슬론 Alfred Sloan, 도널드 브라운 Donald Brown 등 옛 시대를 누빈 경영의 선각자들은 작업 과정 최적화, 편차 분석, 자본 예산 편성, 기능별 전문화, 분업화, 프로젝트 관리 등 본인들의 발명이 여전히 21세기 경영 시스템의 기초가 되고 있다는 사실에 무척 놀랄 것이다.

그와 같은 획기적 발명이 미국 산업혁명 이래 몇십 년 동안 경제 조직에 얼마나 깊은 영향을 미쳤는지 현대인들은 별로 체감하지 못한다. 1890년에 백인 남자들 열에 아홉은 자기 사업을 했다. 그 외의 사람들은 경멸스럽게도 '임금 노예'라고 불렀다.

당시에 제조업체들은 대부분 직원이 4명 정도밖에 되지 않았다. 근로자 수가 100명이 넘는 공장은 거의 찾아보기 어려웠다. 그럼에도 한 세대 사이에 포드 자동차가 연간 50만 대의 자동차를 생산하고, 시어스 로벅 앤드 컴퍼니Sears, Roebuck and Company가 전 대륙을 가로지르는 유통 시스템을 운영하고, 유에스 스틸U.S. Steel은 약 10억 달러의 시장 가치를 창출하는 등 제조업체들은 크게 성장했다.

경영 혁명의 세 가지 요인

농경, 수공예 사회가 산업사회로 전환되기 이전에 대대적으로 노동 인력의 재사회화가 이루어져야 했다. 다시 말해 제멋대로 행동하기 좋아하고 자립심 강한 농부들과 직공들, 일용직 노동자들이 규칙을 지키고 윗사람의 지시를 따르는 직원으로 거듭나야 했다. 그로부터 100년이 지난 지금에도 그 과정은 전 세계 기업 조직에서 계속 진행되고 있다. 자유로이 사고하는 데다 만족할 줄 모르는 인간들을 제도와 조직, 규율에 복종하는 노예로 만들기 위해 기업들은 안간힘을 쓰고 있다.

그러나 지금, 21세기가 시작된 이래 처음으로 우리는 또 다른 경영 혁명의 순간에 처해 있다. 그것은 산업혁명기가 도래했을 때처럼 세상을 동요시킬지 모른다. 우리가 알고 있듯 세 가지 요인이 지속되지 않을 때 조직의 경영도 지속되지 않을 것이다.

첫 번째 요인은 비즈니스 세계 곳곳에서 급격히 일어나는 변화이다. 그런 변화로 인해 비즈니스 환경이 격동의 소용돌이에 휘말리게 된다. 이를테면 전 세계 기업들은 미친 듯이 가속화되는 변화, 엄청난 저가 전략을 구사하는 신규 경쟁자들의 맹공격, 정보의 상품화, 급속히 증대되는 고객의 영향력, 갈수록 늘어나는 사회적 요구에 대처하려 몸부림치고 있다. 혁신보다는 최적화, 변화보다는 지속성을 중요시하는 전통 경영 모델을 기반으로 해서는 그와 같은 전례 없는 변화에 대처하지 못한다.

두 번째 요인은 웹 기반의 협력 도구가 창출되는 환경이다. 인간은 피라미드를 만든 이래 처음으로 광범위한 온라인 네트워크에서 협력을 꾀하는 방법을 창출했다. 마침내 기존의 계층제를 대신할 대안이 나온 것이다.

세 번째 요인은 페이스북 세대가 장차 업무에 적용할 것으로 기대되는 매시업이다. 인터넷을 하며 자란 세대는 인터넷에서 호텔 방을 예약하고 책을 사고 옛 애인을 다시 만나는 등 말 그대로 인터넷 없이 살지 못하는 상황이다. 페이스북 세대에게 인터넷이란 어쩌다 들르는 곳이 아니라 영원히 머무르는 곳이다. 인터넷은 어디에나 있고 물과 물고기처럼 떼려야 뗄 수 없는 것이다. '디지털 네이티브digital native(컴퓨터와 이동전화 같은 디지털 기기를 접하며 자란 세대-옮긴이)'에게 인터넷이란 자신의 삶을 운영하는 시스템이자 어디에서나 접하는 필수 도구이다. 디지털 네이티브들은 인터넷에서 학습하고 놀고 정보를 공유하고 이성을 사귀며 사람들과 친목을 다진다.

인터넷이 발전함에 따라 페이스북 세대는 회사 업무에도 인터넷을 상당히 많이 활용할 것이다. 아무리 못해도 그들은 그들의 회사 생활을 둘러싼 사회적 환경에 19세기에나 통할 법한 관료제가 아니라 웹의 사회적 맥락을 적용할 것이다.

소셜 웹의 열두 가지 특성

다음은 업무 관련 소셜 웹social web(사이버 공간에서 나름의 목적으로 사람들과 관계를 맺고 정보를 주고받는 서비스-옮긴이)의 열두 가지 특성이다. 이는 탈관료제 현상을 보여주는 것으로 여러분의 조직이 최신 경영 모델을 운영하고 있는지 한물간 경영 모델을 운영하고 있는지 판단하는 척도로 활용할 수 있다. 간략히 정리하느라 웹의 사회적 환경에서 나타나는 가장 중요한 특징을 언급하지는 않았다. 기업들이 신봉하는 해묵은 경영 관행에 배치되는 것을 주로 다루었다.

어떤 아이디어를 가지고서든 대등하게 경쟁한다
웹에서는 어떤 아이디어를 가지고도 지지를 이끌어낼 수 있으며, 그 반대의 경우도 발생한다. 또한 웹에서는 그 누구도 세상을 바꿀 만한 아이디어를 없애거나 치열한 토론을 저지할 권리를 가지지 않는다. 사람들은 아이디어에 담긴 가치를 보면서 아이디어에 관심을 보이지, 아이디어를 지지하는 사람들의 영향력 같은 것에 기대지 않는다. 웹에서는 '의견의 비중'과 '영향력의 비중'이 분리되기 때문에 엘리트 계층이 대화를 주도하거나 독단적으로 안건을 제안하기가 어렵다.

자격이 아니라 의견이 중요하다

웹에서는 여러분이 동영상 사이트에 동영상을 올릴 때 아무도 여러분에게 영화학교를 나왔는지 물어보지 않는다. 블로그에 글을 올릴 때도 여러분이 신문방송학과를 나왔는지 아무도 관심을 두지 않는다. 지위와 직급, 학위 등 흔히 '스펙'이라고 부르는 것은 웹에서 별로 중요치 않다. 웹에서는 여러분의 이력이 아니라 여러분의 의견이 중요하다.

권위가 아래에서 위로 형성된다

웹상에서 토론할 때 유독 존경과 관심을 끄는 사람들이 있다. 그런 사람들은 토론에서 목소리를 크게 내기 마련이다. 그렇지만 혹평을 받는다면 그런 사람들은 더 영향력 많은 사람들에게 주도권을 빼앗기고 만다. 웹에서는 동료들이 흔쾌히 인정해야 영향력을 얻을 수 있다. 권위는 위에서 아래로 전달되지 않는다. 권위는 아래에서 위로 전달된다.

리더는 주인 역할이 아니라 하인 역할을 한다

웹에서 리더는 하인 역할을 한다. 또 웹에서는 그 누구도 사람들에게 명령하거나 제재를 가할 수 없다. 신빙성 있는 주장, 표현 능력, 사심 없는 태도를 갖춰야 비로소 웹에서 일을 성사시킬 수 있다. 이와 같은 인터넷의 특성을 잊는다면, 여러분의 지지자들로부터 버림을 받을 것이다.

일을 할당받지 않고 선택한다

웹은 참여하는 경제다. 블로그에 의견을 올리든, 오픈 소스 프로젝트에 참여하든, 토론회에서 조언을 나누든, 사람들은 나름대로 관심 있는 일을 선택한다. 인터넷에서는 모두가 '독립 계약자'이며 가려운 곳을 스스로 긁는다.

스스로 집단을 구성하고 나름의 방식으로 운영한다

웹에서 사람들은 마음에 드는 동료를 선택하여 온라인 커뮤니티를 구성한다. 어떤 유형의 온라인 커뮤니티를 구성하든 사람들과 관계를 맺어서 정보를 깊이 공유하기도 하고, 반대로 사람들과 관계를 끊어서 정보를 차단하기도 한다.

마음을 끄는 것에 자원을 투자한다

대규모 조직에서는 정치적 예산 싸움 속에서 위에서 아래로 자원이 할당된다. 반면에 웹에서는 사람들이 마음을 끄는(재미있는) 아이디어와 프로젝트에 노력을 쏟지, 그렇지 않은 것에는 관심을 두지 않는다. 이런 점에서 웹은 시장경제이다. 웹에서는 수많은 사람들이 시간과 관심이라는 소중한 자원을 어떻게 쓸지 순간순간 결정하기 때문이다.

비축하지 않고 공유하여 영향력을 발휘한다

웹은 '주는 경제gift economy'이다. 즉 자신의 기술과 콘텐츠를 널리 공유해야 영향력과 지위를 얻는다. 정보는 신속히 공유해야 한다.

그러지 않는다면 다른 누군가가 여러분을 앞질러서 여러분이 누릴 영향력을 가로챌지도 모른다. 웹은 정보를 비축하는 곳이 아니라 정보를 공유하는 장이다.

평범함이 들통난다

온라인 평가 시스템을 어디서나 흔히 볼 수 있게 되었다. 인터넷에선 사람들이 서평을 올리고, 얼마 전에 이용한 호텔을 평가하기도 한다. 그뿐만이 아니다. 특정한 기준에 따라 여러 기업의 순위를 따지고 각종 물품에 대한 품평을 올리기도 한다. 품평이라고 해서 다 쓸 만하지는 않지만 사람들의 평가를 큰 틀에서 살펴보면 주목할 만한 내용과 형편없는 내용을 가려낼 수 있다. 전통 기업 조직에서는 직원들이 무엇을 두고도 평가를 하지 않는 경향이 있다. 그래서 '여러분이 시비를 걸지 않으면 나도 여러분의 결정이나 그 실효성에 대해 아무 말 하지 않겠다'는 식의 썩 바람직하지 않은 음모가 종종 드러나기도 한다. 웹에는 그렇게 모의하는 집단이 없다. 여러분에게 부족한 면이 있다면 그것은 드러나고 만다. 인터넷에서 고객들은 무엇에 관해서든 불만을 표출하고 의견을 자유롭게 개진한다. 그러나 기업 조직을 들여다보면 사정이 다르다. 기업 조직은 경영진의 결정과 회사의 정책에 이의를 제기하는 통로를 갖추지 않은 경우가 많다.

반대 목소리를 내는 사람들끼리 힘을 규합할 수 있다

계층제 조직(또는 정치 조직)에서 목소리를 내려면 많은 용기를 내야 한다. 소통 채널이 수평적이 아니라 수직적으로 운영될 때에는 주위 사람 누군가가 조직에 불만을 품고 있는지 파악하기 어렵다. 개개인이 소외감과 상처를 느껴도 그에 대해 따지지 않는 경우가 많기 때문이다. 반면에 인터넷에서는 반대 의견을 피력하는 개개인을 찾고 관계를 맺기가 쉽다. 하향식 조직에서는 불만을 제기하고도 무시당하지만, 웹에서는 밀접하게 연결된 '사고 계급thoughtocracy(웹 기반에서 동일한 사고를 가진 사람들-옮긴이)'에서 생각이 비슷한 사람들을 재빨리 동원할 수 있다.

사용자들이 거의 모든 정책 결정을 거부할 수 있다

인터넷 업계의 거물들이 절실히 깨달았듯이 인터넷 사용자들은 자기 의견을 고집하고 자기의 감정을 소리 높여 표현하고 있으며, 커뮤니티의 이익에 반할 가능성이 있는 결정이나 정책 변화에는 발 빠르게 반대 의견을 낸다. 인터넷 사용자들을 충분히 설득해야 그들의 신뢰를 유지시킬 수 있다. 온라인 커뮤니티를 누가 만들었는가는 중요하지 않다. 인터넷 사용자들이 커뮤니티의 주인이다. 또한 실질적인 문제인데, 정책은 사회적으로 형성되어야 한다.

본질적 보상이 가장 중요하다

웹은 본질적 보상의 효과를 보여주는 증거이다. 위키피디아에 실시간으로 올라오는 글을 생각해보자. 또 오픈 소스 소프트웨어는 얼마나 많이 개발되고 있는가? 플리커Flickr 같은 온라인 사진 공유 커뮤니티에는 지금 이 순간에도 수많은 사진이 올라오고 있다. 이처럼 사람들이 자진해서 활동하게 해야 한다. 또한 인간은 평소 관심거리에 시간을 쏟을 기회가 생기면 자진해서 활동하기 마련이다. 돈은 아주 중요하지만, 그만큼 인정받고 업적을 이루는 즐거움도 중요하다.

페이스북 세대의 열정을 이해하라

인터넷을 기반으로 한 삶의 모든 특성들은 페이스북 세대의 사회적 DNA에 각인되어 있지만, 〈포천〉 선정 500대 기업의 경영 DNA에서는 대부분 사라지고 있다.

창의성과 활력이 넘치는 페이스북 세대를 여러분의 조직으로 끌어들이고 싶다면 이런 웹의 특성들을 파악하고 그에 따라 경영 방식을 재창안해야 한다. 물론 지금의 인재 시장은 구매자가 판매자보다 유리한 입장에 있는 '구매자 시장buyer's market'이지만, 늘 그런 건 아니다. 앞으로 조직의 중추부에 페이스북 세대 직원들을 충분히 배치하지 않는 기업은 어느 순간 시장에서 도태되고 말 것이다.

뉴욕 대학교 인터랙티브 텔레커뮤니케이션 프로그램Interactive Telecommunication Program 교수 클레이 서키Clay Shirkey는 인터넷에서 인간의 '인지 잉여cognitive surplus(인터넷으로 연결된 개개인들이 사회적으로 의미 있는 생산물을 창출하는 여가 시간 – 옮긴이)'를 어떻게 활용하는지 흥미롭게 설명했다. 또한 웹은 억눌린 열정을 분출하는 수단이 되고 있다(당연히 인터넷 음란물을 말하는 것이 아니다).

눈여겨볼 만한 사례로 무료 인터넷 강의 사이트인 칸 아카데미Kahn Academy(유튜브 무료 학원)를 들 수 있다. 칸 아카데미에서는 MIT

와 하버드에서 수학한 살만 칸Salman Kahn이 혼자서 만든 짧은 강의 동영상 2,400여 개를 제공한다. 칸이 만든 동영상들은 하나하나가 온라인에서 발굴한 보물과 같다. 이런 '교육적 슈퍼마켓'에 대한 영감을 얻은 것은 전자 칠판electronic backboard(화상통신기기의 하나. 전화 회선을 연결하고 칠판을 사용해서 원격으로 회의나 강의를 할 수 있다 - 옮긴이)에 기록한 짧은 동영상을 가지고 사촌에게 수학을 개인 교습 해줄 때였다. 칸은 궁금했다.

'어떻게 하면 그런 동영상을 전 세계 사람들이 이용할 수 있을까? 실제로 해보면 어떨까?'

칸 아카데미는 창립한 지 3년 만에 매일 유튜브로 3만 5,000여 개 동영상을 내놓는 사이트로 발전했다. 칸이 그 10년 전에 그런 생각을 했다면, 칸의 교육 열정은 강렬했겠지만, 전 세계의 관객들을 찾지 못했을 것이다. 또한 그처럼 수없이 다양한 관객이 없었다면, 아마도 칸은 비영리 교육 사이트를 만들겠다는 영감을 얻지 못했을 것이다.

우리는 저마다 자기만의 관심사를 찾고 열정을 불태우고 싶어 한다. 페이스북 세대는 더욱 그러할지 모른다. 여러분 또한 그러할 것이다. 웹에도 결점이 있지만, 웹이 열정을 배가시키기 때문에 우리는 웹의 포로가 된다. 또한 우리는 웹에서 우리의 관심사를 실현하고, 방대한 분야를 탐색하며 영감을 얻고, 협력자들을 끌어모은다.

웹은 우리의 열정으로 형성된다. 그 이유를 살펴보자.

- 아무도 훌륭한 아이디어를 제거할 수 없다.
- 누구나 힘을 보탤 수 있다.

- 누구나 사람들을 이끌 수 있다.
- 자신의 명분을 선택할 수 있다.
- 다른 사람의 성과물을 수월하게 활용할 수 있다.
- 협박과 폭력을 참지 않아도 된다.
- 사회 변화를 주창하는 사람들이 무시당하지 않는다.
- 뛰어난 것이 보통 호응을 얻는다(평범한 것은 호응을 얻지 못한다).
- 열정을 죽이는 정책이 뒤집힌다.
- 지대한 공헌을 하면 인정받고 유명해진다.

이제 여러분의 조직이 이런 특성을 얼마나 갖추고 있는지 따져보자. 장담하건대 만족스럽지 않을 것이다. 그럼에도 다음 순서에서 살펴보겠지만, 여러분의 조직을 변화시킬 수 있다.

1890년대에 살았다면 포드처럼 규모가 엄청난 조직, 대량생산을 하는 조직을 상상조차 하지 못했을 것이다. 오늘날에도 마찬가지다. 열정을 내뿜게 만드는 웹의 특성을 갖춘, 글로벌 규모의 기업을 구상하기란 여간 어려운 일이 아니다. 그럼에도 21세기 경영 혁신을 이룩하기 위해서라면 그러한 도전을 받아들여야 한다. 그렇게 해야 비로소 인간의 열정을 확대하는 조직을 구축할 수 있다.

전례 없는 열정의 시대가 시작되었다. 지금 중요한 것은 바로 열정이다.

지금 중요한 것은 이념이다

5

IDEOLOGY

경영 이념에 이의를 제기하라

여러분의 조직에서 아마도 충분한 시간을 두고 논의하지 못한 부분이 있을 것 같다. 바로 '경영 이념'이다. 사내 웹 페이지를 뒤져보라. 장담하는데 자사의 경영 이념을 언급한 간단한 말 한마디도 보이지 않을 것이다. 이 점이 문제다. 한편으로 경영자의 신조 때문에 조직이 혁신을 이룩하기는커녕 변화에 적응조차 못 하기도 한다. 그런 조직이 직원들에게 동기를 부여하고 숭고한 가치를 추구할 리 만무하다. 우리는 우리의 경영 이념으로 인해 제약을 받는다.

  인간의 역사는 이념 갈등의 연대기이다. 이를테면 다신교와 일신교, 유물론과 관념론, 중상주의와 자유무역주의, 전체주의와 민주주의, 공동체주의와 개인주의를 떠올려보라. 때로는 사회적 결과가 더 낫다는 이유로 특정 이념이 호응을 많이 얻기도 한다. 이를 뒷받침하는 풍부한 실증 자료가 있다. 이념을 두고 치열한 논쟁이 벌어지지만 이념으로 인한 혼란이 전혀 가라앉지 않는 경우도 있다. 논쟁이 오로지 철학적으로 흘러가거나(그래서 서로 다른 명제들을 비교 분석 하는 것이 무의미하다) 반대되는 이념이 상반되는 것이라기보다 상호 보완적이기 때문에 그런 경우가 발생한다.

예컨대 기독교 이념에서 긍휼mercy과 정의justice는 대치되면서 서로 보완되는 개념이다. 이데올로기의 양극단은 어느 하나도 그 자체로 실재할 수 없다. 이를테면 긍휼 없는 정의는 복수요, 정의 없는 긍휼은 방종이다.

우리는 하나같이 이념 경쟁이 활발한 사회에서 살고 싶어 하는 것 같다. 목사이자 케임브리지 킹스 칼리지King's College의 연구원 출신인 찰스 시미언Charles Simeon은 긍휼과 정의에 대해 이렇게 말했다.

"진실은 중간에 있지도 않고 한쪽 극단에 있지도 않다. 진실은 양극단에 있다."[1]

어디에 가중치를 둘 것인가

180도 다른 두 이념이 어떻게 동일한 영향을 미치는지는 정말로 상상하는 것조차 어렵다. 그럼에도 우리는 이념의 차이를 단순히 구분하는 것만으로 충분치 않음을 직관적으로 안다. 예컨대 긍휼이라는 개념의 작은 부분과 정의라는 개념의 작은 부분만으로 모든 상황을 설명할 수는 없다. 아동학대범의 형량을 늘릴 때처럼 때로는 정의를 확실히 내세워야 하는 경우가 있다. 다른 경우를 보면 예비 아빠가 임신한 아내를 급히 병원에 데려오느라 교통속도를 위반한 데 대해 변명할 때처럼 긍휼의 개념에서 상황을 설명해야 하는 경우도 있다.

첫 번째 경우에는 아동학대범에게 아무리 많은 비난이 쏟아진다 해도 우리는 판사가 아동학대범을 냉정히 판결하기를 바란다. 우리 아이들을 보호하는 것이 다른 무엇보다 중요한 일이기 때문이다. 마찬가지로 경찰이 속도를 위반한 차를 길 한쪽으로 세우고 나서 차에 있는 임산부를 발견했다면, 속도위반에 대한 정상 참작이 가능하기에 벌금을 부과하기보다 그 차량을 병원까지 호위해주기를 바라게 된다.

상반되는 이념 간의 절충점을 찾는 것은 타협하는 과정이 아니다. 모든 상황에서, 순간순간 가중치를 두어야 할 부분을 찾는 것이 타협의 과정이다. 그 과정을 잘 밟아가기 위해 네 가지를 갖춰야 한다.

첫째는 최종 목표에 대한 의식이다. 법학에서 최종 목표는 최대한 많은 사람들에게 최대한 공정한 사회를 만드는 것이다. 둘째는 상황 인식이다. 이는 중대한 갈등 상황에서 현 실정을 제대로 이해하는 능력을 말한다. 셋째는 풍부한 지각이다. 이는 지능과 정서적 능력, 그게 아니라면 솔로몬처럼 올바른 판단을 내리기 위해 갖춰야 할 능력을 말한다. 넷째는 균형을 유지하려고 하는 개인의 동기 요인이다. 이런 동기 요인을 가짐으로써 우리는 다른 사람의 선택에 따른 결과에 깊이 관심을 두게 된다.

여러분이 부모라면 여러분은 모순되는 상황을 현명하게 극복하려고 무던히 애쓰고 있을 것이다. 예컨대 여러분은 매일 사랑과 훈육 사이에서 갈등한다. 여러분은 여러분의 네 살배기 딸을 틈날 때마다 보듬어 안아주지만, 가끔 딸을 혼내고 '타임아웃 time-outs(잘못된 행동에 대해 벌을 주는 의미로 한동안 아이를 고립시키는 식의 체벌-옮긴이)' 시간을 갖는다. 여러분은 부모로서 끊임없이 사랑과 훈육 사이에서 균형을 유지하려고 애쓴다. 또한 모든 상황에서 장기적이면서 단기적으로 사고한다. 긴 하루를 보내고 피곤에 지쳐 있을 때, 여러분은 고삐 풀린 망아지 같은 딸과 신경전을 벌이지 않기로 마음먹을지 모른다. 하지만 그런 순간에도 여러분은 여러분의 근본 책무를 망각하지 않는다. 아이의 인성을 곱게 길러줘야 하는 책무를 말이다. 여러분은 매번 사랑과 훈육의 균형을 유지하기 어렵다고 느끼지만, 시간이 지날수록 그 균형을 유지하려고 무척 애쓴다.

이제 이렇게 상상해보자. 육아협회 부회장이 있는데, 그는 여러분의 집에 살지 않아서 실제로 여러분의 아이에 대해 잘 알지 못한다. 더 나아가 이렇게 상상해보자. 매달 부모 12명이 육아협회 부회장에게 보고서를 내는데, 그러면 육아협회 부회장은 가끔 이런 식으로 비밀 칙령을 내린다.

"짜증 내는 아이들 때문에 고생이 참 많으십니다. 다음 분기에는 훈육에 초점을 맞추겠습니다. 모든 부모들이 타임아웃을 30퍼센트 정도 늘렸으면 합니다."

이런 조언은 과연 얼마나 도움이 될까?

경영의 세 가지 물음

지금까지 설명한 내용을 경영에 적용하려면 어떻게 해야 할까? 세 가지 중요한 물음을 고찰해야 한다. 첫째, 경영 이념은 무엇인가? 즉 경영의 원칙적 핵심은 무엇인가? 둘째, 경영 이념에 필적하는 개념은 무엇인가? 즉 경영 이념의 음이 있다면 경영 이념의 양은 무엇일까? 셋째, 양을 희생시킨다고 해서 항상 음이 우세하지 않은 조직을 어떻게 구축할 수 있을까? 즉 급한 불만 끄면 된다는 분위기가 퍼지거나 끊임없이 일방적인 싸움만 벌어지는 조직이 아니라 정말로 생산적 긴장 상태가 형성되는 조직을 어떻게 구축할 수 있을까?

경영 이념은 무엇인가

첫 번째 물음과 관련해서는 유의어 사전을 참조하여 경영 이념의 개념에 접근할 수 있다. 여러 언어를 살펴보면, '관리하다$_{manage}$'를 의미하는 단어에 대해 '통제하다$_{control}$'라는 의미의 단어가 첫 유의어로 제시되는 경우가 많다. '관리'와 '통제'를 밀접하게 짝짓는 것은 산업혁명기의 유물이다. 관리의 개념을 창출한 기술자들과 회계사들은 이른바 '효율성 향상 운동가들'이었다. 그들은 낭비를 용납할 수 없어서 '통제의 무기고'에서 분업, 규격화, 작업 흐름 최적화, 성과 감시, 능률 위주의 보상 제도 등의 무기를 꺼내들고 효율성을 도모했다. 비효율성과의 전투에서는 경영자들이 전투를 지휘했다. 규칙을 지키도록 만들고 변화를 최소화하고 할당 목표를 달성하고 업무 태만자들을 징계하는 것이 경영자들의 임무였다. 지금의 경영

자들도 마찬가지다. 직원들은 상품과 서비스를 생산하고 경영자들은 '통제를 생산한다.'

물론 우리는 더 넓은 관점에서 경영의 개념을 고찰할 수 있다. 장엄하게 말해서 경영은 '인간 성취의 기술technology of human accomplishment'이다. 자원을 동원, 운용하고 최종 생산물을 만들기 위해 활용하는 각종 도구와 방법들도 경영에 포함된다. 하나의 종species으로서 우리는 우리의 관리 능력(조정, 할당, 평가, 동기부여)으로 우리가 성취할 수 있는 것에 대한 경계를 설정한다. 이에 따라 인간의 관리 능력은 인간의 가장 중요한 '사회적 기술social technology'이 된다. 그러나 경영이란 실제로는 훨씬 더 세속적인 것이다. 경영의 핵심에는 업무 관례화에 대한 방법론이 있다.

차 한두 대를 보유하고 있다면, 경이로운 최첨단 시스템이 설치된 집에서 살고 있다면, 지구 반 바퀴를 연결할 수 있을 정도로 옷장에 옷이 넘쳐난다면, 여러분은 초고효율의 대량생산 체제를 창출한 영혼들, 그런 도전을 즐긴 영혼들에게 엄청난 신세를 진 셈이다. 그들에게 감사해야 한다. 경영 과학에서 놀라운 진보가 일어나지 않았다면, 인류의 삶이 향상되는 데 별다른 영향을 미치지 않았을 것이다. 지난 100년 동안은 그와 관련된 모든 혁신이 주로 사람을 기계처럼 말 잘 듣는 존재로 만드는 것 그리고 통제의 문제를 해결하고 그에 관한 체계적 접근법을 창출해나가는 측면에서 일어났다. 그런 접근법을 '관료제bureaucracy'라고 불렀다.

사회 이념은 본질적으로 유형의 조직적 형태로 표출될 때만 견인력을 발휘한다. 그것은 마르크스주의Marxism의 경우 공산당이었으며,

경영의 경우 관료제였다. 독일의 저명한 사회학자 막스 베버Max Weber는 20세기 초 관료제 이론을 정리하며 급진적이고 새로운 조직적 패러다임의 장점을 극찬했다.

순전히 기술적 관점에서 볼 때, 관료제는 최고의 능률을 올릴 수 있는 조직화의 형태이며, 이런 점에서 인간에 대한 명령적 통제를 수행할 수 있는 가장 합리적인 수단이 형식적으로 구비되어 있다. 관료제는 여타의 형태보다 정확하고 안정적이며 규율의 엄격성과 신뢰성에서 뛰어나다. 그래서 조직의 책임자와 관련자들은 관료제를 통해 고도의 결과 계산성 high degree of calculability of results을 확보할 수 있다.[2]

베버는 이렇게 간단하게 경영 이념, 즉 통제주의controlism를 속속들이 들추어냈다. 그리고 그로부터 100년이 지난 지금, 관료제는 실제로 모든 대규모 인간 조직의 철학적 기반으로 유지되고 있다.

베버가 극찬한 관료제의 장점에 주목하자. 정확성, 안정성, 규율의 엄격성, 신뢰성은 확실히 좋은 것들이다. 그러나 오늘날 대다수 업계에서 그것들은 단지 최소한의 요건에 불과하다. 그것들은 동등한 상황에서 경쟁하기 위해 갖춰야 할 것들이지만, 실제 우위를 차지하는 데는 불충분하다. 오늘날 우리 기업 조직들은 급속한 변화의 속도, 초경쟁 환경, 지식의 상품화, 그 어느 때보다 중대된 사회적 책임에 대한 요구 등 수많은 새로운 도전에 봉착했다. 지금까지 누누이 얘기했듯이 우리에겐 열정 가득하고 창조성이 넘치고 변화에 잘 적응하는 조직이 필요하다. 그런데 문제는 그런 조직의 속성이 관료적 통제와 역상관관계에 있다는 점이다.

이상한 일인데 인간은 우리 조직에 부족한 특징들을 이미 많이 갖췄다. 사람들은 놀라울 정도로 변화에 적응을 잘한다. 내 의사 동생은 보건행정 박사학위를 따서 병원 그룹의 CEO가 되겠다며 50대 초반에 학교로 다시 돌아갔다. 내 친구들 중에는 가족에게 더 나은 삶을 선사하겠다며 외국으로 이민을 가서 새로운 일에 도전한 친구들도 있다. 또 엄청난 비극을 겪고도 움츠러들지 않고 더욱 굳세게 성장한 친구들도 있다.

사람은 어려운 상황을 극복하기 마련이다. 또 새롭고 다른 것, 더 나은 것을 찾기 마련이다. 나는 늘 인터넷에서 인간의 창조성이 정말로 대단하다고 생각한다. 어떻게 그런 생각을 할 수 있을까 하고 입을 떡 벌릴 때가 많다. 우리는 창조하기 위해 태어났다. 어쩔 수 없다.

우리는 또한 서로에게 깊이 관심을 가진다. 리얼리티 프로그램이 어디서나 인기를 끄는 것도 다 그런 이유 때문이다. 또 야외 카페에서 라테를 홀짝이면서 시끌벅적 오고 가는 사람들을 보고 즐기는 것도 다 그런 이유 때문이다. 여러분과 나, 옆자리에 있는 동료는 말할 것도 없고 우리에게는 모두 나름의 스토리가 있다. 그래서 그런 스토리로 재미를 유발하고 사람들을 이해시키고 활기를 북돋운다.

그런데 왜 우리 조직은 우리와 달리 적응성과 창조성이 부족하고 직원들에게 활기를 북돋우지도 못하는 걸까? 인간미 없는 이념에 갇혀서 그렇다.

베버는 관료제 '찬가'를 작곡한 것인지 모른다. 하지만 베버는 관료제의 비인간화 경향을 염두에 두고 1909년, 그 어두운 면에 대해 다음과 같이 지적했다.

관료제에서 개별 노동자의 성과는 수학적으로 측정되고, 각 노동자는 기계의 작은 톱니바퀴가 되며, 이 사실을 알고 나서는 자기가 더 큰 톱니바퀴가 되어야 한다고 안달한다.

그래서 가장 중요한 문제는 관료제를 홍보하고 빨리 도입하는 방법이 아니라, 이런 비인간화에 반대하여 영혼을 여러 부분으로 나누는 행위로부터 인간을 자유롭게 하는 방법을 찾는 것이다.[3]

작업을 규칙화하는 과정에서 인간을 규칙화하는 위험을 무릅써야 한다고 베버는 이해했다. 실제로 인간의 규칙화는 피할 수 없는 일이었다. 인적 요소를 없애고 사람을 피와 살로 구성된 기계로 만드는 것이 관료제의 목표였기 때문이다. 한 세기 만에 초창기 경영의 선구자들보다 우리가 왠지 더 깨어 있는 존재가 되었다는 생각이 들곤 한다. 그래서 우리는 부하 직원을 더 이상 '종업원'이라고 부르지 않고, '동료'나 '팀원'이라고 부른다. 또 리더라면 삶과 일의 균형, 개인적 성장, 다양성, 멘토링, 권한 위임, 경영의 투명성 등 수많은 인간 친화적 문제에 관심을 가져야 한다고 다짐한다. 그러나 현실은 그렇지 않다. 전 세계 근로자들의 거의 80퍼센트가 업무에 깊이 몰입하지 않는다고 한다. 근로자들은 매일 회사에 출근하지만 간, 쓸개를 다 집에 놔두고 나온다.

우리가 우리 조직을 더 인간적으로 만들기 위해 애쓰지 않았다는 뜻은 아니다. 52년 전 MIT 경영대학원 교수 더글러스 맥그리거Douglas McGregor는 일생의 업적과도 같은 저서 《기업의 인간적 측면The Human Side of Enterprise》을 펴냈다. 여러분이 경영을 공부하고 있다면, 아마 그가 내놓은 'X이론Theory X'과 'Y이론Theory Y'을 떠올릴지 모르겠다.

맥그리거가 제창한 X이론은 종업원들이 일을 싫어하며 명령받기를 좋아한다고 보는 경영자의 인간관을 말한다. 이런 관점에서 종업원들은 게으름뱅이다. 즉 종업원들은 감독자의 감시를 받고 오로지 상벌 같은 외적 보상에 의해 동기를 자극받을 때 부지런히 일한다. X이론을 신봉하는 조직에서 통제는 내부가 아닌 외부에서 하는 것이다. 이와 반대로 Y이론에서는 인간이 선천적으로 스스로 동기를 부여한다고 본다. 이런 관점에서는 인간은 성과를 내려고 애쓰고 기회가 생기면 기꺼이 일에 참여하려고 한다. Y이론을 신봉하는 조직에서는 당근과 채찍질을 적절히 병행하는 게 아니라 성과에 대한 자부심을 느끼게 해주면 종업원들의 동기가 자극된다. 그러니 신뢰도 높은 조직을 구축하라. 직원들이 자기 통제력을 한껏 발휘하는 것으로 보답할 것이다.

오늘날 혁신을 도모하는 경영자들은 대부분 Y이론의 관점에서 조직을 관리한다. 그러나 유감스럽게도 좋은 의도로 만든 그 모든 정책들을 아직까지 조직을 탈관료화하는 데 적용하지 못하고 있다. 여러분은 아마 권한 위임, 업무 몰입, 직원의 참여, 신뢰, 열린 문화 등 Y이론과 관련된 말을 자주 듣다 보니 여러분의 조직이 여전히 X이론을 핵심 기반으로 삼고 있다는 생각을 잘 하지 못할지 모른다.

우리 기업 조직들은 여전히 이념적 균형을 이루지 못했다. 경영자들은 대부분 통제가 곧 조직 관리라고 생각한다. 이 점이 믿기지 않는다면 스스로 물어보자. 여러분의 조직은 10년 또는 20년 전에 비해 규정 중심의 체계가 약해졌는가? 현장 직원들은 과거에 비해 자유로운 분위기에서 일한다고 생각하는가? 직원들의 자율권이 축소되지 않았는가? 직원들은 과거에 비해 신분 상승에 덜 집착하는가?

앞에서 세인트앤드루스 이야기를 읽었다면 여러분은 자율성과 열정이 아주 좋은 상관관계에 있음을 이미 알 것이다. 여러분 자신의 삶을 돌이켜보라. 여러분은 스스로 선택한 일보다 지시받은 일에 더 열정을 불태운 적이 있는가? 진정한 권한 위임이 실현되지 않는 것은 지배욕이 강한 사람 때문이 아니다. 조직에 뿌리 깊이 스며 있는 통제 체계 때문이다. 이런 통제 체계에서 직원들은 자율권을 박탈당한다. 더 심각하게 보자면 권위주의적인 체계를 당연시하고 있는 것이다. 그래도 잠시 한 걸음 물러나 생각해보자. 그런 것들이 부당하게 보일 것이다.

이렇게 한번 생각해보자. 한 고객이 누구의 허락도 받지 않고 2만 5,000달러짜리 자동차를 구입하기로 했다. 그런데 그 고객은 회사에서 낡은 의자를 하나 교체하려고 해도 상사의 허락을 받아야 한다. 뭔가가 이상하지 않은가?

통제에 집착하면 조직 구성원들의 열정과 자주성을 해칠 뿐이다. 적응성과 혁신도 마찬가지다. 기업에서는 대개 전략 수립과 자원 분배에 관한 권한이 한 곳에 집중되어 있다. 이로 인해 조직의 회복력이 심각하게 훼손된다.

전략 수립의 책임이 대규모 조직의 상층부에 집중되어 있는 경우

소수의 경영진이 조직의 변화를 억제한다. 소수의 경영진은 흔히 가치가 떨어진 그들의 지적 자본intellectual capital을 버리지 못하고 조직의 변화를 방해할 것이다. 마이크로소프트를 생각해보라. 빌 게이츠Bill Gates 회장은 수년간 마이크로소프트의 '최고 소프트웨어 아키텍트Chief Software Architect'라는 직책에 있었다. 그래서 마이크로소프트에서는 그의 승인이 떨어져야 대단위 소프트웨어 개발 계획을 진행할 수 있었다. 애석하게도 게이츠는 특정한 프리즘을 통해 세상을 바라보았다. 그것은 컴퓨터 중심, 상품 중심, 마이크로소프트의 전통 산업 고객들을 중심으로 바라보는 프리즘이었다. 마이크로소프트는 전략적 통설을 확신하는 동시에 권한을 중앙에 집중시켰다. 이로써 웹과 오픈 소스, 클라우드 컴퓨팅으로 업계 패러다임이 전환되었을 때 후발 주자가 되는 비운을 맞았다. 마이크로소프트가 여러 면에서 대단한 회사라는 사실은 권력 집중화의 폐해를 분명히 보여주는 데 오히려 도움이 된다.

통제 중심의 하향식 구조는 마찬가지로 창조성을 저해하는 형태이다. 앞에서 이야기했듯이 핵심 간부 몇 사람이 자원 할당 권한을 꽉 쥐고 있을 때, 혁신 특히 파괴적인 유형의 혁신이 일어날 가능성이 줄어든다. 그들은 기존 사업(그들에게 익숙하고 그들이 주도하는 사업)에 과잉 투자를 하는 반면, 인재와 자본 확충 계획을 두고는 투자를 기피할 것이다. 적절한 시기에 적절한 기회를 얻어서 적절한 자원을 획득하는 측면에서 위계화된 조직은 거의 언제나 잘못된 방법을 택한다. 실제로 이런 이유로 벤처 자본가들이 기존 기업가들보다 한 발 앞서 유망한 사업 기회를 포착하는 경우가 많다.

권한이 위에서 아래로 흘러나오는 상태에서는 적응성이 뛰어난 조직을 구축할 수 없다. 고위 관리자가 하위 관리자를 임명하는 구조에서는 혁신을 이룩할 수 없다. 소수의 경영진이 중대한 의사 결정을 내리고 고위 간부들이 직원들에게 책임을 뒤집어씌우는 조직에서는 직원들이 업무에 몰입할 수 없다. 간단히 말해서 소수가 권력을 독점하는 이념 구조에서는 미래에 적합한 조직을 구축할 수 없다.

이제 유심히 생각해보자. 나는 통제 그 자체를 반대하지는 않는다. 강력한 규칙 체계가 없는 조직은 오래 생존하지 못한다. 그럼에도 대다수의 기업 조직이 과잉 통제되고 잘못 통제되고 있다. 관리자들이 너무 많은 것을 너무 철저하게 통제하려고 한다는 점에서 과잉 통제되고 있다. 또한 동료들과 협력하고 규범을 지키게 하지 않고 관리자들이 명령을 하달하는 식으로 통제하는 측면에서 잘못 통제되고 있다. 이로 인한 결과는 불신이 팽배한 일터가 된다는 것이다. 이런 직장에서는 직원 개개인이 그때그때 우선순위에 따라 일을 처리하기 위한 자유재량권을 갖지 못한다.

이처럼 통제의 이념에 분명히 한계가 있는데, 왜 우리는 아직까지 해묵은 관료제를 대체할 만한 능률적인 이념을 마련하지 않았을까? 왜 Y이론이 여전히 주류를 이루고 있을까? 왜 맥그리거 이후 50년이 흘렀는데도 경영학 교수들은 아직도 권한 위임에 관한 책을 쓰고 있을까? 아마도 그 이유는 통제의 이념이 굉장히 빨리 시작되어서 현재 경영 시스템과 경영 프로세스에 깊이 뿌리박혀 있기 때문일 것이다. 또한 아마도 관료제가 아무리 결점이 많아도 효과가 아주 좋았기 때문일 것이다.

우리는 몰라서가 아니라 알면서도 행하고 있다. 그리고 관료제 모델을 대체할 만한 대안 같은 것, 즉 필요한 수준만큼만 통제하고 인간이 더 만족하고 성공하도록 돕는 대안 같은 것을 경영자들은 전혀 찾지 못했다.

우리는 대부분 표준적인 틀을 고수하는 조직에서 혹은 그 주변에서 성장했다. 우리가 몸담은 조직에서는 관리자가 명확한 직급 체계에 따라 확실한 권한만 행사한다. 관리자들은 업무의 우선순위를 정하고 실적을 평가하고, 직원들은 관리자에게 업무를 보고한다. 중대한 사안은 고위 간부들이 판단하고 의사 결정을 내린다. 그들은 조직에서 직급이 높고 그에 상응하는 급여를 받는다. 직원들은 승진을 하려고 안달하고 승진 자리를 놓고 치열하게 경쟁한다. 오늘날 기업 조직들은 이런 모습으로 전락하게 되어 있다.

그럼에도 우리가 상상도 못 했던 것들이 수없이 많이 나왔다. 아이폰이 출시되었을 때를 생각해보라. 조앤 캐슬린 롤링Joanne Kathleen Rowling의 《해리포터Harry Porter》와 레이디 가가Lady Gaga의 쇠고기 드레스를 생각해보라. 이 모든 것들은 현재 존재한다(뭐라고? 호그와트는 현실에 없다고?). 누군가가 이런 것들을 상상해냈다.

그렇다면 우리는 왜 관료제적 통제 방식을 아예 뿌리째 뽑아버린 조직을 상상하지 못할까? 지금까지 우리는 대부분 관료제를 두고 필요할 때만 비판했지 그것을 폐지할 생각은 전혀 하지 못했다. 사람으로 치면, 다정하게 툭툭 쳤을 뿐 통쾌한 한 방을 날리지는 않은 것이다. 이른바 360도 다면 평가를 실시해서 조직의 피라미드를 과감히 무너뜨리자.

경영 이념에 필적하는 개념은 무엇인가

경영 이념을 파헤치기 위한 두 번째 물음으로 넘어가자. 통제의 이념을 대체할 만한 경영 이념이 있을까? 당연히 자유freedom이다. 사람은 흥미 있는 일을 하고 스스로 조직에 충성하고 헌신할 수 있어야 성장하고 발전한다. 인간에게 바로 그런 자유를 허용하는 조직이 그 어느 때보다 지금 우리에게 필요하다. 충분히 인간적인 조직이 충분히 역량을 발휘하기 마련이다. 물론 그것은 말처럼 쉬운 일이 아니다. 급진적이고 강한 이념, 직원들에게 자율권을 주고 하향식 위계질서를 철폐하고 계속해서 탄탄한 성과를 창출하기 위한 이념이 우리에게 필요하다.

조직의 생산적 긴장 상태를 어떻게 형성할 것인가

통제와 자율을 적절히 조절할 수 있는 방법을 찾을 수 있을까? 그렇다. 통제 중심 관리 체계의 결함을 극복할 수 있을까? 그렇다. 다음 순서에서 자기 결정의 이념을 기반으로 구축된 조직들(W. L 고어와 모닝 스타)을 속속들이 파헤쳐볼 작정이다. 질서가 문란한 회사를 만들거나 괴상한 시도를 하라는 말이 아니다. 두 회사는 프로세스가 집약된 대규모 기업들이다. 또한 두 회사는 업계 선두 주자이다. 두 회사에서는 과거의 위계 구조나 하향식 권력 구조가 보이지 않고 노예처럼 일하는 직원을 찾아볼 수 없다. 반면에 두 회사에서 음과 양, 자유와 규율, 책임과 자율 사이에 역학적인 균형이 이루어지고 있음을 보게 될 것이다.

관료제와의 전투를 쉽게 치를 수 있을까? 만만히 봐서는 안 된다.

소수로부터 권한을 빼앗지 않고 다수에게 권한을 위임할 수는 없다. 그리고 그 소수는 권한을 빼앗기지 않으려고 할 것이다. 이 때문에 실제로 관료제 모델이 고착된다. 이로써 조직의 '카스트 제도'가 존속할 수밖에 없다. 우리와 마찬가지로 각 기업의 회장과 부회장, 부서장들은 그들의 특권을 잃지 않으려고 한다. 그들은 경영자 계층이 없다면 조직을 관리할 수 없다고 생각하는 경향이 강하다. 하지만 그렇지 않다.

사실은 이러하다. 관리자로서 우리는 조직의 변두리에서 일해왔다. 우리는 조직의 위계질서를 무너뜨렸지만, 그것을 완전히 없애지는 않았다. 우리는 권한을 위임해야 한다고 노래를 불러왔지만, 우리의 의사 결정권을 포기하지 않았다. 우리는 직원들에게 목소리를 크게 내라고 촉구했지만, 직원들이 그들의 리더를 선택하게 해주지 않았다. 우리는 관료제를 맹렬히 비판해왔지만, 그것을 완전히 철폐하지는 않았다. 그럼에도 오랜 시간이 흐른 지금, 우리는 그렇게 해야만 한다. 우리는 관료제를 철폐한 혁신 기업으로부터 많은 것을 배울 수 있다. 다음 순서에서 살펴보겠지만 인도의 IT 서비스 제공 업체 HCLT도 그런 혁신 기업에 속한다.

다가오는 수십 년간 기업 조직들은 지금보다 통제와 자율의 균형을 잘 유지할 것이다. 그렇게 해야만 생존할 수 있기 때문이다. 매일, 순간순간, 사안별로 자유과 통제를 두고 끝까지 고민해야 할 것이다. 관리자가 어딘가에서 단순히 통제하고 강요해야 할 필요를 느껴서 통제를 해서는 안 된다. 특정한 상황에서 특별한 문제를 두고 통제할 만한 가치가 있을 때 통제해야 한다.

그런 상황에서는 아득히 높은 곳에 앉아서 직원을 아이 다루듯 하는 간부가 의사 결정을 내려서는 안 된다. 그런 간부는 자료를 많이 가지고 있어도 전후 사정을 모르기 때문에 상황을 제대로 판단하지 못한다. 그보다는 전후 사정을 잘 알고 재량껏 조직의 사명을 다해나가는 직원 개개인이 의사 결정을 내려야 한다.

조직에 새로운 바람을 불러일으키기 위해 대담한 중점 경영 혁신 과제를 수립해야 한다. 이 부분은 마지막 순서에서 자세히 다룰 것이다.

MANAGING
WITHOUT
HIERARCHY

위계질서 없이
조직을 관리하라

경영학자로 살다 보니 수많은 기업 조직을 들여다볼 수 있었다. 기업들은 속된 말로 거기서 거기다. 그래도 가끔 고어사 같은 의외의 기업을 보고 흥분에 젖곤 한다.

기능성 원단 고어텍스로 유명한 고어사는 '고어와 동료들'이라는 이름에 걸맞게 전 세계 50개 지역에서 9,000명의 '동료들'이 활동하고, 1,000종이 넘는 제품을 생산한다. 영국, 독일, 프랑스, 이탈리아, 스페인, 스웨덴 등지에 있는 고어사의 해외 법인들 또한 변함없이 '가장 일하기 좋은 기업'에 선정된다.

고어사를 처음 방문한 것은 《경영의 미래》를 집필하려고 자료를 수집할 때였다. 경제 잡지 〈패스트 컴퍼니〉에 있는 내 지인들은 고어사를 '세계 최고의 혁신 기업'이라고 평가했다. 그래서 고어사에 대해 더 알고 싶어졌다.

처음 고어사를 방문했을 때 모든 것이 이상하게 보였고 당황스럽기까지 했다. 그간에 수없이 많은 기업들을 들여다보며 접한 경영 관행은 전혀 눈에 띄지 않았다. 고어사는 상사가 없고 직급이나 직책, 연공서열도 없다. 나는 이내 한 가지 사실을 알게 되었다. 1958년 빌 고어Willbert Bill L. Gore가 고어사를 창립한 이래 50년이 넘는 세월이 흘렀지만, 고어사의 혁신 경영 모델은 그보다 더 역사가 오래되었다. 듀폰에서 화학 엔지니어로 일하던 빌 고어는 조직 전체가 신상품 개발팀처럼 느껴지는 회사를 만들겠다는 포부를 품고 회사를 떠났다. 고어사가 혁신을 통해 얼마나 회복 탄력성을 발휘했는지 평가해보고 싶다면 다음의 사실이 힌트를 줄 것이다. 고어사는 창립 이래 손실을 본 적이 한 번도 없다.

고어사에는 전무이사나 상무이사 또는 그 흔한 부사장이 없다. 그래도 CEO는 있다. 고어사의 CEO 테리 켈리Terry Kelly는 2005년 동료들의 설문으로 CEO에 선정되었다. 테리는 1983년에 델라웨어 대학교 기계공학과를 최우등으로 졸업한 후 고어사에 입사했다. 고어사에 있는 동안 테리는 광범위한 영역에서 강력한 리더십을 발휘한 것으로 유명하다.

예전에 내 캘리포니아 사무실 근처에서 테리를 우연히 만난 적이 있다. 이때 그녀 덕분에 고어사의 탈관료적 경영 모델을 속속들이 파악할 수 있었다.

고어사의 차별성

게리 : 외부 사람들이 보기에 고어사의 경영 방식에서 아주 색다른 점은 무엇일까요?

테리 : 첫째로 우리 조직은 서열이 없어요. 그래서 무조건 윗선에서 의사 결정을 내려서 아래로 통보하는 일이 없습니다. 우리는 격자 또는 네트워크입니다. 그리고 동료들은 도움이 필요할 때 회사 사람 누구에게라도 직접 부탁합니다.

둘째로 우리는 직급이라는 걸 사용하지 않아요. 우리 조직에서는 많은 사람들이 책임 있는 역할을 하고 있어요. 그런데 직급을 가지고 따지면 틀에 갇히게 되죠. 심지어는 명령권이 있는 양 착각하게 됩니다.

셋째로 우리 동료들은 모두 회사의 주인이고, 하고 싶은 일을 스스로 찾아서 합니다. 상사에게 지시를 받아서 일을 하는 것보다 각자가 하고 싶은 일을 찾아서 열과 성의를 다 바치는 것이 더 좋다고 우리는 확신합니다. 다만 무언의 약속을 스스로 실천해야 하죠. 그래서 동전의 양면이 있어요. 자유로이 의사 결정을 내리되 약속을 지켜야 합니다.

넷째로 우리는 많은 동료들이 따르는 사람을 리더라고 부릅니다. 그래서 우리 리더들은 권위 있는 자리에 있습니다. 그들은 상사와 비슷한 존재이죠. 우리는 여타 기업들처럼 연공서열에 따라 승진을 시키지 않습니다. 정말로 리더 자격이 있고 많은 동료들이 기꺼이 따르는지 동료들의 의견을 듣고 판단합니다.

고어사의 비전

게리 : 빌 고어가 고어사를 창립한 지도 50년이 넘었네요. 고어의 비전은 어땠습니까? 이렇게 통념에 위배되는 경영 방식이 어디서 나온 겁니까?

테리 : 빌은 신소재를 개발하는 데 굉장한 열정을 보였고 불소중합체 fluoropolymers 관련 기술에 대한 높은 가능성을 보았습니다. 고어사를 창립한 당시에만 해도 그는 사업 계획을 확실히 세우지는 못했지만, 직원들을 이끌고 조직을 구축하는 부분에서 뿌리 깊은 신념이 있었습니다. 기업은 혁신을 해야 한다고 생각하면서 그는 영감을 얻었습니다. 시장에 혁신적인 상품을 내놓아야 비로소 우리는 성공할 수 있습니다.

 이런 문제를 감안하는 과정에서 빌은 인적 요소를 두고 고민을 많이 했습니다. 그리고 빌은 당시 경영계에 혜성처럼 등장한 더글러스 맥그리거의 영향을 많이 받았습니다. 맥그리거의 저서 《기업의 인간적 측면》에 심취했고요. 또 그는 에이브러햄 매슬로의 안전, 안정 욕구 이론에 관심이 많았습니다. 이런 철학을 기본으로 회사의 가치를 창출했죠.

 동료들과 함께할 수 없다면, 혁신을 이룩하지 못합니다. 또한 사업과 관련된 것들을 가치 있게 바라보지 않고, 협력하고 정보를 공유하지 않고는 변화를 이룩하지 못합니다. 빌은 이 모든 것을 알았습니다. 그러면서도 이 모든 것에 대한 목표를 분명히 세웠어요. 단지 회사를 일하기 좋은 환경으로 만들겠다는 것이 목표는 아니었어요.

듀폰에서 근무하던 시절 빌은 소규모의 비밀 프로젝트팀에서 일할 기회를 얻었는데요. 당시에 팀원들이 여느 조직 사람들과 다르게 행동하는 것을 보고 한 방 얻어맞은 기분을 느꼈답니다. 팀원들은 카풀을 하여 함께 출근하고 뭔가를 이루기 위해 24시간 내내 일했습니다. 그리고 팀원들은 서로를 잘 알았죠. 회사 전체를 이런 분위기로 만들 수 없을까 하고 빌은 생각했습니다.

위계 없는 회사의 리더와 리더십

게리 : 고어사에는 위계질서가 없습니다. 직급도 없습니다. 그러면 고어사에서는 어떻게 리더가 되죠?

테리 : 우리 동료들 중 하나가 제게 이런 말을 하더군요. 제가 회의를 소집했는데 아무도 나타나지 않는다면 저는 리더가 아니라고요. 아무도 절 따르지 않는 거니까요. 고어사는 리더십을 간단히 평가해요. 동료들이 기꺼이 따르는지를 보는 거죠. 그래서 개개인이 리더로 성장하고 있는지 동료들의 설문을 통해 평가합니다. 우리 동료들은 누구의 이야기를 귀담아들을까? 누구를 자신들의 팀에 데려오고 싶어 할까? 이런 식의 물음을 통해 리더를 찾는 거죠. 고어사에서는 리더가 아래로부터 탄생합니다. 그리고 리더가 되면, 팀의 경쟁력을 끌어내고 동료들이 성장하도록 돕는 것이 리더의 임무임을 이해하게 됩니다.

우리의 리더십 모델은 리더의 역할을 확 뒤집은 것입니다. 우리가 권한을 활용하는 방식은 대다수 조직의 방식과는 꽤 다릅니다. 결국 가장 중요한 것은 우리 리더들이 '리더에 대한 지지'가 동료들에게서 나온다는 것 그리고 동료들의 기대와 회사의 가치에 부응하지 못하면 이내 동료들의 지지를 잃는다는 것을 안다는 점입니다.

게리 : 고어사에서는 직원들이 동료들을 도움으로써 영향력을 얻는다는 말씀 같네요. 또 그렇게 하지 않으면 영향력이 약화되기 시작하고요. 그렇다면 이런 현실에서 리더들은 어떻게 리더십을 발휘하고 성과를 창출할까요?

테리 : 이러한 분산 리더십 모델을 실천할 때는 이로 인해 혼란이 일어나지 않는다는 점을 분명히 해야 하지요. 무엇보다도 우리는 우리 조직 나름의 행동 원칙과 지침을 따릅니다. 이것들은 우리의 '참여 원칙'입니다. 이런 가치가 얼마나 중요한지에 대해서는 모든 동료가 알고 있답니다.

그래서 리더가 의사 결정을 하면, 직원들은 그 이유를 알고 싶어 해요. 자신들이 이의를 제기할 자격이 있고, 왜 회사를 위해 그런 결정을 내려야 하는지 알 권리가 있다고 생각하는 것이죠. 이 때문에 리더는 엄청난 부담을 느끼게 됩니다. 의사 결정의 이유를 설명해야 하는데, 우리 조직 문화의 맥락에서 설명해야 합니다. 왜 이것이 정당하지? 왜 이것은 우리의 신념과 원칙에 부합할까? 다시 한 번 말하지만, 우리 리더들이 느끼는 부담은 대다수의 기업에서 느끼는 것과는 차원이 달라요. 놀라운 일을 하기 때문입니다. 우리 리더들은 조직을 움직이기 위해 마음을 움직입니다.

의사결정의 속도와 방향

게리 : 그렇게 열심히 설명해주면 사람들이 모인다고 봐요. 그렇지만 그 때문에 일의 진행이 지연되진 않나요?

테리 : 그 부분이 불안하긴 하지만, 그래도 미리 시간을 투자해두면 자신을 따르는 동료들이 생깁니다. 우리는 확신해요. 동료들은 성심껏 힘을 보탤 뿐 아니라 좋은 성과를 달성합니다. 그러면서 동료들은 아이디어를 개선하고 의사 결정의 질을 높이는 데 힘을 보탭니다. 그래서 좀 더 시간이 걸리는 것이죠. 하지만 한번 의사 결정을 내리고 나면 빨리 실행하는 편이 낫습니다. 그때부터 전체 조직에서 속도를 내서 일을 처리하려고 할 테니까요. 많은 기업 조직에서는 리더들이 신속히 의사 결정을 내리면서도 의사 결정 뒤에 조직이 있음을 잘 인식하지 못합니다. 또한 직원들의 반은 회사가 왜 이런 방향으로 가고 있는지 모르고, 다른 반은 의도하든 않든 반대 방향으로 이끌립니다. 의사 결정과 실행의 전 과정을 두고 본다면, 우리의 방식이 훨씬 빠릅니다. 왜냐하면 의사 결정에 이르기까지 리더 몇 명이 아니라 조직 전체에서 지원을 하기 때문이죠.

게리 : 간부들은 흔히 의사 결정을 내린 다음 직원들을 설득함으로써 지지를 구합니다. 그것이 간부들의 소통 방식이에요. 그게 아니면, 간부들은 금전으로 보상하거나 인사고과를 활용하여 지지를 이끌어내기도 하죠. 반면에 고어사는 지지를 참여의 문제로 보는 것 같습니다.

테리 : 잘 짚으셨어요. 우리 동료들은 모두가 주인이고, 사업 성과를

두고 하나부터 끝까지 다 책임을 지려고 합니다. 우리가 전혀 딴 방향으로 가고 있거나 의사 결정이 잘못되었다는 생각이 들 때 곧바로 나서서 의견을 말하지 않고는 못 배깁니다. 우리의 가치가 목소리를 낼 권리를 준다는 것을 그들은 알고 있어요. 이는 리더에게 때때로 골치 아픈 문제가 되기도 합니다. 성과뿐 아니라 업무 처리 방식도 평가를 받으니까요. 고어사에서 리더가 되는 것은 여간 힘든 일이 아닙니다. 직원들이 그토록 기대를 많이 하니까요.

게리 : 고어사는 훌륭한 리더를 육성하는 만큼 훌륭한 팀을 양성하는 데 중점을 두는 것으로 알고 있습니다. 그 이면의 생각이 궁금합니다.

테리 : 조직에서 경영진이 중대한 의사 결정을 도맡아야 한다는 생각은 옳지 않은 것 같습니다. 고어사는 소규모 팀들이 중요한 의사 결정을 합니다. 어느 팀을 보더라도 팀원들이 저마다 다른 생각을 드러내요. 모두가 비슷한 생각을 하는 일은 없어요. 우리는 그런 태도를 장려해요. 또한 팀들이 함께 시간을 보내고 신뢰를 쌓고 관계를 맺도록 권합니다. 왜 그럴까요? 팀들이 한 방에 모였는데 서로 믿음이 부족하면 혼란이 야기되고 알력 다툼이 벌어지거나 자신들이 공격당한다고 생각하겠죠. 우리는 우리 팀들이 능률을 높이도록 많은 것을 투자합니다. 그래서 팀들이 그에 관한 좋은 논의를 할 때, 연구원이 영업 사원과 의견이 맞지 않을 때 혹은 공장 쪽과 마케팅 쪽이 대립할 때, '네가 이기고 내가 지는 식'으로 하지 않고 모두가 더 좋은 해결책을 찾는 분위기에서 토론을 합니다.

우리는 의사 결정이 중앙에 집중되는 상황을 방지하려고 합니다. 우리 동료들의 다양한 의견을 바탕으로 의사 결정을 이끌어내어야 하는데, 이런 우리의 목표를 달성하는 데 차질이 생기기 때문입니다. 고어사에서는 누구나 의사 결정권이 있고 결과에 책임을 져야 한다는 점을 확실히 하고 싶어 합니다.

새로운 사람이 들어올 때

게리 : 고어사에서 리더가 되는 것이 왜 도전인지 이해가 되네요. 기업 조직에서는 대부분 리더들이 지위에 따르는 영향력을 가지고, 누군가의 결정에 따라 사업 책임자나 부서 책임자로 임명됩니다. 그리고 그들의 부하 직원들은 그들의 지시에 따라야 합니다. 게다가 그들은 부하 직원들에게 제재를 가할 수 있습니다. 지시를 잘 따르지 않는 부하 직원을 해고하거나 강등할 수 있다는 말입니다. 하지만 고어사는 다릅니다. 외부에서 영입된 리더는 고어사의 리더십 모델에 적응하는 데 어려움을 겪을까요? 업무 절차를 익히느라 혼쭐이 날까요?

테리 : 우리는 고급 인재를 영입하기도 하는데, 리더 역할을 맡길 때는 매우 신중하게 합니다. 아무리 역량과 경험이 뛰어나도 우리 문화를 체험하지 못했기 때문이죠. 그래서 그런 사람에게 곧바로 리더 자리를 주는 것은 매우 위험합니다. 대체로 처음에는 팀 업무를 맡기거나 능력과 기술을 발휘할 수 있는 일을 맡겨요. 그리고 우리 조직 문화에 부합해서 동료들을 이끌어가는 법을 터득하도록 도와줍니다.

이렇게 하여 여러 번 효과를 봤지만, 쉬운 일이 아니에요. 면접 자리에서 소중히 하는 가치가 뭐냐고 물어보면 대부분 "저는 사람들과 어울리기를 좋아합니다. 저는 팀워크가 중요하다고 생각합니다" 따위의 대답이 돌아옵니다. 하지만 그들을 우리 환경에 집어넣고 그들에게서 권한을 박탈하는 경우, 그들이 제 역할을 못 할지도 모릅니다. 그들이 지금까지 자신의 직위와 권한, 명령 통제권에 기대서 일을 처리해온 것을 인식하지 못하기 때문입니다.

여타 기업에서는 리더라고 하면 흔히 팀에서 아는 것이 가장 많고 회사를 대변하며 최고로 현명할 것으로 기대를 합니다. 우리는 생각이 다릅니다. 조직 전체를 활용하고 싶다면, 관련 지식을 가진 동료들에게 리더로서의 책임을 분할해줘야 합니다. 고어사의 모델은 전통적인 리더의 역할을 바꾼 것이에요. 리더의 역할은 조직 문화를 건전하게 이끌어가는 것입니다. 이 제도는 효과가 있는가? 팀들이 협력하고 있는가? 우리는 다양한 의견을 수용하고 있는가? 좋은 아이디어가 나오고 있는가?

우리 고어사의 리더들 중에 독불장군은 없습니다. 우리는 늘 동료들과 머리를 맞댄 채 의사 결정을 내리고 전략을 수립하며 아이디어를 냅니다. 우리 동료들은 조직의 규모와 효율을 높이는 데 일조하기 위해 애씁니다.

게리 : 신입 동료가 입사하면 어떤 생각이 드나요? 입사한 사람들은 승진할 일이 없을 텐데, 어떻게 그들의 지지를 이끌어내죠? 그들은 어떻게 고어사의 조직 문화를 체득합니까?

테리 : 처음에는 뭘 해야 할지 모를 겁니다. 그래서 우리는 신입 동료들이 일을 찾아가도록 그들 각각과 함께합니다. 그들에게 각각 스폰서가 따라 붙어요.

고어사에서 스폰서는 리더와는 다른 개념인데, 매우 독특한 역할을 합니다. 스폰서는 멘토 같은 사람인데요, 동료의 성공과 발전을 책임집니다. 리더도 스폰서가 될 수 있지만, 어떤 역할을 하는지 분명히 해둘 필요가 있어요. 사업을 맡은 리더라면 사업 성과에 따라 평가를 받기 때문에 어떤 역할을 해야 할지 혼동을 겪을 수 있어요. 소중한 팀원들 중 누군가가 성장하고 발전하기 위해 그 업무에서 손을 떼야 할 일이 생길 수도 있습니다. 이래도 문제, 저래도 문제지만, 동료의 잠재력을 한껏 끌어내는 것이 스폰서의 책임이에요.

신입 동료는 전 직장에서 누리지 못했던 자유를 흠뻑 맛보겠지요. 하지만 스스로 판단하고 실행하는 측면에서 아주 많은 책임이 따른답니다. 그리고 스폰서가 옆에 대기하고 있다 해도 자신의 경력 목표를 세우고 자신이 제일 잘할 수 있는 일을 스스로 찾아야 해요. 대부분의 사람들에게 그러한데, 위계질서가 분명한 조직에서 전혀 맛볼 수 없는 체험을 하는 겁니다.

공장 위치 선정과 사업 분할

게리 : 고어사만의 독특한 방식이 하나 더 있습니다. 공장 위치 선정입니다. 고어사를 보면, 노동력이 저렴한 지역에 대규모 공장 단지를 조성했던 경우가 없어요. 공장들이 소규모 단위로 모여 있습니다. 고어사는 또한 사업 규모가 일정한 수준에 도달하면, 사업을 분할합니다. 아무리 봐도 효율적이지 않은 것 같은데요. 뭐 특별한 이유라

도 있나요?

테리 : 우리가 활용해온 두세 가지 방식이 있어요. 첫째는 세 다리 의자예요. 시스템을 비유하자면 그렇단 말이에요. 우리는 여러 사업 부문을 같은 곳에 배치해요. 연구, 생산, 영업 관련 부서들이 한곳에 있어야 혁신이 일어나니까요. 그 부서들이 서로를 성장시킵니다. 이런 방식은 또한 리더를 양성하는 데 도움이 됩니다.

둘째, 공장이 너무 크거나 조직이 방만하면, 쉽게 말해서 조직 구성원 수가 250명이나 300명이 넘으면 조직을 보는 관점이 달라집니다. 주인의식 또는 의사 결정에 참여하려는 의욕, 새로운 것을 만들어내려는 동기가 약해지기 시작해요. 빌 고어는 '쪼개라, 그래야 더 증식할 수 있다'라는 철학을 강조했어요. 쪼개서 증식시키는 방법을 찾는 것이 리더의 막중한 책임이라고 했지요. 단위를 나누고 그와 관련된 활동을 늘림으로써 성장을 가속시키는 것이죠. 그 방법을 찾아야 합니다.

대규모 조직은 중요한 자원을 독차지함으로써 소규모 조직들을 압박하는 경향이 있어요. 그래서 조직을 쪼개면 소규모 조직들이 그들만의 자원을 확보하고 작업의 우선순위도 알아서 정할 수 있어요. 혜택이 하나 더 있어요. 새로운 리더들이 탄생하는 거죠. 왜냐하면 큰 지붕 아래에서 한 사람이 조직을 이끌어가는 방식이 더 이상 통하지 않으니까요. 다만 리더에 따라 팀이 뚜렷이 구별되죠.

다양한 사업 부문을 같은 장소에 배치하면 현재의 경제 실정에 맞게 사업 기회를 모색할 수 있어요. 어느 업종이 침체되고 있다면, 동료들로 하여금 다른 기회를 모색하게 하고 싶을 거예요. 그런데 우리 공장들이 멀리 떨어져 있으면, 그런 일이 어려워집니다. 대학 캠퍼스를 생각하면 이해하기 쉬워요. 소규모 공장들이 반경 40킬로미터 이내 지역에 위치하는 것입니다. 이렇게 하면 과감히 사업을 전환하고 망설이지 않고 새로운 기회를 포착하기 마련입니다. 이로써 동료들이 수익성 없는 사업이나 상품 영역을 고수할 위험성이 줄어듭니다.

조직의 질서 유지

게리 : 부하들을 마구 부려온 전통적인 관리자들은 고어사를 비현실적으로 볼 수도 있겠군요. 순진무구한 짓을 하고 있다고 생각할지도 모르겠습니다. 고어사는 위계질서가 없고, 상사가 지시하는 일도 없습니다. 직원들은 스스로 목표를 세우고 업무를 보죠. 게으름뱅이들의 천국 같기도 해요. 일하기 가장 좋은 회사 자리를 놓치지 않을 만합니다. 그런데 규율은 어디서 나오는 것이죠? 경영자들은 대부분 자율과 규율을 물과 기름처럼 봅니다. 그런데 고어사는 전혀 그렇지 않아요. 고어사는 나이키와 P&G 같은 까다로운 고객을 상대합니다. 그리고 창립 이래 손실을 낸 적이 한 번도 없습니다. 어떻게 조직의 질서가 유지되는 것이죠?

테리 : 혼란스러운 날들도 있었어요. 완벽한 것을 그리려는 게 아니에요. 팀들이 하나가 되어 관계를 형성하고 만들어가게끔 할 수 있습니다. 그런데 고어사에는 근본적으로 다른 것이 있어요. 우리의 가치들이 가장 중요해요. 우리는 그 가치에 따라 서로를 대한답니다.

신뢰가 그 중심에 있습니다.

규율이 유지될 수밖에 없는 가장 강력한 이유가 있어요. 조직에서 누구나 동료들로부터 평가를 받고 그 평가에 따라 보상이 달라진다는 것을 안다는 것이죠. 상사의 압박보다 동료의 압박이 훨씬 더 효과가 좋아요.

아까 말했듯이 우리 동료들은 스스로 목표를 정합니다. 그런데 동료들이 평가한다는 것을 인식하지 못하면 어떻게 될까요? 관심 있는 일만 하거나 시간만 때우려 하고 회사에 별로 도움이 되지 않는 일만 하려고 할 겁니다. 그렇지만 우리는 계속 회사에 이바지하는 모습을 보이려고 애씁니다. 자기의 장점을 활용할 수 있는 기회를 엿보게 되죠. 마음속으로 자연스럽게 압박을 느낄 수밖에 없어요. 모든 동료들이 영향력 강한 일을 하고 싶어 합니다.

보통 20명이나 30명의 동료들로부터 평가를 받고 차례차례 20명이나 30명을 평가해요. 동료를 머리끝에서 발끝까지 평가합니다. 의무적인 평가이고, 아는 동료만 평가해야 합니다. 이런 평가를 하면서 느끼는 것은요, 최고의 인재라고 인정받는 동료들이 늘 한결같다는 것입니다. 꼴등을 차지한 동료들도 마찬가지고요.

동료들에게 평가 기준을 알려주진 않고, 단지 회사의 실적에 가장 큰 기여를 한 순위를 매기라고 요청해요. 동료를 평가할 때는 단지 팀에 기여하는 것만을 기준으로 삼지는 않아요. 회사 전반에 얼마나 영향을 미치고 있는가 하는 측면에서 평가합니다. 그리고 조직에 기여하는 부분을 넘어서 동료들과의 협력, 조직의 가치 실천 여부를 바탕으로 평가합니다. 그런데 대단한 실적을 올렸는데 엄청난 비용을 지출한 경우도 있어요. 순위를 매기면서 주로 그런 문제를 고민합니다.

우리는 또 리더 개개인이 모여서 위원회를 구성합니다. 이 위원회는 여러 기능을 하는데, 동료들과 관련된 모든 것을 검토하고 토론한 다음, 일등부터 꼴등까지 전체 순위를 매깁니다. 그런 다음 순위에 따라 보상을 차등 지급해요. 회사에 기여를 많이 할수록 보상을 많이 받게 된답니다.

좀 냉정해 보이지만, 이렇게 해야 진짜 인재를 평가할 수 있어요. 이 시스템에서는 연공서열에 따라 보상을 차등 지급하는 문제가 발생하지 않아요. 신입 동료들 특히 우두머리가 되는 것에 별로 관심이 없는 연구원들이 자신의 가치를 높여 보면 좋겠어요. 그들이 앞으로 새로운 발명을 할 사람들이니까요. 완벽한 시스템은 없어요. 다만 우리는 업무 현장에서 차별을 없애고 진짜 인재가 탄생하여 합당한 보상을 받도록 해줍니다.

우리는 남들에게 책임을 전가하는 관료 체제가 필요치 않습니다. 출퇴근 기록 카드도 필요 없어요. 직원들 출퇴근 시간에는 관심이 없으니까요. 직원들이 회사에 얼마나 기여하는가에만 관심이 있습니다. 어느 조직이라도 전형적인 관료적 프로세스를 해체할 수 있습니다. 그것들은 대개 실적을 평가하고 관리하는 데 활용되는 것들이죠. 우리는 비탄력적인 성과 매트릭스를 활용하지 않기 때문에 의도치 않은 결과가 나올 일이 없습니다. 사업의 복잡성도 반영되지 않은, 협소한 매트릭스로 동료를 평가한다면 어떻게 될까요? 동료의 모든 것이 부정적으로 보일지 모릅니다. 우리는 동료들에게 소수의 특정한 변수에만 집중하지 말고 전체론적 관점에서 성과를 평가하라고 말합니다.

상충 요소 사이의 균형

게리 : 수많은 기업들이 경영에서 성장과 실적, 단기 수익과 장기 수익 등 여러 상충 요소들의 균형을 유지하려고 애씁니다. 이런 상충 요소들은 대개 조직 윗선에서 생겨납니다. 이를테면 CEO가 비용을 줄이자고 강조한 지 얼마 지나지 않아 유망한 사업 기회를 놓치고 맙니다. 이런 경우도 있습니다. 경영자가 늘 성장을 강조했는데, 성장에 집중하느라 단기 수익 기회를 놓쳤음을 나중에 알게 됩니다. 소위 '시계추 효과$_{pendulum\ effect}$'를 일으키는 것이죠. 가파른 경사 길을 너무 급하게 달리면 차가 전복되기 마련입니다. 그렇다면 고어사는 어떻게 이런 일을 방지하죠? 또 골치 아픈 상충 요소들에 대한 관리 책임을 어떻게 분산시킵니까?

테리 : 처음부터 우리는 이처럼 모호한 데다 극과 극에 있는 부분들을 동료들에게 설명해줍니다. 이것들을 그대로 유지하지 않습니다. 이것들을 틀에 넣어서 단순해빠진 비즈니스 모델로 해결하려고 하면 미묘한 상충 요소들을 제대로 다룰 수 없어요. 우리는 리더들만이 아니라 동료들도 상충 요소들로 인한 갈등과 압박감을 느끼게 하려고 합니다. 즉 조직에 책임감을 느끼는 동료들이 상충 요소들을 스스로 해결하도록 유도하는 것이지요. 상충 요소들이 실제로 얼마나 복

잡하게 얽혀 있는지 동료들은 아주 잘 이해해요. 동료들의 이해를 돕기 위해 그만큼 우리 리더들이 애쓰기 때문이지요. 리더라면 의사 결정 시 감안해야 할 요소들을 빠짐없이 동료들에게 설명해야 합니다. 상충 요소들을 잘 다루는 인력은 소수입니다. 우리에겐 이런 소수 인력보다는 복잡한 의사 결정을 해결할 수 있는 동료들이 다방면에 포진하고 있습니다.

가끔 이 모델을 어떻게 확대할지 고민하곤 합니다. 우리는 동료 50명에게 질문을 던졌지요. 그다음엔 다시 500명에게 질문을 던졌어요. 다시 1만 명에게 질문을 던져야지요. 그런데 한 가지 사실을 알았어요. 우리가 조직을 키울 수 있는 이유가 우리 경영 모델 덕분이라는 것이죠. 우리 경영 모델은 핵심 간부 몇 사람이 주요 의사 결정 권한을 쥐고 있는 모델이 아니기 때문이지요. 우리는 팀들에게 권한을 넘깁니다. 우리 운영팀들은 탁월한 의사 결정 능력을 갖추고 있습니다. 항상 시의적절하게 의사 결정을 내린답니다.

고어사의 방식이 확산되지 못한 이유

게리: 고어사는 역사가 50년이 넘는 데다 여러 사례 연구 대상이 되었습니다. 그런데 왜 비즈니스 세계에 고어사의 경영 모델이 뿌리내리지 못했을까요? 고어사의 경영 모델은 왜 좀 더 널리 확산되지 않았을까요?

테리: 첫째, 우리의 성장은 현재 진행형이지요. 아직까지 우리 경영

모델을 완전히 정립하지 못했어요. 그렇지만 다른 기업들에게 이렇게 말할 수 있어요. 조직에 잠재되어 있는 가치들을 살피라고요. 지난 수십 년간 우리가 혜택을 얻고 강화해온 방식은 무엇일까? 그것은 조직 구성원들이 확신하는 조직 문화로 자리 잡았을까? 그로 인해 조직 구성원 개개인이 동기를 자극받을까? 그로 인해 협력 의식이 조성될까? 그로 인해 조직 구성원들이 동료들과 정보와 경험을 공유할까? 이런 사항들을 제일 먼저 따져봐야 합니다.

그런데 조직은 굉장히 심각한 실수를 저지를 수 있어요. 훌륭한 가치를 분명히 내세우지만, 실천하지 않는 경우가 그렇답니다. 그렇게 되면 직원들이 자기 이익만 챙기기 시작합니다. 일상에서 상사들과 부대끼며 경험하는 것이 조직의 가치에 어긋나기 때문입니다.

둘째, 조직의 리더십 모델을 평가해야 합니다. 조직 관리가 이거 하나로 끝난다고 해도 과언이 아니지만, 리더의 동기를 자극하는 것이 무엇인지, 리더가 얼마나 보상을 받는지, 무엇을 가치 있게 여기는지 살펴야 해요. 이 문제를 해결하지 않고는 아무것도 할 수 없어요. 리더들은 자신들의 역할을 다른 관점에서 바라봐야 해요. 이것이 우리의 리더십 모델입니다.

리더는 지시하는 사람이 아닙니다. 조직의 핵심 인물도 아닙니다. 조직의 리더는 조직 구성원들이 성장하도록 돕는 사람입니다. 이런 혼란스러운 과정이 발생하도록 리더는 권한과 통제권을 내주어야 합니다. 그렇게 하면 리더는 다양한 관점을 수용하고 팀들이 하나로 뭉쳐서 의사 결정을 내리게 만듭니다.

셋째, 견제와 균형을 분명히 해야 합니다. 고어사는 동료 평가 프로세스를 견제와 균형의 도구로 활용합니다. 다른 기업들도 나름의 방식이 있을 겁니다. 계속해서 혜택이 생기는 방식, 우리가 계속 강화하는 방식은 무엇일까요? 답이 나왔다면 그것을 경영 방식에 녹여야 합니다. 만약 다른 기업 조직에 고어사의 문화를 조성하고자 한다면, 이 물음부터 따져보겠습니다.

미래 조직의 모습

게리: 과거에 고어사의 경영 모델을 접했다면, 흥미롭지만 반드시 필요한 모델은 아니라고 생각했을지 모릅니다. 여러 방식이 있으니까요. 하지만 고어사 모델의 핵심 요소들을 들여다보니 그것이 조직의 경쟁력을 좌우하는 필수요건이라는 생각이 들었습니다. 협동 의사 결정 프로세스, 리더가 임명되지 않고 아래로부터 탄생하는 조직, 동료들이 풍부한 정보와 자유재량권으로 중대한 상충 요소를 조율하는 방식 등 모든 것이 경쟁력이라는 생각이 들었습니다.

테리: 세대가 많이 변했죠? 우리 젊은 동료들을 보면 우리와 참 다르다는 생각을 하게 됩니다. 이를테면 우리 젊은 동료들은 조직에 기여하고 싶어 합니다. 또 정보를 자유로이 공유할 수 있는 협력 네트워크에서 일하고 싶어 해요. 이런 것들을 조직이 충족시켜주지 않는다면 다른 조직과 경쟁할 수 없을 겁니다. 그뿐만이 아닙니다. 인재를 끌어들이지 못하거니와, 분명한 사실은 인재를 보유하지 못한다는 겁니다. 이런 사실이 최고의 인재를 모으기 위한 방법의 전부입니다.

이전 순서에서 던진 물음을 떠올려보자. 통제의 이념이 경영과 동일시되어온 것처럼, 자유의 이념이 중심이 되는 경영 시스템을 실제로 구축할 수 있을까? 그 답에 이미 동의했기를 바란다. 답은 '그렇다'이다. 고어사 같은 기업은 흔치 않지만, 보통의 경영을 대체할 만한 것들이 실재한다는 사실만큼은 부정할 수 없다. 고어사의 모델이 굉장히 파격적이라고 생각하는가? 모닝 스타 사람들을 만나면 생각이 달라질 것이다.

ESCAPING
THE
MANAGEMENT
TAX

관리 부담에서 벗어나라[1]

머리가 비대한(상부 조직의 비중이 큰) 경영 구조는 전제적으로 운영될 뿐 아니라 분명하면서도 미묘하게 비용을 상승시킨다. 우선 경영자들이 간접비를 상승시키는데, 조직 규모가 커질수록 절대적이고 상대적으로 간접비가 상승한다. 그 이유를 살펴보기 위해, 관리자 1명과 직원 10명이 있는 소규모 조직을 떠올려보자. 이런 조직의 경우 관리자와 직원의 비율은 1대 10이다(흠, 얼마 안 되네). 그러면 이제는 10만 명의 직원들을 앞의 경우처럼 1대 10의 비율로 관리하는 조직을 생각해보자. 이런 전 세계적인 거대 기업은 1만 1,111명의 관리자를 둘 것이다(이렇게 되면 관리자가 전체 인력의 11퍼센트를 차지한다는 말이다. 혹은 직원 10명당 1명이 관리자라는 말이다).

그런데 왜 관리자의 숫자가 1만 명이 아니라 1만 1,111명이 될까? 관리자들을 관리하는 상급 관리자 1,111명이 필요하기 때문이다. 여기서 더 나아가 각 관리자가 직원 1명의 급여보다 3배나 많은 급여를 받는다고 가정해보자. 이 경우에 관리 비용은 급여 총액의 33퍼센트를 차지한다(11퍼센트×3). 더군다나 당연히 대기업은 IT, 재무, 인적 자원, 전략 수립 등을 담당하는 직원들과 중간 관리자급 직원들을 수천 명이나 거느릴 것이다. 이들의 주요한 임무는 무엇일까? 조직이 복잡성의 하중을 못 이겨 무너져 내리지 않도록 방지하는 것이다.

한편 중대한 의사 결정이 최악의 결과로 이어지는 경우 엄청난 비용이 발생한다. 중대한 의사 결정 상황이 늘 심각한 위험으로 치닫지는 않지만, 이런 위험은 계층제 조직에서 더욱 악화되기 마련이다. 기업에서는 대부분 고위 간부들이 부하 직원의 의사 결정을 감독하지만, 그 반대의 경우는 거의 일어나지 않는다. 원칙상으로 보면 이사회가 경영진의 의사 결정을 충분히 감독할 책임을 진다. 하지만 이사회는 흔히 경영진의 의사 결정에 순응하는데, 잘못된 의사 결정으로 큰 손실이 발생하고 나서야 문제를 인식한다. 모순되게도 중요한 의사 결정을 내리는 자리에는 직급이 낮은 직원들이 별로 참여하지 않아서 의사 결정권자에게 이의를 제기할 일도 별로 없다. 문제의 경중을 떠나서 자만심과 근시안, 단순한 사고로 인해 잘못된 의사 결정에 빠질 수 있다. 의사 결정권자가 사실상 무소불위의 권력을 휘두를 때 그 위험성은 더욱 커진다.

또 다른 위험성도 있다. 조직에서 막강한 권력을 가진 관리자는 대개 일선 현장의 실정과 동떨어진 생각을 하는 경향이 있다. 그래서 조직의 최상층부에서 내린 결정이 현장에서는 비현실적인 것으로 드러날 때가 많다. 이로 미루어 본다면 대형 합병이나 전면적인 조직 개편, 투기성 투자를 조심하라는 경고성 이야기가 경제 전문 잡지를 가득 메우는 현상이 그리 놀랍지 않다. 누군가에게 '군주의 권력'을 쥐여줘 보라. 머지않아 처절하게 기대를 배반할 것이다.

마지막으로 다층 경영 구조가 마찰을 일으킨다. 계층제 조직에서는 말단 직원이 낸 의견이 윗선을 거치면서 가로막힌다. 그래서 이런 다단계 직급 구조에서는 의사 결정 주기가 길어지고, 의사 결정 반응이 느려지며, 유망한 기회가 사라질 가능성이 있다. 관리자들은 조직을 관리하기 위해 비용을 지출하지만, 권위를 세우고 싶은 마음에 일부러 일을 지연시키기도 한다.

더불어 이런 비용들이 관리 부담이 된다. 물론 중요한 것은 관리 부담을 떠안아서 무엇을 얻는가이다. 관리 부담을 낮출 수는 없을까? 관리를 통해 통제를 할 수 있다. 그런데 고어사처럼 간부들보다 동료들의 책임을 강화하여 면세를 받을 수 있다. 관리를 통해 협력도 도모할 수 있다.

관리자들은 조직의 조화와 균형, 통합을 이루는 사람들이다. 관리자들은 또한 조직의 든든한 버팀목으로서 여러 활동을 연계하고 여러 팀이나 사업 단위를 연결하여 조직을 단합시키는 역할을 한다. 조직도의 네모 칸들은 꽤 간단하게 조직 구성원들을 연결하는 틀로 활용된다. 물론 이 개념에는 협력이 중앙에 집중되어야 한다는 전제가 깔려 있다. 달리 말해서 서로 이질적인 기여를 하는 다방면의 조직 구성원들을 통합하는 핵심 관리자 집단이 필요한 것이다. 그들 개개인은 중립적인 입장에서 조직의 큰 그림을 그리고, 부가가치를 창출하기 위해 직원들에게 협업을 시킬 수 있다. 거듭 강조하지만 위에서 열거한 모든 이유를 보더라도 권력이 집중되면 비싼 대가를 치르게 된다.

시장과 계층제

하향식 통제를 거의 하지 않고 인간의 활동을 조화시키는 시장의 능력을 경제학자들은 예전부터 찬양해온 지 오래다. 매일 모여서 일하는 800만 뉴요커를 생각해보라. 뉴욕에서는 농부, 포장 담당 직원, 도매업자, 트럭 운전자, 슈퍼마켓 직원, 식당 점원, 음식 공급 업자 등 수많은 직종의 사람들이 일을 하며 살아가고 있다. 뉴욕에는 시장에 의해 임명된 '푸드 차르food czar'가 없지만, 어쨌든 시민들은 계속해서 음식을 공급받는다. 여기서 어떤 교훈을 얻을 수 있을까? 수많은 시민들이 중앙 권력의 통제를 받지 않고 스스로 판단하고 일을 처리해야 한층 더 효율적인 결과가 나온다는 것이다. 이것이 자본주의의 힘이다!

그럼에도 로널드 코스Ronald Coase와 올리버 윌리엄슨Oliver Williamson 같은 경제학자들은 시장에 한계가 있음을 오래전부터 인정해왔다. 거래 계약에 의한 상호 의존 관계는 관리되어야 마땅한데, 상호 의존 관계가 안정적이고 관련 조항이 구체적이며 명확해야 계약이 원활히 진행된다.

포장 과일 전문 업체가 식료품점에 과일을 공급할 때 그에 관한 거래계약서를 작성하는 일은 그리 어렵지 않다. 하지만 조정coordination 과정이 매우 복잡하게 전개될 때, 달리 말해 투입되는 것들이 매우 다양할 때, 그것들이 균일하게 조합되어야 할 때, 완전히 새로운 형태의 지식을 공동으로 창출해야 성공이 가능할 때, 시장의 '보이지 않는 손'이 잘못 작용할 수 있다. 예컨대 독립 계약자들이 서로 이질적인 그들의 활동들을 어떻게 조합해낼지 생각하다 보면 머릿속이 복잡해진다. 그런 과정들을 제대로 조정해야 대규모 프로세스 집약적 생산 활동을 운영할 수 있다.

그래서 회사, 즉 어떤 법의 테두리 안에서 핵심 참가자들을 규합시키는 조직이 필요한 것이다. 여기서 경영자들은 시장market이 할 수 없는 일을 한다. 경영자들은 조직 구성원 수천 명의 활동을 하나의 통합 제품integrated product(이를테면 자동차 포드 포커스) 또는 하나의 엔드투엔드 서비스end-to-end service(이를테면 싱가포르 항공의 태평양 횡단 노선)로 통합한다.

경영자들은 경영 역사학자 알프레드 챈들러Alfred Chandler가 명명한 '보이는 손visible hand'이 된다. 그러나 우리가 확인했듯이 경영자의 보이는 손이 변변치 않게 작용하는 경우가 많다. 회사의 간접비가 폭등하거나 회사가 치명적인 손실을 입거나 조직이 새로운 흐름에 신속히 대응하지 못하는 경우가 그렇다. 그러니 관리상의 상부구조 없이 조직이 높은 수준의 조정을 할 수 있다면 얼마나 좋겠는가?

오픈 소스 소프트웨어 프로젝트를 들여다보라. 최고의 조직이란 이런 것이구나 하는 생각이 얼핏 들 것이다. 여러분은 수십 명 또는 아마도 수백 명의 프로젝트 참여자들을 보게 될 것이다. 그러면서도 관리자 역할을 하는 사람은 거의 보지 못할 것이다. 그럼에도 이런 유형의 협업은 대부분 인터넷에 연결되기만 하면 가능하다. 오픈 소스 소프트웨어 프로젝트를 보면, 개별적인 부분들이 하나로 조합되는가 하면 자발적 참여자들이 독자적으로 작업을 하기도 한다. 또한 인터페이스가 명확히 설정되어 있으며, 그렇다고 획기적인 과학적 성과 달성을 목표로 하지는 않는다.

잠시 보잉Boeing사가 최신에 여객기를 만들면서 직면한 협업 문제를 떠올려보라. 그다음 오픈 소스 소프트웨어 프로젝트와 비교해보라. 최근 보잉사는 최신에 여객기를 만들기 위해 전문가 수천 명을 모아서 수많은 최첨단 디자인 문제와 생산 문제를 해결해야 했다. 그러나 애석하게도 보잉사가 최근에야 깨달았듯이, 개발의 상당 부분을 아웃소싱한다고 해서 조정의 문제가 수월해지지는 않는다. 시장이 '꿈의 항공기Dreamliner(보잉 787 드림라이너)'를 만들어주지는 않는다.

우리는 그러한 틀에서 빠져나오지 못하는 것일까? 중앙의 통제는 복잡한 활동을 조정하기 위한 유일한 방법일까? 우리는 관리 부담을 떠안아야 할까?

경제학자들은 '그렇다'라고 답할 것이다. 정의에 따르면 시장은 분권화되어 있고, 기업은 중앙집권화되어 있다. 경영자들은 대부분 이에 동의할 것이다. 왜냐하면 경영자들은 분권화와 통합화의 수준이 높은 기업을 겪지 못했기 때문이다. 그런데 나는 운 좋게도 그런 기업을 알고 있다.

모닝 스타를 만나라

여러분은 피자나 햄버거 또는 스파게티를 먹을 때 토마토케첩이나 소스를 뿌려 먹을 것이다. 그때 모닝 스타Morning Star 제품을 썼을지 모른다.

캘리포니아 주 새크라멘토Sacramento 우들랜드Woodland에 본사를 둔 모닝 스타는 세계 최대의 토마토 가공 회사로, 매년 미국에서 가공되는 토마토의 25퍼센트에서 30퍼센트를 처리한다. 모닝 스타에는 정규직 직원 400명이 근무하며 연 매출이 7억 달러를 넘는다. 성수기에는 사방에 퍼져 있는 각각의 가공 시설에서 한 시간에 거의 1,000톤 이상의 토마토를 가공하기도 한다. 이와 같이 복잡하고 자본 집약적인 사업은 수십여 개 핵심 프로세스가 정확히 편제될 때 효율로 이어진다.

캘리포니아 5번 도로를 타고 캘리포니아 중심을 지난 적이 있다면, 토마토를 싣고 공장으로 향하는 모닝 스타의 화물차를 한 번쯤 봤을 것이다. 모닝 스타는 1970년 UCLA의 MBA 학생이던 크리스 루퍼Chris Rufer가 토마토 수송 회사로 창업했다. 40년이 지난 지금도 루퍼는 여전히 모닝 스타의 사장직을 맡고 있다.

당시에 루퍼는 트럭 운전 일을 하면서 토마토 가공의 효율을 높이는 방법에 대해 늘 고민했다. 그렇지만 루퍼는 자신의 궁금증을 해결해줄 만한 업계 전문가를 만나지 못했다. 그의 호기심은 좀처럼 해소되지 않았다. 그래도 루퍼는 단념하지 않고 여기저기 투자자들을 찾아다녔다. 그런 노력 끝에 1983년 그의 첫 토마토 공장을 가동하기에 이르렀다.

그런데 그로부터 몇 년도 지나지 않아 루퍼는 회사의 방향과 조직의 철학을 두고 동업자들과 자주 의견 충돌을 벌이게 되었다. 그러다가 루퍼는 정체된 상태에서 벗어나기 위해 자신의 토마토 가공 공장 지분을 처분했다. 다만 모닝 스타 상호에 대한 권리는 그대로 유지했다. 루퍼는 곧 새로운 가공 시설을 구상했다.

1990년 마침내 루퍼의 공장은 캘리포니아 주 로스배노스Los Banos 인근 지역에서 16만 제곱미터에 걸쳐 펼쳐졌다. 한여름에 그곳을 지나가다 보면, 긴 행렬로 늘어선 트럭들이 차례대로 평탄한 고개를 올라 원료를 내리는 광경이 눈에 들어올 것이다.

물이 왈칵 쏟아져 나오면 트레일러에서 토마토들이 미로처럼 생긴 수로에 떨어진다. 이렇게 첫 단계인 세척 단계에서 토마토가 씻기고 잎과 줄기 등 필요 없는 부분이 제거된다. 씻긴 토마토는 가공 용기에 폭포수처럼 떨어진다. 이내 광전자 센서가 작동하고 손가락처럼 생긴 장치가 토마토를 색깔과 크기별로 분류한다. 토마토는 대부분 페이스트로 생산되며, 그 외의 것들은 깍둑썰기로 처리된다. 가공 라인의 끝에는 무균 처리 된 대형 상자들이 즐비하게 놓여 있다. 그 상자들 속에 1톤이 넘는 가공 토마토가 쌓인다. 토마토로 꽉 찬 상자들은 트럭과 레일카에 실린다.

현재 모닝 스타는 대형 토마토 가공 시설을 세 개나 운영하고 있다. 각 공장 안에는 넓은 방음 통제실이 여러 개 있다. 또한 벽에 붙어 있는 플라스마 스크린에서 수많은 단계에 이르는 토마토 가공 과정이 실시간으로 방영된다. 분위기만 보면 할머니의 부엌이 아니라 나사NASA의 통제 센터 같다.

모닝 스타는 고객들의 니즈에 따라, 약간씩 다른 수백 가지 조리법으로 토마토를 가공한다. 토마토는 벌크 제품(박스 포장이 되어 있지 않은 채 대량으로 유통되는, 주로 공장용 제품-옮긴이)뿐 아니라 캔 제품으로 생산하는데, 캔 제품은 곧바로 슈퍼마켓에 진열되거나 요식업자들에게 공급된다. 공장들은 토마토 중심 사업의 일부분이다. 공장 외에 매년 토마토를 200만 톤이나 실어 나르는 트럭 운송 회사도 있고, 토마토를 수확하는 사업체도 있다. 모닝 스타는 보통 해마다 1,000만 평에 이르는 농지에서 토마토를 수확해서 가공하는데, 그중 850만 평에 이르는 농지는 회사가 직접 운영한다.

지난 20년간 모닝 스타는 규모, 수익, 이윤 등에서 두 자릿수 성장을 했다. 업계 연평균 성장률이 1퍼센트밖에 되지 않는 상황에서 엄청난 성장을 한 셈이다. 사기업인 모닝 스타는 영업 실적을 외부에 공개하지 않는다. 그럼에도 나는 이 회사가 성장의 모든 것을 오로지 내부에서 끌어내고 있음을 알게 되었다. 견고한 수익성을 낼 수밖에 없는 이유가 바로 여기에 있다. 모닝 스타는 스스로가 세계 최대 토마토 가공 회사임을 확신한다.

루퍼는 젊은 시절 트럭 운전사로 일하며 거래했던 토마토 페이스트 회사 다섯 군데가 모두 폐업했다고 무덤덤한 표정으로 말했다. 사실 모닝 스타는 파산한 경쟁 회사의 신탁 관리인으로부터 잔존가액 치고는 굉장히 큰 공장을 획득했다.

자기 경영을 분석하라

모닝 스타가 경영 혁신 성공 사례로 꼽히는 이유는 토마토나 설비 시설 때문이 아니다. 매년 성장하는 이윤 때문도 아니다. 그보다는 '자기 경영self-management'을 향한 강렬한 믿음 때문이다. 모닝 스타의 조직 비전에 따르면, 모닝 스타는 다음을 목표로 한다.

모든 직원들이 남들의 지시를 받지 않는 가운데 동료, 고객, 공급 업체, 동종 업계 종사자들과 업무와 관련된 커뮤니케이션을 하고 협조를 구하는 자기 경영 전문가가 되는 것을 목표로 한다.

앞부분에서 유독 눈에 들어오는 말이 있지 않은가? 도대체 어떻게 지시를 내리지 않고 회사를 운영할 수 있다는 말일까? 직원들이 어떻게 '자기를 경영'한다는 말일까? 지금부터 그 방법을 살펴본다.

임무를 상사로 여겨라

모닝 스타에는 감독자가 없다. 대신에 직원들이 업무를 상사로 여긴다. 모닝 스타 직원(모닝 스타가 쓰는 말로 '동료')이라면 회사의 목표를 달성하는 데, 자세히 말해 품질 좋은 토마토 제품과 서비스를 생산하여 계속 고객의 기대를 충족시키는 데 어떻게 기여할지 그에 대한 업무 강령을 작성해야 한다.

모닝 스타의 모든 동료는 각자의 사업 부서에 소속되어 있다. 20개 사업 부서 중 일부는 독립된 회사(운송 사업 등)이며, 다른 부서들은 주로 시설(중기 발전 등)에서 활동한다. 각 사업 부서는 폭넓은 임무를 수행한다. 직원들은 소속 사업 부서의 임무를 바탕으로 각자 업무 강령을 작성한다.

루퍼는 직원 개인의 임무를 자기 경영의 발판이라고 여긴다. 그와 관련해 루퍼는 이렇게 말했다.

"임무를 이해하는 것이 대단히 중요합니다. 여러분의 업무 방향을 알려주는 피드백 시스템도 핵심입니다. 여러분의 임무에 충실해야 하는 것이 우선임을 알아야 합니다. 그 임무에 대해 할 말이 있으면 거리낌 없이 말해야 합니다. 그럼에도 여러분은 근본적으로 임무를 완수해야 하는 책임을 집니다. 또한 여러분은 임무를 달성하는 데 필요한 훈련, 자원, 협력을 획득해야 하는 책임이 있습니다."

업계에서 잔뼈가 굵은 공장 기술자 폴 그린Paul Green Sr.의 얘기가 떠오른다.

"저는 관리자로서가 아니라 제 임무와 업무에 따라 움직입니다."

직원들로 하여금 '동료 양해 각서'를 쓰게 하라

모닝 스타 직원들은 위와 같은 약속을 '동료 양해 각서CLOU, Colleague Letter of Understanding'로 정리하여 작성한다. 자신의 임무를 수행하기 위한 운영 계획을 문서로 자세히 작성하는 것이다. 이를 위해 직원들은 자신의 업무로 가장 큰 영향을 받는 10명 이상의 동료들과 20분에서 60분에 걸쳐 토론을 한다. 완성된 동료 양해 각서는 30개의 개별 활동 영역에 적용되며, 적절한 성과 매트릭스를 보여준다.

직원들이 작성한 동료 양해 각서는 모두 모아서 보관하며, 누구든 검토할 수 있다. 이 모든 점을 볼 때, 직원들은 동료 양해 각서를 작성하면서 동료들과 3,000여 개에 이르는 공식적인 관계를 맺게 된다.

매년 동료 양해 각서를 작성하기 전에 직원들은 같은 사업 부서 동료들과 모여서 사업 문제를 논의하고 개인의 경력 개발 목표를 공유한다. 업무 역량이 좋아지고 동료들의 관심사가 달라짐에 따라 동료 양해 각서의 내용도 해마다 달라진다. 그래서 대개 회사에서 잔뼈가 굵은 동료들은 복잡한 임무를 맡는 반면 입사한 지 얼마 안 되는 동료들은 기본 업무를 맡는다.

루퍼는 동료 양해 각서에 대한 얘기를 하면서 '자생적 질서spontaneous order'의 개념을 자주 꺼냈다. 독립적인 대리인들independent agents 간에 무수한 자발적 동의가 있을 때 고효율의 조정이 이루어진다고 루퍼는 설명했다. 루퍼의 이야기를 들어보자.

"제가 생각하는 체계란 개인들이 다른 개인들과 자유로이 맺는 관계들입니다. 문제는 체계가 있어야 하는가 없어야 하는가가 아닙니다. 체계를 어떻게 발전시키는가 하는 것입니다. 상향식 체계를 만들 것인가 하향식 체계를 만들 것인가 하는 문제인 것이죠. 우리 동료들은 모두 체계를 만듭니다. 이를테면 저는 이 보고서를 당신에게 제출할지 스스로 결정합니다. 혹은 이 컨테이너들을 트럭에 실을지, 장비 하나를 다른 방식으로 운영할지 하는 문제도 스스로 해결합니다. 이것이 자생적 질서입니다. 이런 자생적 질서에 따라 융통성을 더욱 많이 발휘할 수 있는 겁니다. 수많은 관계들을 통해 좀 더 수월하게 다른 방식으로 바꿀 수 있습니다. 상사의 힘을 빌리려 할 때와는 다르죠."[2]

루퍼는 이야기를 계속했다.

"사람들이 함께 일하는 방식에 대해선 사람마다 생각이 조금씩 다릅니다. 자유롭게 일하는 사람들은 이런 차이를 잘 생각해야 해요. 또 자신만의 역량을 토대로 관계를 만들어가야 합니다. 자신들이 무엇을 가장 잘하는지, 다른 동료들은 무엇을 잘하는지 따져봐야 한다는 말입니다. 그런 능력들이 조화를 이룰수록 좋은 것이죠."

루퍼가 자율을 협업의 적으로 보지 않고 협업의 동지로 본다는 점이 인상 깊었다.

모닝 스타의 모든 동료는 얽히고설킨 다자간 협력 관계 속에서 일하는 도급업자라고 할 수 있다. 어느 팀원에게서 이런 말을 들었다.

"이 동네에는 선생님의 상사가 없습니다. 또한 모두가 선생님의 상사입니다."

모닝 스타는 사업 부서 차원에서 동료 양해 각서와 비슷한 문서를 하나 더 작성한다. 다시 말해 모든 사업 부서가 매년 서로 '고객-공급자 합의서customer-supplier agreement'를 작성하는데, 대체로 그런 합의서를 50개 정도 작성한다. 이를 위해 각 사업 부서는 자체 손익P&L을 가지고 다른 사업 부서들과 협상한다. 이를테면 농장을 관리하는 부서는 생산량, 가격, 운송 일정을 두고 가공 공장과 활발히 협상을 벌인다.

합의서나 동료 양해 각서나 그 밑바탕에 깔려 있는 철학은 다르지 않다. 독립된 계약 당사자들이 합의에 이르면 시장 현실을 감안하고 보상을 조정할 수 있다. 상부에서 모든 것을 결정할 때와는 차원이 다르다.

모든 직원에게 진정한 권한을 위임하라

거의 모든 기업에서 진정한 권한 위임이라는 것이 말잔치에 그치고 말지만, 모닝 스타는 직원들에게 진정한 권한을 위임한다. 이런 점에서 사업 개발 전문가 닉 캐슬Nick Kastle이 모닝 스타와 자신의 과거 직장을 적나라하게 비교했다.

"전 직장에서는 늘 이사에게 업무를 보고했습니다. 그러면 이사는 상무에게, 상무는 전무에게 보고했습니다. 자기 경영을 한다고 하면 무엇이든 스스로 해야 합니다. 누군가를 불러서 지시하는 것이 아닙니다. 무엇이든지 본인이 직접 해야 합니다."

모닝 스타에 오기 전 다국적 식품회사에서 일했던 다른 동료가 캐슬의 얘기에 고개를 끄덕이며 한마디 보탰다.

"전 직장에서는 늘 상사가 뒷짐 지고 서서 지시를 내렸습니다. 공장 직원들은 근무조장이나 공장장이 죽으라면 죽는 시늉도 할 것 같았습니다. 그런데 모닝 스타처럼 서열이 없는 회사는 다릅니다. 모닝 스타는 모든 직원이 자기 일에 책임을 집니다."

이 말은 다른 무엇보다도 직원들이 자신의 업무에 필요한 도구와 장비를 스스로 확보해야 함을 의미한다. 모닝 스타에는 중앙 구매 부서가 따로 없다. 비용을 결재해주는 임원도 없다. 모닝 스타에서는 누구나 필요에 따라 주문서를 작성한다.

8,000달러 상당의 용접 기계가 필요한 정비 기술자는 별다른 절차를 거치지 않고 용접 기계를 직접 주문하면 된다. 주문서를 작성하면 그만이다. 이후 청구서가 도착하는 대로 장비 수령을 확인한 뒤 재무 팀에 결제를 요청하면 된다. 당연히 모닝 스타와 처음 거래하는 회사

들은 이런 방식에 당황한다. 상담할 구매 담당도 없거니와 누구나 주문을 할 수 있기 때문이다.

루퍼는 모닝 스타의 열린 자원 획득 프로세스가 어떤 개념을 기반으로 하는지 설명해주었다.

"어느 날이었어요. 서류를 결재하는데 명언 하나가 떠오르더군요. '모든 책임은 내가 진다'라는 말이었는데, 그게 말처럼 쉬운 일은 아니라고 생각했습니다. 그리고 제 책상 둘러봤습니다. 어느 직원이 장비를 구입하려고 외부 업체와 계약을 맺으면서 작성한 발주서가 눈에 들어오더군요. 메모도 한 장 있었는데, 선적된 화물을 우리가 입수했고 화물의 송장 가격과 주문서 가격이 일치한다는 내용이었어요. 또 서명을 마친 서류도 있었고요. 그런데 지금은 제가 서류에 서명할 일이 있을까요? 없습니다. 문제는 '어디서 모든 일을 책임지는가?'가 아닙니다. '어디서 모든 일을 책임지기 시작하는가?'입니다. 장비가 필요한 사람이 시작하면 됩니다. 그런 사람들이 의사 결정을 내리기에 제격입니다. 그런 걸 제가 검토할 필요는 없습니다. 직원 개인이 관리자의 결재를 받을 필요도 없습니다. 그래서 우리는 그런 식의 관행을 없앴습니다. 재능과 정보가 있는 사람이 결정하면 됩니다."[3]

1983년 모닝 스타에 입사한 더그 커크패트릭Doug Kirkpatrick은 루퍼의 말에 맞장구를 치며 이렇게 말했다.

"우리 모델은 블루칼라(육체노동자)와 화이트칼라(사무직 종사자) 간 차이를 없애는 것입니다. 우리 현장 동료들은 실리콘밸리의 대다수 지식 근로자들knowledge workers보다 많은 권한을 가지고 있습니다."

그 권한에는 직원 고용 권한도 포함된다. 모닝 스타 직원들은 자신의 업무가 과중하다고 판단하거나 새로운 역할을 담당할 직원이 필요할 때 스스로 채용 절차를 발의할 수 있다.

경영자들은 하나같이 권한 위임이 중요하다고 말한다. 하지만 현장 직원들에게 중요한 권한을 위임하거나 직원 채용 권한까지 위임하는 기업은 드물다. 그렇지만 루퍼는 권한 위임이 일반 상식이라고 여긴다.

"제대로 된 장비가 없어서 혹은 유능한 동료가 없어서 일을 못 하겠다고 생각하는 직원이 우리 회사에는 없으면 좋겠습니다."

직원들을 틀에 끼워 넣지 마라

모닝 스타에는 중앙에서 정해놓은 역할이 없기 때문에 직원들이 기술과 경험을 쌓아가면서 한층 더 중요한 책무를 맡을 기회를 얻을 수 있다. 앞서 소개한 폴 그린은 아버지를 따라 모닝 스타에 입사한 이래 회사의 훈련 개발 활동을 이끌고 있다. 그린은 이렇게 말한다.

"우리는 자신이 잘하는 일을 해야 한다고 생각합니다. 그래서 우리는 업무에 직원들을 끼워 맞추지 않습니다. 우리 동료들은 대부분 여타 회사의 직원들보다 더 폭넓고 까다로운 역할을 합니다."

모닝 스타의 핵심 수칙 중 하나는 누구나 어떤 사업 영역에 대해서든 개선을 제안할 권리를 가지고 있다는 것이다. 그래서 모닝 스타에서는 개인들이 다른 부서에 도움을 주거나 다른 부서로부터 도움을 얻으라고 권장한다. 그래서 소통 창구가 따로 없다. 루퍼는 이렇게 말했다.

"모닝 스타는 여타 기업들과 다릅니다. 우리는 아이디어가 있으면 상사나 관리자를 찾지 않습니다. 그러지 않고 곧장 관련 직원이나 팀을 찾아갑니다. 그러면 그들은 그들의 임무 달성에 그 아이디어가 도움이 되는지 따져봅니다. 도움이 된다고 생각하면 우리 아이디어를 수용하겠지요."

대체로 일반적인 말단 직원들은 상부에서 변화를 주도한다고 생각하지만, 모닝 스타에는 상부가 없으며 모든 직원들이 스스로 변화를 주도해야 함을 알고 있다. 이에 대해 그린은 이렇게 말했다.

"생각지 못한 곳에서 자연스럽게 혁신과 변화를 이룰 때가 상당히 많습니다. 자신의 능력으로 부가가치를 창출할 수 있다고 생각하는 분야라면 어디든 참여할 권리가 있다는 것이 우리의 생각입니다. 그래서 모닝 스타 직원들은 그들의 좁은 업무 영역 밖에서 변화를 이끄는 경우가 많습니다."

승진이 아니라 변화를 가져오기 위한 경쟁을 조장하라

모닝 스타에는 위계질서도 없고 직급도 없다. 따라서 올라가야 할 '경력 사다리career ladder'도 없다. 그렇다고 해서 모든 직원이 동등하다는 의미는 아니다. 어느 활동 영역에서든 다른 직원들보다 유능하다고 인정받는 직원들이 있다. 모닝 스타에서는 전문성과 가치 창출의 차이에 따라 보상이 달라진다.

어느 조직을 막론하고 내부에서 경쟁이 벌어지기 마련이다. 그렇지만 모닝 스타에서는 승진하기 위해서가 아니라 회사에 더 많이 기여하기 위해 직원들이 경쟁을 벌인다. 동료들보다 앞서 나가기 위해 새로운 기술을 연마하거나 동료들을 도울 수 있는 방법을 모색해야 한다. IT 전문가 론 카우아Ron Caoua는 이렇게 말했다.

"여기에 승진 같은 것은 없습니다. 더 높은 직급이 아니라 더 많은 책임을 져야 경력이 쌓입니다."

모닝 스타 직원들이 어떻게 출세하는지 물었더니 루퍼는 골프를 예로 들어 설명해주었다.

"프로 골프 투어에 참여한 선수는 어떻게 몸값을 올릴까요? 골프의 제왕 잭 니클라우스Jack Nicklaus는 경기에 참여했을 때 '최고 중역 부사장 골퍼'가 되어야 한다는 생각만 했을까요? 아닙니다. 그는 골프를 즐깁니다. 실력이 정말로 뛰어나면 세상 사람들이 열망하는 것을 성취할 수 있음을 그는 알았습니다. 맞아요, 바로 성취감입니다. 그가 알고 있던 것이 또 있습니다. 그렇게 성취하면 수입이 들어오고 평소 꿈꿨던 삶을 누릴 수 있다고요. 지위가 높다고 다 되는 게 아닙니다. 출세하느냐 마느냐는 경쟁력과 평판에 달려 있습니다."

한 동료가 내게 한마디 던졌다.

"가치 창출과 성장을 열망하는 사람들이 우리 회사에서 일하고 싶어 합니다. 우리 경쟁 회사들은 그와는 다른 사람들을 받습니다."

스스로 자신의 길을 가게 하라

괴상하지만 효율적인 모닝 스타의 경영 모델 근저에는 아주 단순한 개념이 깔려 있다. 자율이다. 루퍼는 이렇게 말한다.

"조직의 철학은 직원들 그리고 직원들이 업무에 창의성과 열정을 불어넣도록 하는 환경에서 시작되어야 합니다. 자율이 이런 것을 불러일으킵니다. 모든 사람들은 스스로 자신의 길을 갈 때 훌륭한 성과를 발휘합니다. 그렇게 한다면 남의 지시를 받고 어쩔 수 없이 일을 하는 것이 아니라 자신이 정말로 좋아하는 일에 이끌릴 것입니다. 그래서 개인적으로 더 좋은 성과를 낼 것입니다. 동기와 의욕도 넘칠 것이고요."

모닝 스타 직원들은 이런 정서에 충실하다. 공장의 한 장비 기사는 "남의 지시를 받고 일한다면 기계나 다름이 없습니다"라고 말하기도 했다. 충분히 일리가 있는 말이다.

그런데 그 안에 딜레마가 있다. 기계로 가득한 큰 공장을 운영하려면 가끔은 기계처럼 일을 척척 해내는 직원들이 필요하다. 직원들이 성실히, 열심히, 정확히 작업을 해야만 운영 효율이 높아진다. 강한 책임감을 가지지 않으면 자율로 인해 무법천지가 될 것이다. 모닝 스타의 거대하고 복잡한 공장을 둘러보면 혼란과는 정반대되는 모습이 눈에 들어온다. 여타 기업과 달리 모닝 스타에는 직원들이 죽어라 일하는지 감시하는 감독관과 관리자가 없다. 어떻게 자율이 긴밀한 협업으로 이어질까?

분명한 목표와 투명한 경영 데이터

직원들은 정보 없이 자기 경영을 할 수 없다. 겨울 휴양지에 가보라. 주위를 둘러보면 안내인의 도움을 받으며 언덕 아래까지 내려가는 맹인 스키어가 보일지 모른다. 안내인은 그의 옆에 바짝 붙어서

"왼쪽으로", "오른쪽으로", "멈추세요" 하며 방향을 알려준다. 반대로 시력이 정상인 사람은 안내인의 도움을 받지 않고 방향을 찾아갈 수 있다. 이런 차원에서 모닝 스타는 직원들이 업무를 확인하고 적절한 의사 결정을 내리도록 모든 관련 정보를 제공하고 있다. 직원들이 옳은 일을 하고 싶어 하고 그러기 위해 많은 정보를 필요로 한다는 전제를 둔 것이다.

동료 양해 각서에는 문제 해결의 디딤돌이 되는 여러 척도가 늘 포함된다. 그와 같은 매트릭스를 활용하여 직원들은 동료들의 필요를 충족시켰는지 확인한다. 게다가 각 사업 부서별로 한 달에 두 번 전 직원에게 진행 상황을 자세히 공개하기도 한다.

모닝 스타에서는 효율이 전 직원의 임무에 포함되며, 결과를 서로 책임지는 태도가 장려된다. 따라서 만약 예상치 못하게 비용이 상승하면 동료들이 그 사실을 즉시 인지하고 문제를 제기한다. 그린은 이렇게 말한다.

"모든 직원들이 비용을 꼼꼼히 확인합니다. 그래서 지출을 많이 했다고 문제를 제기해도 전혀 문제가 되지 않습니다."

모든 것이 공개되는 환경에서는 어리석은 짓이나 나태한 태도가 금세 드러나기 마련이다.

모닝 스타에서 투명성이 중요한 이유가 하나 더 있다. 회사가 수직적·수평적 통합이 되었기 때문에 회사 전반의 정보를 알아야 자신의 의사 결정이 회사의 여러 영역에 어떤 영향을 미치는지 판단할 수 있다. 루퍼는 모닝 스타의 동료들이 회사의 사업을 전체론적 관점에서 바라보기를 바란다. 또한 그는 조직 전반의 정보를 획득해야 비로소 그러한 관점을 가질 수 있음을 알고 있다. 때문에 모닝 스타에는 '정보 사일로silo(사일로는 조직 부서들이 서로 담을 쌓고 자기 부서의 이익만 추구하는 현상을 말한다 – 옮긴이)' 현상이 나타나지 않는다. 또한 아무도 동료들의 '알 권리'에 토를 달지 않는다.

사업 계획과 협의

모닝 스타의 동료들은 회사 자금을 자유로이 사용할 수 있지만, 그러기 위한 사업 계획을 확실히 준비해야 한다. 대개 이를 위해 ROI Return on Investment(투자 수익률)와 NPV Net Present Value(순 현재가치) 수치를 포함한 세부 재정 모델도 준비한다. 그린은 이런 얘기를 했다.

"우리 동료들은 좋은 투자와 나쁜 투자가 어떻게 다른지 아주 잘 알고 있습니다. MBA 대학원생들보다 그런 유형의 분석을 더 잘하는 것 같습니다."

모닝 스타의 동료들은 투자 명분을 찾으면서 폭넓은 의견을 수렴한다. 그리고 지출에 대한 공식적인 승인 절차는 없지만 회사 자금을 어떻게 지출할지 동료들에게 충분히 설명하고 이해를 구해야 한다. 300만 달러를 지출하고자 하는 직원은 비용을 집행하기 전에 30명 정도의 동료들과 비용 지출에 대해 의견을 주고받는다. 이에 대해 그린은 이렇게 말했다.

"아주 많은 직원들이 의사 결정 과정에 참여하고 있습니다. 그래서 직원들의 동의를 얻지 않고서는 일을 진행하지 못합니다."

직원을 고용할 때도 마찬가지다. 자신의 사업 부서에 직원을 고용하고자 하는 사람은 동료들에게 그 의견을 전달해야 한다. 그러면 동료들은 직무 기술서와 사업계획서를 요구한다. 동료들과 의견일치를 보고 나면, 회사 내부의 담당자가 채용 절차를 진행한다.

모닝 스타에서 동료들은 많은 권한을 가지고 있지만, 독단적으로 의사 결정을 내리지 않는다. 거꾸로 말해서 어느 누구도 일방적으로 아이디어를 죽일 권한이 없다. 그래서 조직에서 잔뼈가 굵은 동료들은 심판이나 판사, 집행자의 역할이 아닌 코치 역할을 한다. 그래서 모닝 스타에서는 젊은 직원이 엉뚱한 아이디어를 가지고 베테랑 직원에게 의견을 구하는 모습을 자주 볼 수 있다. 그러면 베테랑 직원은 흔히 아이디어를 실험해볼 만한 좋은 사례를 알려주고 나서 이후에 다시 의견을 나누곤 한다.

이런 식으로 협의를 하다 보면 시간이 들어도 여러모로 좋은 점이 많다. 실제로 모닝 스타에서 만나본 모든 직원들이 이 점을 인정했다. 여러 사람의 이야기를 듣다 보면 객관적으로 의사 결정을 내리고 일을 진행하며 많은 동료들의 도움을 받을 수 있다. 또한 자신의 역할이 어떻든 스스로 변화를 주도해나갈 수 있음을 알게 된다.

갈등 해결과 분쟁 조정 프로세스

누군가가 자율권을 남용하거나, 실적이 계속 떨어지거나, 동료들 간에 불화가 생기면 어떻게 될까? 모닝 스타에는 분쟁 해결 담당자가 없다. 결정을 강제하는 기구도 없다. 일반적으로는 계약 당사자 간의 분쟁이 대개 중재 기관이나 법원을 통해 해결된다. 모닝 스타에서도 마찬가지다.

이 과정이 어떻게 이루어지는지 살펴보기 위해 여러분과 내가 모닝 스타의 직원이라고 가정해보자. 우리는 서로 다른 사업 부서에서 일하고 있으며 함께 동료 양해 각서를 작성했다. 그런데 여러분은 내가 동료 양해 각서상의 내용을 제대로 이행하지 못했다고 생각한다. 이런 경우 첫 단계로 우리는 자리를 함께하고, 여러분이 입장을 밝힐 것이다. 그러면 나는 변명을 하거나 더 잘하겠다고 말하거나 혹은 잘못을 여러분의 탓으로 돌릴지도 모른다. 만약 문제를 해결하지 못하면, 우리는 우리 모두가 신뢰하는 내부 중재자를 선정한다. 그렇게 세 사람이 모여서 각자 생각을 밝힌다.

그런데 중재자가 여러분 편을 들고 나는 중재자의 해결책을 받아들이지 않는다면 어떻게 될까? 이때에는 동료 여섯 명으로 구성된 위원회가 조직되어 우리의 분쟁 해결을 돕는다. 이 위원회는 중재자의 권고를 지지하거나 혹은 다른 해결책을 제시한다. 내가 다시 이의를 제기하면 크리스 루퍼가 모든 당사자들을 모은 다음, 그들의 주장을 들어보고 결정을 내린다. 루퍼가 내린 결정은 반드시 따라야 한다. 이처럼 사장 선에서 분쟁이 해결되긴 하지만, 그 과정은 매우 이례적인 것이다.

한 동료의 실적이 너무 부진해서 다른 동료들이 대부분 우려를 나타내는 경우, 동료가 해고되는 것을 끝으로 분쟁 해결 과정이 종료되기도 한다. 그렇지만 모닝 스타에서는 변덕 심한 상사 하나가 동료의 운명을 결정짓는 일 따위는 절대로 일어나지 않는다.

루퍼는 모닝 스타의 분쟁 해결 과정에 여러 이점이 있다고 설명한다.

"분쟁이 발생하고 동료들의 위원회가 소집되면, 전 직원이 소식을 듣게 됩니다. 또 직원들은 분쟁 해결 과정이 공정하고 합당하게 진행되는지 지켜볼 수 있습니다. 우리는 분쟁이 생겨도 의지할 곳이 있습니다. 전 직원이 그 사실을 알고 있습니다. 직원의 남다른 사정을 무시할 수도 있기 때문에, 상사가 부하 직원을 함부로 대할 여지가 있는 권한을 우리는 아예 부여하지 않습니다."

동료 평가와 이의 제기 절차

모닝 스타의 조직적 DNA에는 책임성이 깊이 새겨져 있다. 신입 직원들은 입사하자마자 자기 경영의 기초를 다루는 세미나에 참석한다. 이 세미나에서 신입 직원들은 책임이 자율과 한 쌍임을 배운다. 신입 직원들은 많은 자유재량권을 얻지만 또한 그들의 의사 결정을 책임져야 한다. 모닝 스타에서는 아무도 힘든 결정을 남에게 미루지 않는다. 모닝 스타의 직원들은 마음이 내키는 대로 많은 동료들과 의견을 교환하지만, 스스로 최종 결정을 한다. 그리고 동료들이 의사 결정 당사자에게 책임을 묻는다.

연말 실적 평가에서는 모든 직원이 함께 동료 양해 각서를 작성했던 동료들로부터 자세한 피드백을 받는다. 이 또한 자신의 의사 결정에 대해 책임을 지는 방식이다. 이런 과정은 사업 부서 수준에서도 이루어진다. 매년 1월에는 모든 사업 부서가 지난해의 실적에 대한 프레젠테이션을 실시해야 한다. 그런데 사업 단위 하나를 평가하는 데 하루의 대부분을 소모할 수 있기 때문에 그러한 이의 제기 과정은 몇 주에 걸쳐 진행한다. 사업 부서별 실적 평가 회의에는 관련 사업 부서 직원들뿐만 아니라 모든 이해관계자들이 참석한다.

각 사업 부서의 프레젠테이션은 사실상 주주 보고서나 다름이 없다. 사업 부서의 직원들은 회사 자원을 사용한 데 대한 정당한 사유를 설명하고, 실적이 떨어졌다면 사실을 인정하고 개선책을 제시해야 한다. 사업 부서들은 실적에 따라 순위가 결정되는데, 순위가 낮은 사업 부서는 가시 돋친 질문 공세에 시달리기도 한다. 루퍼의 말을 빌리자면 투자를 해놓고도 성과를 거두지 못한 사업 부서는 호되게 비판받는 것은 물론 이후에 투자를 받을 때도 동료들의 동의를 구하는 데 어려움을 겪는다. 어느 팀의 팀원은 이렇게 말했다.

"동료들이 어리석다고 여기는 일을 하는 데는 사회적 위험social risk이 따릅니다."

매년 2월에는 전략 회의가 연달아 열리는데, 이 회의에서도 동료 평가를 할 수 있다. 각 사업 부서는 2~3일 동안 회사 전 직원 앞에서 새해 계획을 발표한다. 그 자리에서 동료들은 가장 유망한 전략에 '투자'할 기회를 얻는다. 그래서 동료들의 잠정적 투자를 이끌어내고 투자 자금을 확보하기 위한 경쟁이 치열하게 벌어진다. 투자를 끌어내지 못하면 이후에 철저한 감시를 받는다는 것을 전 사업 부서가 알고 있기 때문이다.

동료들이 선출하는 보상위원회

모닝 스타의 보상 방식은 동종 기업이 아닌 '전문 서비스 기업professional services firm(톰 피터스가 최초로 소개한 개념이다 - 옮긴이)'에서 볼 수 있는 것이다. 모닝 스타에서는 연말이면 모든 동료들이 동료 양해 각서상의 목표와 ROI 달성 수준을 확인하기 위해 각종 자료를 수집

한다. 또한 문제를 해결하기 위해 동료 양해 각서상의 여러 척도를 활용하기도 한다. 그런 다음 동료들은 지역 보상위원회를 선출한다. 대개 매년 회사 전역에서 보상위원회가 8개 정도 조직된다. 각 보상위원회는 사업 부서의 자체 평가를 심사하고 숨은 공로자를 찾아낸다. 보상위원회는 솔선해서 타 부서 동료를 도운 일을 높이 평가한다. 이런 정보들을 바탕으로 보상위원회는 직원 개개인의 보상 수준을 조정한다. 이런 보상 방식의 밑바탕에는 부가가치를 창출한 만큼 보상을 하려는 노력이 깔려 있다.

자기 경영의 이점

모닝 스타에는 경영대학원을 나온 직원이 별로 없고, 대학을 나온 직원도 별로 없다. 하지만 직장 경력이 많은 직원을 흔히 볼 수 있다. 그런 직원에게 자기 경영의 이점을 한번 물어보라. 아마 그는 신이 나서 열심히 설명해줄 것이다.

솔선수범의 자세가 고취된다

한 공장 기술자에게 "팀 구성원들이 솔선해서 동료들을 돕도록 자극하는 것은 무엇일까요?"라고 물어본 적이 있다. 그러자 그는 다음과 같이 답을 내놓았다.

"우리 조직은 '평판 자본reputational capital'으로 움직입니다. 타 부서에 도움을 줄 수 있다면, 이를테면 귀중한 충고를 해준다면, 그로 인해 평판 자본이 증대됩니다."

말하자면 다양한 역할을 할 수 있고 동료들을 돕는 일에서 의미를 느낄 수 있는 환경에서 솔선수범하는 태도가 확산된다.

전문성이 높아진다

모닝 스타의 현장 직원들은 자기 경영 모델을 바탕으로 전문성을 높일 수 있다. 모닝 스타에서는 관리자나 선임 직원, 내부 컨설턴트가 전문가가 아니다. 그들은 일하는 사람들이며 현장 직원들이 전문가들이다. 예컨대 포장 라인에서 무균 용기를 채우는 직원들은 미생물학에 매우 정통하다. 품질관리 전문가인 스콧 마노크 Scott Marnoch 는 의욕 넘치는 동료들이 전문성을 쌓아야 한다고 설명한다.

"여기서는 모두가 작업의 질을 높일 책임을 가지고 있습니다. 그에 대한 자부심이 대단해요. 일이 어긋났다고 해서 비난하는 상사도 없답니다."

다른 동료 하나가 보기 좋게 핵심을 찔렀다.

"여기 오기 전만 해도 직급이 전부인 줄 알았어요. 돌이켜보니 상사라고 해서 부하 직원에게 일을 떠넘겼고, 그러다 보니 전문성을 키우지도 못했습니다."

유연성이 높아진다

모닝 스타의 경영 모델은 또한 조직 운영의 속도와 유연성을 높이는 효과가 있다. 루퍼는 이를 구름에 비유해 설명했다.

"구름은 형성되었다가 사라집니다. 대기 상태, 온도와 습도에 따라 물 분자가 응결되거나 증발됩니다. 그리고 이런 현상은 물 분자의 부력에 따라 발생합니다. 조직도 이와 마찬가지입니다. 조직에 작용하는 외부의 힘에 따라 체계가 생기기도 하고 사라지기도 합니다. 자유롭게 활동해야 그런 힘을 잘 인지하고 외부의 현실에 맞게 행동합니다."

이에 그린은 핵심을 더 분명히 했다. 직원들이 임무를 잘 수행하고 동료들에게 귀중한 존재가 될 방법을 찾아나감에 따라 매해 수백 건의 '변화 프로젝트'가 시행될 것이라는 얘기였다.

"경계가 별로 없습니다. 그래서 우리 조직은 끊임없이 변화하고 있습니다."

협력 관계가 강화된다

피라미드식 조직의 가장 큰 단점은 위로 올라갈수록 계단이 좁아지는 구조라는 것이다. 그래서 승진 경쟁에서 승자보다 패자가 더 많아진다. 또 직원들이 승진 경쟁을 벌이며 실적을 올리려고 애쓰지만, 경쟁이 제로섬 게임으로 진행되기에 경쟁의식이 팽배해지고 알력 다툼이 벌어진다.

수평 조직에서는 상사에게 아부할 필요도 없거니와 동료들에게 적대감을 가질 일도 없다. 〈포천〉 선정 500대 기업 두 곳에서 근무했던 폴 터플럭Paul Terpeluk이라는 동료가 상사 없는 회사의 이점을 설명해주었다.

"여기서는 남을 험담할 일이 별로 없습니다. 승진이라는 희소한 기회를 차지하기 위해 경쟁을 벌이지 않으니까요. 여기서는 오로지 업무에 최선을 다하고 동료들을 돕는 데 에너지를 쏟으면 됩니다."

달리 말하면 피라미드식 서열을 없애야 조직을 좀먹는 알력 다툼의 씨앗이 사라진다는 것이다.

판단력이 좋아진다

많은 기업에서는 중대 사항에 대한 의사 결정권이 사업 분석에 능한 경영진에게 넘어간다. 고위 관리자들은 분석 능력이 뛰어나고 수많은 자료를 보유하고 있지만, 전후 사정을 잘 파악하지 못하는 경향이 있다. 또한 일선 현장에서 일어나는 일을 세세히 알지는 못한다. 그래서 최고 경영진이 명석한 판단을 한 것처럼 보여도 정작 현장 직원들은 경영진에게 호응을 보이지 않는 경우가 많다.

모닝 스타는 의사 결정을 윗선에 미루지 않는다. 그보다는 현장 직원들이 전문성을 키우도록 지원한다. 한 예로 모닝 스타는 직원의 절반가량이 강좌에 참여하여 공급 업체와 협상하는 법을 배우게 한다.

직원의 경쟁력 향상에 투자하는 방식에는 자기 경영의 핵심 교리가 반영되어 있다. 고위 간부들이 상황 인식력을 갖추게 하는 것보다 직원들이 의사 결정 도구를 갖추게 하는 것이 더 수월하고 더 효과적이라는 말이다. 모닝 스타에서는 직원이 사상가이자 행동가이다. 두 역할은 분리되어 있지 않다. 그래서 의사 결정이 아주 시기적절하게 이루어진다.

충성도가 올라간다

모닝 스타에서는 경력 많은 동료가 경쟁 회사로 자리를 옮기는 일이 거의 없다. 그 반대의 경우는 자주 일어난다. 한 신입 직원은 집에서 5분밖에 걸리지 않는 회사를 포기하고 집에서 1시간 걸리는 모닝 스타에 출근하고 있다. 그는 왜 군이 모닝 스타로 직장을 옮겼을까? 성장할 기회가 많기 때문이라고 그는 말했다.

매년 여름 토마토 수확기에는 800명이 넘는 계절노동자들이 토마토 가공 공장에서 작업을 한다. 이 노동자들의 90퍼센트가 매년 다시 근무를 하고 자기 경영의 원칙을 실천하도록 훈련받는다. 이 대목에서 모닝 스타의 철학을 엿볼 수 있다. 그런 철학 때문에 모닝 스타 직원들의 충성도가 업계 최고 수준을 자랑한다고 루퍼는 확신한다.

확실한 증거를 보고 싶은가? 얼마 전 외부 연구기관에서 권한 위임과 주인의식을 기준으로 모닝 스타의 계절노동자들과 다른 기업의 노동자들을 비교 분석한 적이 있다. 결과는 놀라웠다. 모닝 스타의 계절노동자들은 임시직 근로자들이지만, 업무 몰입도 측면에서 다른 기업 고위 간부들과 비슷한 수준의 점수를 얻었다.

비용이 줄어든다

마지막으로 자기 경영을 통해 관리 비용을 손쉽게 줄일 수 있다. 루퍼는 이렇게 말한다.

"수많은 회사들이 다 똑같습니다. 경영진이 중간 관리자들에게 지시를 내리면, 중간 관리자들은 현장 담당자에게 지시를 내리고, 다시 현장 담당자는 현장 직원들에게 지시를 내립니다. 그것이 다 비용입니다. 여기서는 그럴 일이 없습니다."

이렇게 절감된 자금의 일부는 정규직 직원들에게 돌아가는데, 동종 업계 직원들보다 10퍼센트에서 15퍼센트 많은 수익을 달성한 직원들에게 보상을 지급한다. 나머지 자금은 모닝 스타가 평균 이상의 성장을 달성하는 데 지원된다.

완벽한 것은 없는 법

모닝 스타의 조직 모델은 관리 비용을 급격히 줄이는 데 효과가 있지만, 여러 결점 또한 존재한다. 모닝 스타에서 잔뼈가 굵은 동료들이 자기 경영 모델의 문제점을 지적했다.

첫째, 모두가 모닝 스타의 자기 경영 모델에 알맞은 사람은 아니다. 이는 역량의 문제가 아니라 적응의 문제이다. 특히 피라미드식 조직에서 오랫동안 근무한 사람은 자기 경영 모델에 잘 적응하지 못한다. 그러면 직원 고용 절차가 복잡해지고 시간도 많이 걸린다. 회사 규모가 작았던 시절에는 루퍼가 하루 반나절 동안 입사 지원자들을 일일이 면접하곤 했는데, 주로 입사 지원자의 집을 방문해서 입사 지원자의 배우자도 면접에 참여시켰다. 당시에 면접은 대부분 모닝 스타의 철학과 입사 지원자의 기대가 일치하는지 확인하는 데 중점을 두었다. 지금은 모든 입사 지원자들이 두 시간 동안 자기 경영에 관한 설명을 듣고 10명에서 12명의 동료들(모닝 스타의 동료들) 앞에서 면접을 본다.

그렇다고 해도 모든 게 완벽하지는 않다. 그린이 추정한 바에 따르면, 경력 많은 신입 직원들 중 50퍼센트 정도가 입사한 지 2년 이내에 회사를 떠난다고 한다. 특히 경력 많은 관리자들은 '직원들을 하인처럼 부릴 수 없는' 시스템에 적응하느라 곤욕을 치른다.

둘째, 동료들이 스스로 책임의식을 갖추게 하는 것이 여간 어렵지 않다. 위계질서가 분명한 조직에서는 상사가 문제 많은 직원이나 실적이 엉망인 직원을 관리한다. 반면에 모닝 스타에서는 책임이 분산된다. 즉 모든 동료들이 정책과 규정을 어기는 동료에게 이의를 제기하는 방법으로 품질과 효율, 팀워크를 유지할 책임을 진다.

동료들이 각자의 책임을 회피하고 문제 있는 동료에게 엄한 사랑을 주지 못한다면, 자기 경영은 물 건너가 버리고 동료들은 어느새 모종의 타협을 하며 서로 봐주기를 하는 관계가 되어버린다. 그래서 모닝 스타는 교육 프로그램에서 그와 같은 위험성을 분명히 지적하고, 과감히 동료를 규제해야 함을 자주 강조한다.

셋째, 조직의 성장 또한 어려운 문제이다. 모닝 스타는 수년간 업계의 성장률을 앞질렀다. 또한 성장의 속도를 높일 수 있을 정도로 재정 자원을 충분히 보유하고 있다. 그럼에도 루퍼를 위시한 고참 동료들은 모닝 스타의 독특한 문화가 약화되는 건 아닌지 우려하고 있다. 그 까닭에 대규모 사업체 인수도 꺼리고 있다. 그린은 새로운 동료가 자기 경영 환경에서 제 역할을 하기까지 1년 이상이 걸리는 것으로 추정했다. 모닝 스타는 이 과정의 속도를 높일 방법을 구상해왔지만, 성장 속도를 높이기 위해 관리적 우위를 팔아치우고자 하는 충동을 잘 참아왔다.

넷째, 승진 체계가 없다는 것도 풀어야 할 숙제이다. 대다수의 기업에는 승진 체계가 있고, 직원들은 이런 경력 사다리(팀장, 관리자,

부서장, 부사장 등)를 기준으로 자신의 성장을 가늠한다. 모닝 스타의 동료들은 그들의 역할을 확대할 기회를 충분히 누린다. 지금까지 소개한 모닝 스타의 동료들도 그것이 능력 중심 조직의 장점이라고 말했다.

그런데 한편으로 경력 사다리가 없다 보니 동종 업계 사람들과 비교해 자신의 성장 수준을 평가하기 어렵다. 따라서 경력 많은 직원들이 회사를 옮기면서 정당한 대우를 받지 못할 수도 있다. 직급 수준을 명확히 말하기도 어렵다.

루퍼를 비롯한 모닝 스타의 동료들은 하나같이 자기 경영 모델의 단점을 충분히 알고 있으면서도 그것이 관리 부담에 비하면 아무것도 아니라고 확신하는 것 같다.

관리자와 조직 관리 업무

단조로운 회의실에서 크리스 루퍼와 마주했을 때였다. 모닝 스타가 관리자 없이 조직을 관리하는 법을 터득한 것 같다고 말했더니, 루퍼가 즉시 내 말을 바로잡았다.

"여기서는 모두가 관리자입니다. 온통 관리자들입니다. 관리자가 하는 일은 계획 수립, 조직 편성, 업무 지시, 직원 관리, 조직 통제 등입니다. 모닝 스타의 직원이라면 이 모든 일을 다 해야 합니다. 모두가 관리자이고 나름의 임무를 수행합니다. 모두가 동료들과 협력하는 관리자요, 업무에 필요한 자원을 관리하는 관리자입니다. 또한 동료들에게 서로 책임을 묻는 관리자입니다."

그래도 루퍼는 내 말의 요지를 이해했다. 정식 훈련을 받은 관리자들이 조직 관리 업무를 가장 잘한다는 통념이 오랫동안 비즈니스 세계를 지배했다. 하지만 모닝 스타가 장기간 자기 경영을 시험하여 도출한 결과는 조직 관리 업무를 조직 곳곳에 분산시킬 수 있으며 그것이 효과도 좋다는 것을 암시한다. 적절한 정보와 수단을 바탕으로 책임을 다하고 보상을 확실히 받는 환경에서 누구나 조직 관리 업무를 할 수 있음이 밝혀졌다.

시장-계층제

다행히도 우리는 시장과 계층제의 장점을 선별하지 않아도 된다. 모닝 스타를 본받으면 되기 때문이다. 모닝 스타는 개별 계약자들이 모여서 자유로이 활동하는 시장이 아니다. 그렇다고 해서 쓸모없는 관료제 조직도 아니다. 모닝 스타는 시장과 관료제가 미묘하게 혼합된 체제를 따르는 조직, 효율이 극대화되고 고도로 통합된 기업이다.

유대감 넘치는 시장

모닝 스타에서는 시장에서 거래를 하듯 직원들이 자유로이 다른 동료들과 계약을 협상한다. 이런 과정이 복잡하고 많은 논쟁을 불러일으킬 것 같지만, 몇 가지 요인으로 인해 그럴 위험성이 줄어든다.

먼저 협상에 참여한 모든 동료가 동일한 평가표를 공유한다. 그에 따라 회사에 최대한 이익이 되는 방향으로 협상한다. 일반 시장에서는 거래가 판매자에게 도움이 되는지 소비자들이 별 관심을 두지 않는다. 이를테면 점포 정리 판매 행사에 몰려드는 소비자들은 해당 기업의 사정에 관심이 없다. 반면에 모닝 스타의 전 직원은 회사가 잘되어야 본인들도 잘된다고 여긴다. 회사와 같은 배를 탔다고 생각하는 것이다.

모닝 스타에는 장기 근무한 직원들이 많다. 그래서 팀 구성원들은 동료를 이용하거나 약속을 이행하지 않는 경우 그로 인한 후폭풍을 감수해야 함을 알고 있다. 따라서 모닝 스타의 동료들은 거래보다는 관계의 측면에서 업무를 생각하는 경향이 있다.

또한 모닝 스타의 직원들을 대부분 수년간 회사의 사업을 경험했기 때문에 필요에 따라 담당자를 섭외하고 업무의 우선순위를 잘 설정한다. 그래서 동료들과의 계약은 매년 갱신하지 않고 필요한 부분만 수정하면 그만이다. 공동의 목표, 장기적인 관계, 업계에 대한 풍부한 지식 풀pool 등 동료들 간의 연결 고리가 없었다면, 시장 형식의 계약으로 인해 여러 문제가 발생하고 그에 대한 효과도 미미했을지 모른다.

자연적이고 역동적인 계층제

한편으로 모닝 스타는 자연적이고 역동적인 계층제 조직이다. 모닝 스타에는 정식 계층제는 없지만 수많은 형식의 비공식 계층제는 존재한다. 그래서 전문성을 갖추고 협력하고 도움을 주려는 의지만 있다면 어떤 사안에 대해서든 목소리를 크게 낼 수 있다. 결정적으로 직위가 아닌 영향력에 따른 계층제가 운영되는 셈인데, 그것은 상향식으로 형성된다. 모닝 스타의 동료들은 전문성을 발휘하고 동료를 지원하고 부가가치를 창출함으로써 권한을 늘려간다. 이런 활동을 멈춘다면 어떻게 될까? 자신의 영향력이 시들해지고, 그에 따라 급여도 낮아질 것이다.

일반 기업들을 보면 대개 계층제가 자연적으로 형성되지도 않고 역동적으로 운영되지도 않는다. 또한 리더가 하부에서 탄생하지 않고, 윗선에서 리더를 임명한다. 심각하게는 핵심 업무가 능력이 뛰어난 사람보다 약삭빠르게 행동하고 상사 비위를 잘 맞추는 사람에게 돌아간다. 지위가 있어야 권한을 부여받기 때문에 권한이 고착화되는 경향이 있으며, 능력이 뛰어난 사람에게는 자연스럽게 권한이 흘러가지 않는다. 또한 실적이 나쁜 관리자가 좌천되거나 해고되지 않는 한 권한을 계속 유지하는 경우가 허다하다. 그래서 그런 관리자들이 일을 계속 망쳐도 어찌할 도리가 없다.

모닝 스타는 다르다. 모닝 스타에는 매사에 동등한 의사 결정권을 가져야 한다고 우기는 사람도, 상사라는 이유로 최종 발언권을 가져야 한다고 생각하는 사람도 없다.

고어사와 마찬가지로 모닝 스타의 경영 모델은 자연적인 계층제와 자연적인 리더라는 개념을 기반으로 한다. 이와 관련하여 루퍼의 말을 들어보자.

"여러 회사에서 고위 간부들을 영입했습니다. 솔직히 말해서 그들은 거의 모두 구제 불능입니다. 그들은 겉보기에 리더 같습니다. 그들은 지시도 잘 내립니다. 하지만 진정한 리더는 아닙니다. 진정한 리더란 현실을 파악하고 어려움을 고찰하고 해법을 찾아낼 뿐 아니라 전략을 공표하고 적임자를 고용할 수 있어야 합니다. 자연적인 리더는 자연스럽게 나타납니다. 자연적인 리더는 직원들에게 명령을 내리거나 직원들을 해고할 권한을 필요로 하지 않습니다."

자기 경영의 기초

앞에서 경영 이념이 매우 심각한 상태에 있다는 이야기를 했다. 그렇다. 많은 기업들이 자율보다는 통제에 초점을 두고 있다. 반면에 모닝 스타에서는 자율이 당연시된다. 모닝 스타에서 자율은 때늦게 생각해낸 것도 아니요, 조직의 슬로건도 아니다. 자율은 모닝 스타의 이념적 초석이다. 모닝 스타에서는 권한 위임의 개념을 다루지 않는다. 그럴 만한 이유가 있다. 권한 위임의 개념에는 권한이 넘어간다는 전제가 깔려 있다. 즉 윗선으로부터 권한을 부여받는 데다 권한 위임 여부를 권력자가 결정한다. 하지만 권한이 분산될 때, 어느 관리자도 권한 위임의 결정권을 지니지 않을 때, 권한 분산의 개념은 무의미해진다.

여러분의 조직은 자기 경영의 원칙을 기반으로 운영되는가? 그렇지 않을 것으로 짐작한다. 그렇다면 여러분의 조직은 '유대감 넘치는 시장'이나 '자연적이고 역동적인 계층제 조직'이 아니다. 짐작건대 여러분의 조직은 무수한 규정을 따르는 관료제 조직이자 다층 계충제 조직일 것이며, 다수의 경영 프로세스를 운영하면서 가치 적합성과 예측 가능성을 가장 중요한 요건으로 삼을 것이다. 따라서 현재 여러분의 조직은 이념적 교차로에 서 있다. 여러분은 결정해야 한다. 상사 경영을 할 것인가, 자기 경영을 할 것인가?

미국 창립자들은 군주제를 대체하려고 애썼지 군주제의 폐단을 완화하려고 하지 않았다. 또한 그들은 자명한 사실을 가지고 시작했지 제도나 절차를 가지고 시작하지 않았다. 여러분도 그렇게 해야 한다. 자기 경영에 대한 뚜렷한 의지를 보이지 않는다면, 뜻하지 않은 위험에 직면하거나 심각한 문제를 앞에 두고도 일시적인 미봉책에 만족하고 만다.

그럼에도 여러분이 서 있는 바로 그 자리에서 시작해야 한다. 여러분이 낡은 경영 구조를 무너뜨리는 것을 허가해줄 사람은 없다. 자기 경영이 '무경영'이 아니라는 것을, 또 급격한 권한의 분산으로 인해 혼란이 야기되지 않는다는 것을 여러분이 입증해야 한다.

자기 경영을 시작하는 방법을 몇 가지 소개한다.

첫째, 모든 팀원들이 개인 사명문을 작성하게 하라. 팀원들에게 이런 식으로 물어보라. 팀 동료들을 위해 어떤 가치를 창출하고 싶은가? 팀 동료들을 위해 어떤 문제를 해결하고 싶은가? 다음으로 나무보다는 숲을 볼 수 있는 과제를 직원들에게 던져라. 그래서 팀원들이 사명문을 짧게 작성하고 나서 팀원들 두세 명이 쌍을 이뤄 서로의 사명문을 평가하게 하라. 이로써 팀원들은 규칙을 지키는 데 집착하지 않고 상호 협의된 책임의 측면에서 사고하기 시작할 것이다.

둘째, 직원의 자율권 범위를 확대할 수 있는 간단한 방법을 모색하

라. 사명을 완수하는 데 방해가 되는 규정이나 절차가 있는지 물어보는 것도 좋다. 가장 성가신 부분들을 찾아냈다면, 한정된 범위에서 재량껏 일을 처리하도록 해주고 결과를 지켜보라. 뉴질랜드 은행 사례에서 확인했듯이, 일방적 통제의 패러다임을 뒤집을 수 있다. 자기 경영을 진지하게 생각하고 있다면 하나씩 하나씩 실천하면 된다.

셋째, 정보의 투명성을 강화하여 전 조직이 하나의 팀처럼 움직이게 하라. 풍부한 정보를 갖춰야 자기 경영을 실천할 수 있다. 현장 직원들에게 자세한 실적 정보를 제공하라. 그러한 정보는 여러분의 CEO가 가진 정보와 동일한 것이어야 한다. 다음 순서에서 확인하겠지만, HCL테크놀로지(이하 HCLT)의 CEO 비니트 나야르Vineet Nayar는 조직의 피라미드를 무너뜨리기 위해 제일 먼저 조직 구성원들과 회사의 실적을 공유했다.

마지막으로 관리하는 사람과 관리받는 사람의 구분을 없앨 방법을 모색하라. 여러분이 관리자라면 먼저 팀에서 여러분이 맡은 역할을 열거해보라. 정리한 내용에 별다른 문제가 없다면, 각 역할에 간단히 의견을 달아달라고 동료들에게 요청하라. 이런 과정을 통해 리더가 책임감을 한층 더 느껴야 상호 책임의 그물망을 형성하는 데 한 발 더 나아갈 수 있다.

요컨대 사명감을 고취하고, 성가신 규정들을 없애고, 투명한 실적 정보를 공유하며, 상호 책임의 관념을 확산시켜야 한다. 명심하라. 이 모든 활동은 자기 경영의 여정에서 반드시 거쳐야 하는 중간 단계들이다.

크고 작은 기업 조직에 깊숙이 뿌리박힌 해묵은 관료제를 끝내야 할 때가 된 것 같다. 오래된 전통 기업들은 특히 길고 가파른 자기 경영의 길에 올라야 한다. 그래도 고어사와 모닝 스타의 사례는 자기 경영의 여정이 가치가 있는 일임을 보여준다. 더 이상 고효율 조직과 인간미 넘치는 조직 사이에서 고민하지 마라. 더 이상 막중한 관리 부담을 떠안지 마라.

세계 도처의 관리자들은 관리 방식의 효율성을 꾀하기 위해 지난 10년을 투자했다. 이제는 관리 자체가 비효율의 늪이라는 사실을 직시해야 한다. 이런 비효율의 일부는 손익계산서에서 드러나지만, 그 외에 의사 결정 시차, 숨겨진 편향, 권한 박탈 등의 비효율은 엄청난 손실로 이어진다. 글로벌 경제에서는 비효율성이 잠복될 수 있는 여지가 없기에 관리 비용을 줄일 방법을 찾지 못하는 기업들은 종국에 굉장히 불리한 처지에 놓이게 된다.

경영의 미래는 아직 쓰이지 않았지만, 모닝 스타 직원들은 자극적인 프롤로그를 써 왔다. 물론 여러 물음이 남아 있다. 조직의 규모에 따라 자기 경영 모델을 조정할 수 있을까? 1만 명 또는 10만 명 규모의 조직에서 자기 경영 모델이 효과를 발휘할까? 다양한 조직 문화에 적용할 수 있을까? 비즈니스 모델에 본질적 위협이 되는 것(저비용, 역외 경쟁 기업 등)에 대처할 수 있을까? 잘 모르겠지만 이 물음들은 루퍼와 그 동료들이 밤을 새우며 고민한 문제들이다. 자기 경영이 현재 진행형임을 그들은 선뜻 시인한다. 루퍼는 말한다.

"관념적으로는 한 90퍼센트는 진행된 것 같은데, 실질적으로는 70퍼센트 정도밖에 진행되지 않았습니다."

모든 것이 불확실해도 두 가지는 분명해 보인다. 첫째, 오랫동안 인간의 조직을 괴롭힌 상충 관계(가령 자유 대 조화)는 겉보기에 아주 다루기 힘들 것 같지만, 약간의 상상력을 발휘하면 초월할 수 있는 것이다. 둘째, 경영이 더 이상 허풍 떠는 소수의 권리가 아닌 모두의 책임으로 통하는 조직을 구축하겠다고 유난을 떨 필요가 없다. 그저 생각을 조금만 바꾸면 된다.

조직의 피라미드를 뒤집어라

고어사와 모닝 스타는 비즈니스계의 '착한 이단아들'이다. 능력 중심주의로 운영되는 두 조직의 DNA에는 자율의 이념이 각인되어 있다. 두 조직은 아마도 여러분의 조직과는 딴판일 것이다. 그렇기는 해도 전통에 묶인 조직도 용기와 비전을 바탕으로 이념적 기반을 재정립할 수 있다. HCLT의 CEO 비니트 나야르가 지난 몇 년간 바로 그런 일을 했다.

HCL_HCL Enterprise은 인도 IT 업계에서 혁신 기업의 전형으로 통한다. 본래 'Hindustan Computers Limited'라는 회사명을 썼던 HCL은 현재 HCL인포시스템즈_Infosystems와 HCLT로 구성되어 있다. HCL인포시스템즈는 하드웨어 생산과 시스템 통합 분야에 주력하고 있다.

HCLT는 35억 달러 규모의 IT 서비스 기업으로 비즈니스 프로세스 아웃소싱에 기반을 두고 있다. 직원 7만 7,000명이 근무하는 HCLT는 세계 26개국에서 활동하고 있다. 현재 비니트 나야르가 HCLT의 CEO 겸 부회장을 맡고 있다.

2006년 〈포천〉 기사에서 내 친구 데이비드 커크패트릭David Kirkpatrick은 HCLT의 경영 모델을 '세계에서 가장 현대적'이라고 표현했다.[1] 조금 과장된 것 같지만, 2009년 기업 컨설팅 업체 휴잇 어소시에이츠Hewitt Associates는 HCLT를 '인도 최고의 고용 사업체'로 선정했으며,[2] 2011년 HCLT는 세계에서 가장 민주적인 회사 중 하나로 인정받았다.[3]

HCLT는 지난 몇 년간 물 만난 고기 같았는데, 2009년부터 2011년까지 이어진 극심한 불경기에 총매출을 24퍼센트나 증대시켰다. 그 사이 HCLT의 시가 총액은 26억 달러에서 75억 달러로 거의 세 배나 상승했다.

비니트 나야르는 2005년 HCLT의 사장직에 오른 이래 조직 운영에서 파격적 변화를 주도해왔다. 2008년 봄, 비니트와 처음 만났는데, 그는 힘을 주며 말했다.

"CEO의 개념을 없애버려야 합니다. '선지자'라는 개념, '선장' 이미지는 이미 사라졌습니다. 우리는 직원들에게 '여러분이 여러분의 관리자보다 더 중요한 존재입니다'라고 말하고 있습니다. 가치는 직원과 고객 사이에서 창출되는 것입니다. 고객과의 최접점에서 혁신을 가능케 하는 것이 관리자의 임무입니다. 그러기 위해 우리는 명령-통제 체계를 없애야만 합니다."

나는 비니트의 열정을 감지할 수 있었다. 그의 열정은 괴팍스럽기까지 했다. 혁명은 흔히 전제군주 체제와 함께 시작되지 않는다. 나는 궁금증을 참지 못했다. 그는 혁명의 미사여구를 늘어놓은 것처럼 자신의 의지를 행동으로 뒷받침하고 있을까? 이후 수개월 동안 나는 HCLT의 변화를 깊이 들여다보았고 마침내 비니트가 그의 말을 실천해가고 있다는 것을 알게 되었다. 비니트와 그 동료들은 크고 작은 방법으로 직원들에게 진짜 '변혁자'가 될 기회를 주는 조직을 구축해나가고 있었다. 변혁자란 의뢰인들과 함께 일하면서 기술 범위 밖의 가치를 창출하는 방법을 새로이 찾아나가는, 영감 풍부한 문제 해결사를 의미했다. 이런 노력의 이면에는 '역책임reverse accountability'의 개념이 지침으로 깔려 있었다.

어떻게 성장할 것인가

물론 HCLT의 이야기는 원대한 탐구에서 시작되지는 않았다. 그것은 어떻게 성장의 속도를 최대로 높일 수 있을까 하는 실질적인 문제에서 시작되었다. 2005년에 창립 29년이 된 HCLT는 직원이 3만 명, 매출 7억 달러를 올리는 회사였다. 이전 5년 동안 HCLT는 연평균 30퍼센트의 성장세를 탔다. 이런 성장 속도는 나쁘지 않았지만 주요 경쟁 업체들을 따라잡기에는 부족했다.

이에 비니트는 문제를 진단하는 차원에서 크고 작은 모임을 열어 직원 수천 명을 대면했다. 모임에서 비니트는 늘 회사에 관한 여러

불편한 사실을 인정하면서 운을 뗐다. 그렇다. 회사는 시장에서 서서히 영향력을 잃어가고 있었다. 시장점유율을 계속 잃는다는 것은 파산이 머지않았다는 의미였다. 회사가 뒤처지는 이유를 속속들이 밝히면서 비니트는 속 시원히 회사의 결점을 파헤쳐보자고 직원들에게 말했다. 그때부터 비니트와 직원들은 잔인하다 싶을 정도로 솔직하게 의견을 주고받았다. 문제가 펼쳐짐에 따라 비니트는 마음속에서 두 가지 결론에 이르렀다.

첫째, HCLT는 서비스 기업이었다. 그래서 가치를 창출하는 면에서 관리자가 아닌 현장 직원들이 핵심 역할을 했다. 비니트의 눈으로 본 세상에는 얽히고설킨 사업상의 문제로 고민하는 고객들이 넘쳐났으며, 고객의 문제는 창의적이며 열정적인 직원들만이 해결할 수 있는 것이었다. HCLT의 경우는 직원들과 고객들의 접점에 '가치 지대$_{value\ zone}$'가 있었다. 따라서 직원들이 고객들을 위해 특별한 가치를 창출할 때 회사가 번영할 것이요, 그렇지 않으면 그 반대의 결과를 맞이할 터였다. 따라서 HCLT의 미래를 결정짓는 의사 결정은 일선 직원들이 일상에서 처리해야 하는 문제였다.

둘째, 비니트가 이후 자신의 책에서 밝혔듯이 HCLT의 하향식 경영 모델은 '고객 가치를 창출하는 사람들보다 위계적 권력을 가진 사람들이 높은 지위를 차지하는 방식'이었다.[4] 이는 회사의 경영 프로세스가 고객에게 몰입하는 직원들보다는 통제에 집착하는 경영진의 필요를 충족시키기에 더 알맞다는 의미였다. 비니트는 낡은 피라미드 때문에 직원들이 제약을 받아서 회사에 충분히 기여하지도 못하고 원하는 방식대로 일하지도 못했다고 책에 썼다. 특히 기술에 능한 젊은 직원들이 그런 문제를 자주 겪었다. 젊은 직원들은 인터넷을 하면서 자랐기에 협력을 중시하고 위계질서를 거부하는 경향이 강했다.

돌이켜보면 이런 결론이 세상을 깜짝 놀라게 할 만한 것은 전혀 아니었다. 복잡한 서비스를 제공하는 사업에서는 일선 직원들이 핵심 역할을 하기 마련이다. 또 관료적 프로세스상에서는 창의성과 진취성이 억제되기 마련이다. 그럼에도 기업들을 들여다보면 실상 검은 정장 차림의 경영자들이 경영의 이단아로 바뀌는 일은 없었다. 보통 CEO들은 방법을 약간 수정하는데, 중간 관리자들로 하여금 고객과 시간을 많이 가지게 하거나 기대 이상의 실적을 거둔 직원들에게 많은 보상을 해준다. 혹은 직원 교육에 투자를 늘리거나 직원들과 정보를 많이 공유하려고 노력한다.

반면에 비니트는 이 정도로는 성장을 가속화할 수 없음을 알았다. 길은 하나뿐이었다. 그 길은 힘겨운 전투로 이어졌고, 풀리지 않은 문제들이 자국으로 남았다. HCLT는 조직의 피라미드를 뒤집어야 했다. 그것은 경쟁 업체들이 재빨리 모방하기 어려운 전략이었다. 처음부터 끝까지 다 따져보진 않았지만, 비니트는 그의 비전을 알려나가기 시작했다. 그리고 하나씩 하나씩 '직원이 먼저, 고객은 다음Employees First, Customers Second, EFCS'이라는 경영 철학을 세워나갔다. HCLT에 새로운 철학이 필요하다는 것을 비니트는 분명히 보여주었다. 관리자들이 가치 지대에 있는 이들에 대해 책임감을 느껴야 했다.

처음에는 많은 이들이 EFCS 철학이 단순히 사기 진작용 구호가 아닐까 생각했다. 2006년 대형 고객들이 모인 자리에서 비니트가 연단에 서서 그 큰 의심의 덩어리를 날려버렸다. 비니트는 직원을 먼저 생각해야 하는 이유를 설명하고 새로운 철학이 결국 고객들에게도 큰 혜택이 될 것이라고 힘주어 말했다. 그런데 그날 저녁 회사의 주가가 8퍼센트나 떨어졌다. 반면에 밤늦게 인터넷으로 비니트의 강연을 본 수천 명의 직원들은 EFCS가 슬로건 이상의 것임을 확인하고 잠자리에 들었다.

이후 5년 동안 비니트와 직원들은 경영 혁신을 위해 험준한 바위투성이 비탈길을 기어올랐다. 낡아빠진 피라미드를 뒤엎겠다는 목표를 향해 그들은 한발 한발 나아갔다. 그 과정에서 다음과 같이 중요한 이정표를 세웠다.

재정 데이터의 투명성을 확보하다

관리자가 회사의 실적 정보를 독점하고 있는데 권한이 위임되었다고 보기 어렵다. 비니트는 이 점을 놓치지 않았다. 이를 염두에 두고 HCLT의 IT팀이 간단한 장치를 하나 개발해서 자기 팀과 다른 팀들의 세밀화된 재정 매트릭스를 전 직원에게 공개했다. 그러자 어느 순간 실적이 좋지 않았던 팀들이 실적을 개선하려는 동기를 지니게 되었고, 실적이 좋았던 팀들은 정상에 머물려는 의지를 불태웠다. 또 다른 혜택도 있었다. 직원들은 회사가 전략적인 정보를 공유할 정도로 자신들을 신뢰한다고 확신하게 되었다. '알아야 할 필요'가 '알 권리'가 되어갔다.

U&I 사이트를 가동하다

초기에 비니트를 위시한 리더십팀은 온라인 토론 사이트를 개설해서 직원들로 하여금 대답하기 난해한 질문을 던지고 솔직한 의견을 내놓도록 장려했다. U&I 사이트에서는 직원들이 어떤 검열도 거치지 않았고, 아무리 매서운 비판이라 해도 회사 전체에 공개되도록 했다. 비니트는 '실제로 질문들의 100퍼센트가 수치스러운 질문들'이었다며 당시를 떠올렸다.

"당신들은 왜 그리 형편없나요?" "당신들의 전략은 왜 그 모양인가요?" "당신들은 왜 당신들의 가치를 실천하지 않나요?"

이런 질문들이 사이트를 가득 메웠다. 일부 관리자들은 인터넷을 통해 회사의 치부가 드러난다며 한숨을 쉬었지만, 직원들은 U&I가 투명성에 대한 회사의 의지를 보여주는 상징이자 최고 경영진에게 책임을 물을 수 있는 장치라고 높이 평가했다. 그것 말고도 U&I 사이트는 또 다른 가치가 있었다. U&I는 회사가 직면한 핵심 이슈들에 대한 조기 경보 시스템 구실을 했다.

2009년 비니트는 U&I에 '내 문제들My Problems'이라는 항목을 개설해서 그가 씨름하고 있는 중대 이슈들을 두고 직원들에게 의견을 구했다. 비니트는 관리자들이 일선 현장에 대해 책임감을 더 가지기를 바랐지만, 한편으로 또 직원들이 최고 경영진에게 닥친 큰 난제를 본인들의 일처럼 여기기를 바랐다.

서비스 수준 협약을 도입하다

인사 부서나 재무 부서 같은 영향력 있는 정책 부서는 흔히 직원들이 활동하기 편한 환경을 조성할 생각을 하지 못하고 전면적인 정책만 밀어붙이면 된다고 생각하는 것 같다. 이런 실정을 인식한 비니트는 일선 직원들에게 물었다.

"여러분이 가치 지대에서 가치를 창출하는 데 정책 부서들이 어떻게 힘을 보탰나요?"

비니트가 이런 질문을 던질 때마다 직원들은 아무런 대답을 하지 않고 약간 놀란 듯한 표정을 지었다. 직원들은 인사 부서나 재무 부서 담당자를 대할 때마다 아무것도 재량껏 할 수 없는 상황에서 구걸하는 듯한 기분을 느꼈다. 이에 대한 해결책이 웹 기반의 '스마트 서비스 데스크Smart Service Desk' 시스템이었다. 이 시스템을 통해 정책 부서 직원에게 불만이 있는 직원은 누구라도 '서비스 티켓Service Ticket'을 제출했다.

이렇게 직원들이 티켓을 제출하면 정책 부서는 24시간 내에 직원들의 불만을 해소해야 했다. 한번 발행된 티켓은 관련 직원만이 없앨 수 있었다. 24시간 내에 직원들의 불만이 해소되지 않으면 티켓은 명령 계통에 따라 상부로 올라갔다. 스마트 서비스 데스크를 시행한 첫 달에만 3만 개의 티켓이 발행되었는데, 티켓 발행 수는 시간이 갈수록 급격히 줄어들었다.

비니트는 스마트 서비스 데스크가 세 가지 점에서 효과가 있다고 보았다. 첫째, 정책 부서들이 가치 지대에 있는 직원들에 대해 책임감을 더 많이 가졌다. 둘째, 지위에 상관없이 모든 직원의 문제가 빠르고 효율적으로 해결되어 공평한 경쟁의 장이 마련되었다. 셋째, 내부 정책을 개선하기 위한 풍부한 데이터를 산출할 수 있었다.

열린 평가를 시작하다

기업들은 거의 다 자체 360도 피드백 프로세스를 운영한다. 그렇기는 하지만 비니트는 HCLT의 규격화된 방식에서 몇 가지 문제를 보았다. 첫째, 관리자들이 직원들(가치 지대에 있는 직원들)의 업무에 어떻게 영향을 미치는지 공개되지 않는다. 둘째, 직원들은 흔히 관리자를 평가하려고 했다가도 보복이 두려워 마음을 접는다. 마지막으로 관리자의 측근들만 의견을 내다 보니 조직에 사일로 효과가 만연한다.

시간이 흐르면서 이 모든 것이 바뀌었다. 오늘날 HCLT 직원들은 익명성이 보장된 상태에서 자신들의 업무에 영향을 미친 관리자들의 업무 수행을 평가할 수 있다. 또한 평가서를 제출한 직원은 평가 내용을 온라인상에 공개할 수 있다. 이와 같은 공개성 때문에 관리자들은 직원들에게 관심을 많이 두고 권한을 사려 깊게 행사하게 된다. 접수된 의견의 수와 범위는 관리자의 영향력을 나타낸다. 회사 전반에 부가가치를 창출할 수 있는지, 자기 부서에서만 입김을 낼 수 있는지 판단할 수 있다는 말이다.

이와 같은 '피드 포워드feed forward(앞으로의 징후를 예측하여 그 기준에 따라 제어하는 방식-옮긴이)' 과정은 보상이나 승진과 관련이 없으며 순수하게 발전과 개선을 위한 것이다. 그렇기는 해도 HCLT에는 보통의 관리자가 숨을 곳이 거의 없다.

나의 청사진을 게시하라

회사의 성장이 가속화됨에 따라 HCLT의 계획 수립 프로세스는 통제하기 힘들 정도로 복잡해졌다. 이런 상황에서 비니트는 CEO로서 해마다 사업 단위 계획 수백여 개를 검토해달라는 요청을 받았다. 이에 시간과 전문 지식의 한계를 느낀 비니트는 동료들을 평가하는 온라인 기반 평가 프로세스를 개발하도록 동료들에게 요청했다. 이렇게 탄생한 솔루션이 '나의 청사진$_{MyBlueprint}$'이었다. 그에 따라 2009년에는 관리자 300명이 온라인에 자신들의 사업 계획이나 청사진을 게시했다. 각 계획서는 오디오 프레젠테이션과 함께 게시되었다. 그때 8,000명이 넘는 직원들이 초대를 받아 관리자들의 계획 평가 활동에 참여했다. 결과는 어땠을까? 수없이 많은 조언과 충고가 쏟아졌다.

프로세스의 수평적 특성은 부서를 넘나드는 협력의 가능성을 구현했으며, 관리자들이 HCLT 도처에서 관심사가 비슷한 동료들과 협력하는 계기가 되었다. 활동을 끝마치면서 거의 모든 사람들이 동의한 사실이 있다. 나의 청사진은 해묵은 하향식 평가 프로세스와는 비교도 안 될 정도로 엄청난 가치가 있다고 사람들이 하나같이 입을 모았다.

고용인 의회를 구성하다

계층제 조직에서 네트워크화된 조직으로 변화를 꾀하기 위해서는 누군가가 직원들 간의 수평적 관계를 두텁게 해야만 한다. 이와 같은 개념을 실현하기 위해 HCLT는 '고용인 의회'를 탄생시켰다. 그에 따라 웹 기반의 플랫폼을 바탕으로 문화, 오락, 업무 등에 관련된 다수의 커뮤니티(고용인 의회)가 급속히 형성되었다. 각 의회는 스스로 리더를 선출했다.

현재 2만 5,000명이 넘는 직원들이 의회에서 활동한다. 비니트와 그 동료들은 클라우드 컴퓨팅 같은 핵심 비즈니스와 기술 등 32가지 특정한 문제를 다루는 의회를 구성했다. 이렇게 통제가 느슨한 의회는 곧 그들의 가치를 입증하는 한편 새로운 전략적 통찰의 중요한 원천이 되었다. 특정한 아이디어를 두고 합의에 도달하는 의회는 그 아이디어를 실행하는 수행 그룹으로 전환되었다.

얼마 전에 비니트를 만났는데, 그는 온라인 커뮤니티의 타당성에 대해 내게 이렇게 말했다.

"우리는 중대한 의사 결정을 할 수 있는 사람, '예'나 '아니요'라고 말할 권한을 가진 사람이 따로 있다는 관념을 뒤엎고 싶었습니다. 우리는 공동의 관심사를 둔 커뮤니티로 이끌리게 되었습니다. 이런 커뮤니티들이 수평적 조직의 기반을 형성할 수 있었습니다. 이 개념을 실행한 지 3년이 된 지금, HCLT 수익의 20퍼센트가 이 커뮤니티들의 활동에서 나오고 있습니다."

EFCS는 여전히 진행 중이고, 역방향의 책임성이라는 개념은 HCLT에 깊숙이 뿌리내려 있다. 아직까지 수직 관계는 존재하지만, 그 영향력은 확연히 사라졌다.

비니트는 말한다.

"우리 모두는 민주주의가 올바른 것이고 전체주의 시스템이 잘못된 것이라고 믿고 있습니다. 그럼에도 우리는 비록 최상부에 있는 사람들이 정보가 부족해서 뭘 먼저 해결해야 할지 모른다 해도 회사 안의 독단적인 행태를 잘 참아냅니다. HCLT에서 우리는 회사를 민주화하려고 노력하고 있습니다."

주저하지 말고 시작하라

경영 혁신은 이익이 될까? 그런 것 같다. 최근 들어 HCLT는 인도 경쟁 업체들을 상당히 앞질렀다.

물론 HCLT가 앞으로도 계속 성장할 것이라고 장담할 수는 없다. 성공 기업은 수많은 형태로 궤도에서 탈선한다. 아무리 탁월한 경영 모델을 운영하고 있다 해도 그 모든 것들로부터 조직을 보호할 수는 없다.

그렇다 해도 35억 달러 규모의 회사가 조직의 피라미드를 뒤엎고 살아남아서 경험담을 전해줄 정도면 여러분의 조직에도 희망은 있는 것이다. 지금까지 확인했듯이 옛날의 군대 사령관이나 굴뚝 산업 시대의 CEO들을 수발하기 위한 조직 모델에 안주할 이유가 없다.

HCLT의 사례를 통해 두 가지 결론에 이르렀다. 첫째, CEO가 '예지력 있는 우두머리' 역할을 하기에는 세상이 너무도 복잡해졌다. 비니트는 이 점에서 옳았다. CEO는 '경영 설계자'가 되어야만 한다. 달리 말해 CEO는 최고의 아이디어를 끌어내고 조직의 모든 구성원들이 재능을 발휘하게 하기 위해 어떤 원칙과 프로세스를 마련해야 할지 늘 고민해야 한다.

둘째, 명망 있는 대기업의 경영 DNA도 변화시킬 수 있다. 엄밀하게 말해서 비니트는 마스터플랜을 가지고 시작하지 않았다. 그보다는 '직원이 먼저, 고객은 다음'이라는 목표를 따라 이끌렸다. 또한 비니트는 HCLT의 간부들에게 기존 경영 프로세스를 재설계하라고 요청하지 않았다. 그렇게 해봤자 거센 저항에 부딪히고 조직 운영에 혼란이 야기될 소지가 다분했다. 대신에 비니트는 적어도 당분간 기존 프로세스와 병행해서 여러 새로운 프로세스를 운영하자고 제안했다. 비니트는 이렇게 말했다.

"옛 프로세스는 사업 운영에 초점이 맞춰져 있었습니다. 사업 전환에 초점이 맞춰진 프로세스를 새로이 마련해야 합니다."

EFCS의 가치가 이미 기존 시스템에 녹아들었지만, 그 과정은 원래 그래야 하듯 여전히 진행 중이다.

여기서 몇 가지 중요한 교훈을 얻는다. 하나, 처음부터 세부적인 계획으로 시작할 필요가 없다. 버스 기사들이 지도를 보고 운전하고, 탐험가들이 북극성에 의존하여 방향을 가늠하듯, 비니트와 그 동료들은 EFCS 철학을 등대로 삼았다. 둘, 경영 모델을 바꾸기 위해 기존 경영 프로세스를 철폐할 필요가 없다. 여러분은 혁명하는 동시에 진화할 수 있다. 그래서 여러분이 경영의 이단아가 되고자 마음먹었다면, 더 이상 주저할 이유가 없다.

원대한 목표를
향해 나아가라[1]

우리는 관리자로서 너무 쉽게 현실에 안주한다. 그렇지 않다면 통제의 이념에서 비롯된 악영향을 없애기 위해 애쓰고 있을 것이다. 우리는 대부분 우리의 조직 모델에 완전히 만족하지는 않는데, 그렇다고 그에 대해 이의를 제기하지도 않는다. 혼란을 야기하는 사내 정치, 창조성의 낭비, 냉소주의로 인한 사기 저하, 야비한 가치, 반윤리적 편법, 경영진의 독선, 전략적 근시안 등을 보고도 우리는 분개하지 않는다. 그렇지 않다면 하나는 분명하다. 제대로 분개하지 않은 나머지 "충분해!"라고 외치기만 할 뿐 현실을 개선하는 활동에 동참하지 않는다.

또한 우리는 꿈을 품고 싶어 하지 않는 것 같다. 이를테면 열정, 투명성, 활력, 유쾌함, 활기, 재미로 대표되는 조직, 이런 조직을 만들겠다는 매혹적인 비전에 우리는 아직까지 사로잡히지 않았다. 이런 점에서 우리는 상상력 결핍에 시달리고 있다. 동물원에서 태어나 쇠창살 속 세상 밖에 모르는 사자는 향기로운 풀밭과 푸른 풍경을 상상하지 못한다. 동물원의 사자처럼 우리도 인간이 자유로이 번창하는 대초원 같은 조직을 상상하지 못한다.

내가 먼저 '내 탓'이라고 말하고 싶다. 나는 35년 동안 경영자이자 경영대학원 교수로 활동했다. 그동안 조직의 삶을 관찰하고 또 견뎌 오면서도 분개할 일에 분개하지 않았고 희망을 가질 일에 희망을 가지지도 않았다. 그것이 참으로 후회스럽다. 반항아와 이상주의자가 결국 세상을 바꾸는 법인데 말이다.

어느 날 나는 러닝머신을 달리면서 특별할 것도 없는 사소한 결론에 도달했다. 나는 러닝머신 위에서 종종 〈파이낸셜 타임스〉를 읽곤 한다(베이지색 벽을 쳐다보는 것보다 그 신문을 읽는 편이 더 낫다). 그날은 1마일(1.6킬로미터 가량)을 뛰면서 신문을 다 읽지 않고 덮었다. 이리저리 궁리하는데 널브러져 있는 〈피플People〉지가 눈에 들어왔다. 나는 곧바로 러닝머신에서 뛰어내려 그것을 집어 들었다. 지금은 안젤리나 졸리와 브래드 피트 같은 유명 연예인들이나 21세기 오트 컬쳐haute culture(고급 문화)의 아이콘들에게 별 관심이 없지만, 그때는 지루했고 체육관에 사람이 없었던 탓에 그 연예 잡지라도 집어 들어야 했다. 나는 기사 목록을 쭉 훑어보다가 유독 눈에 띄는 이름을 발견했다. 그 유명한 MIT 미디어 연구소를 세운 '디지털 전도사' 니컬러스 네그로폰테Nicholas Negroponte가 나와 있었다. 닉을 여러 번 만난 적이 있는데, 그는 아직도 미디어 연구소의 명예 소장직을 맡고 있다. 닉이 〈피플〉에 왜 실렸는지 궁금했다. 내가 알기로 닉은 마약 중독 치료를 받은 적도 없고, 새벽 2시에 거의 나체 차림으로 리무진에서 내리다 사진에 찍힌 적도 없었다.

물론 기사는 세계 극빈층 어린이들에게 컴퓨터를 보급하고 있는 닉의 개척자적 노력을 다룬 내용이었다. 그의 비영리 프로그램 OLPC One Laptop Per Child(어린이 한 명당 한 대의 컴퓨터)는 개발도상국 어린이들에게 100달러짜리 교육용 노트북을 공급한다는 목표로 2005년 개시되었다. OLPC 재단은 초저가형 노트북을 개발하기 위한 고된 여정을 거친 후 2007년 'XO'라는 첫 노트북 모델을 출시하여 선적을 개시했다. OLPC 재단은 아직까지 100달러 가격 목표(현재 가격 200달러)를 달성하지 못했지만, 30개국 이상의 나라에 XO 컴퓨터를 공급하고 있다. 우루과이의 경우 전국의 모든 초등학생들이 XO 컴퓨터를 한 대씩 지급받았다.

닉의 대담한 프로젝트에 관한 기사를 읽으면서 내가 추구하는 것은 무엇인지 나도 모르게 자문하게 되었다. 나는 닉처럼 IT 학자도 아니요, 사회적 기업가도 아니다. 그렇다고 그처럼 사람들에게 자비를 베풀면서 살아오지도 않았다. 경영학자인 나는 대수롭지 않은 문제를 가지고 실업가들과 대화하며 거의 모든 시간을 보냈다.

"여러분은 여러분의 계획 수립 프로세스를 어떻게 개선합니까?" "여러분은 팀워크를 어떻게 강화합니까?" "여러분은 어떻게 경쟁자들보다 더 빨리 상품을 런칭합니까?"

아마도 여러분이 관심을 두고 있는 문제도 이런 것들일 것이다. 그럼에도 우리가 더 높은 목표를 가진다면 어떻게 될까? 우리가 꿈을 더 크게 품는다면 어떻게 될까?

몇 년 전으로 거슬러 올라가서, 미국공학한림원National Academy Engineering은 최신 과학기술을 선도하는 전문가 위원회를 소집하여 21세기 과학기술자들에게 가장 골치 아프고 시급한 문제들을 목록으로 작성해달라고 요청했다. 위원회에는 유전학의 대가 크레이그 벤터J. Craig Venter, 구글 공동 창립자 래리 페이지, 전 국방부 장관 윌리엄 페리William Perry 등 각계 권위자들도 참여했다. 전문가들은 표본추출Sampling을 통해 태양에너지 절약, 인간 두뇌 역설계, 보안 공격에 대한 사이버 공간 보호[2] 등 열네 가지 도전 과제를 내놓았다. 이에 미국과학재단U.S. National Science Foundation이 우리 공동의 미래가 달린 과학기술 문제에 초점을 맞춘다는 목표로 정책 과제 추진 계획에 자금을 지원했다.

이들의 노력을 지켜보면서 나는 다시 한 번 나 자신에게 물었다. 과학기술자가 아니라 관리자이자 경영자, 리더인 우리는 어떤 영역에서 원대한 도전을 해야 할까? 탄소 격리carbon sequestration나 핵융합 에너지 개발에 버금가는 우리의 목표는 무엇인가? 앞에서 말했듯이 경영은 '인간 성취의 기술'이다. 세상의 심각한 문제를 해결하려면 혹은 더 겸손하게 말해서 아주 인간적인 조직을 만들려면, 과학적 발견 이상의 성과를 거두어야 한다. 또한 계획 수립, 조직 구성, 협력, 자본 할당, 동기부여 그리고 통제를 위한 새로운 방식이 필요하다.

관리자로서 우리는 몽상가가 아니라 실용주의자들이다. 그럼에도 우리는 인간으로서 궁극적으로 신봉하는 대의 그리고 우리가 해결하려고 애쓰는 문제들에 의해 정의된다. 심각한 문제가 꼭 큰 진보를 낳는 것은 아니지만, 사소한 문제는 절대로 큰 진보를 낳지 않는다.

이런 생각으로 인해 2008년 5월 36명의 경영 전문가들이 캘리포니아 주 하프 문 베이Half Moon Bay에 집결했다. 그들은 운명을 좌우하는 경영의 '탐사 항목들'을 만들어내는 임무를 부여받았다. 도처에 있는 비즈니스 혁신자들이 '탐사 항목들'을 보고 영감을 얻을 터였다. 결국에는 반항아들과 몽상가들도 정책 과제, 즉 그들의 불만과 열망을 표출할 수 있는 통로가 필요하다.

하프 문 베이 콘퍼런스는 매니지먼트 랩Management Lab이 맥킨지 앤드 컴퍼니의 지원을 받아 조직했다. 학자, 컨설턴트, CEO, 벤처 자본가 등 다방면의 전문가들이 콘퍼런스에 참여했다. 예상했겠지만 그들은 활기차게 의견을 주고받고 치열한 논쟁을 벌이기도 했다. 그래도 우리의 목표를 잊지는 않았다. 매니지먼트 2.0 시대를 위한 경영을 정립하는 것이야말로 우리의 진정한 목표였다. 그것은 말라리아를 뿌리 뽑고 빅뱅의 비밀을 밝히고 우주를 정복하겠다는 목표에 버금가는 것이었다.

그렇게 탄생한 스물다섯 가지 탐사 항목은 상호 배반되거나 전체적으로 포괄되는 것들이 아니다. 우리의 현재 경영 모델은 전체가 통합되어 있어서 부분적으로 나누기 어렵다. 따라서 탐사 항목의 여러 부분이 중복된다. 그럼에도 각 항목은 매니지먼트 2.0 시대를 향한 여정의 중요한 길목을 열어준다.

다음의 스물다섯 가지 탐사 항목을 여섯 가지 주제별로 정리했다. 이 가운데 어느 하나라도 여러분이 경영 혁신자가 되는 데 영감을 자극하기를 희망한다.

정신을 치유하라

탐사 항목 1. 숭고한 목적을 추구하는 조직을 구축하라

기업들은 대개 주주의 부를 극대화하려고 애쓴다. 많은 점에서 부적절한 목표를 세우는 것이다. 그런데 감정적 촉매제로서 부의 극대화는 전 직원의 에너지를 집결시키기에는 그 힘이 부족하다. 사람들이 기업 권력의 적법성을 두고 문제를 제기하는 경우, 부의 극대화에 대해 제대로 옹호하기 어렵다. 또한 부의 극대화는 쇄신을 일으킬 정도로 특별하거나 설득력이 있지도 않다. 이러한 이유로 미래의 경영 방식은 사회적으로 중요하고 숭고한 목적을 달성하는 데 중점을 두어야 한다.

탐사 항목 2. 공동체 정신과 시민 의식을 불어넣어라

미래에 닥칠 상호 의존적 세계에서는 서로 대립적인 승리-패배의 관계로 특징지어지는 체제보다 협력 체제에서 더 나은 결과가 나올 것이다. 전통 관리 구조에서는 대개 종업원들과 지역 공동체를 희생시키고 고위 간부들과 자본 투자자들 같은 일부 집단의 이익을 꾀함으로써 이해관계자들의 갈등이 악화되는 경우가 많다. 앞으로는 경영 시스템과 조직 구조에 공동체 정신과 시민 의식이 명백히 반영되어야 한다. 모든 이해 당사자 집단의 상호 의존성은 무시할 수 없는 것이다. 그것을 더 이상 그냥 지나쳐서는 안 된다.

탐사 항목 3. 비즈니스의 언어와 관습에 인간성을 부여하라

기업의 목표는 흔히 효율, 우위, 가치, 우세, 초점, 차별화 같은 말로 표현된다. 이런 목표들은 중요하게 인식되지만, 대부분 인간의 마음을 일깨우기에는 그 힘이 부족하다. 적응, 혁신, 몰입하는 역량이 진정으로 인간의 요구에 맞게 발휘되는 조직을 구축하기 위해서는 미래 경영의 선구자들이 명예, 진실, 사랑, 정의, 아름다움 등 영혼을 일깨우는 심오한 이상을 평범한 사업 활동에 주입시킬 방법을 찾아야만 한다. 이와 같은 만고불변의 미덕은 흔히 이례적인 성취를 촉진했다. 이런 미덕을 더 이상 경영 활동의 변두리로 밀어내서는 안 된다.

역량을 끌어내라

탐사 항목 4. 신뢰를 쌓고 공포를 줄여라

전통 경영 시스템은 보통 종업원의 헌신과 역량에 대한 깊은 불신을 반영하며, 복종을 강요하는 식으로 제재를 지나치게 중요시하는 경향이 있다. 그러나 조직의 회복력은 신뢰도가 높고 두려움의 정도가 낮은 조직 문화에서 생겨난다. 이런 환경에서 조직 구성원들은 위험을 감수하려 하고, 정보를 널리 공유하며, 논쟁의 빌미가 되는 의견도 자유로이 표현한다. 불신하면 사기가 꺾이고, 두려움에 떨면 무력해지기 마련이다. 따라서 21세기 조직에서는 전통 경영 시스템을 제거해야만 한다.

탐사 항목 5. 통제 수단을 다시 만들라

전통 통제 시스템에서는 창조성과 기업가 정신, 직원의 몰입을 희생시키고 높은 수준의 복종을 강제한다. 미래에는 어느 기업도 하나를 희생시키고 하나를 얻는 식의 운영을 할 수 없다. 규율 대 혁신의 난제를 해결하기 위해 미래 통제 시스템은 동료 평가의 비중을 늘리고 하향식 감독을 줄이는 방향으로 수립되어야 한다. 또한 미래 통제 시스템에서는 규칙과 제한의 속박을 느슨하게 하면서 공유 가치와 열망의 힘을 활용해야 한다. 목표는 개개인이 자기 절제를 하는 조직을 구성하는 것이다.

탐사 항목 6. 상상력을 더욱 고취하라

우리는 인간의 창의성을 불러일으키는 법을 많이 알고 있다. 이를테면 우리는 혁신 도구를 갖추게 하고, 생각할 시간을 따로 주고, 실패를 비난하지 않으며, 우연히 학습할 수 있는 기회를 만들어주는 등 여러 방법으로 직원들의 창의성을 고취시킨다. 그러나 이러한 지식은 우리의 경영 시스템에 별로 녹아들지 않았다. 더 심각하게는 많은 기업들이 혁신에 차등을 두는 시스템을 제도화했다. 그래서 기업들은 거의 모든 직원들이 상상력이 부족하다고 간주하여 직원들에게 창의성을 발휘하기 위한 시간과 공간을 제공하지 않는다. 그러면서 소수의 직원들에게만 창의적 역할을 부여하고 창의성을 이끌어내기 위한 시간을 제공한다. 따라서 창의성은 널리 분포되어 있는 것이어서 체계적으로 고양해야 한다는 전제를 바탕으로 미래 경영 시스템을 구축해야 한다.

탐사 항목 7. 다양성을 확장하고 활용하라

다양성은 종의 생존은 말할 것도 없고 조직이 지속적으로 생존하는 데 반드시 필요하다. 경험과 가치, 역량의 다양성을 크게 확대하지 않는 조직은 전략적 쇄신을 촉진하는 독특한 아이디어와 실험적인 생각 등을 불러일으키지 못할 것이다. 미래 경영 시스템은 반드시 순응, 합의, 화합에 가치를 두는 만큼 다양성, 의견 차이, 의견의 다양성에 가치를 두어야 한다.

탐사 항목 8. 열정의 공동체가 형성되게 하라

열정은 특히 생각이 비슷한 개인들이 훌륭한 명분을 좇아 모여들 때 인간의 노력을 증대시키는 작용을 한다. 그러나 기업의 종업원들이 대부분 업무에 감정적으로 몰입하지 않음을 수많은 자료를 통해 확인할 수 있다. 그들은 재능을 충분히 발휘하지 못하고 있으며, 그 때문에 조직이 실적을 제대로 못 내고 있다. 따라서 기업들은 열정의 공동체가 활성화되도록 애써야 한다. 그러기 위해 개인들이 업무에서 더 높은 소명을 찾게 하고, 열정이 비슷한 직원들을 연결해주고, 구성원들의 타고난 관심에 맞춰 조직의 목표를 잘 조정해야 한다.

탐사 항목 9. 일과 놀이의 경계를 허물라

인간은 일을 놀이처럼 느낄 때 생산성을 최대한 발휘한다. 즉 직원들은 일을 즐길 때 열정과 상상력, 지략을 발휘한다. 그래서 미래에는 일과 놀이의 경계를 허무는 조직이 성공할 것이다. 이는 실질적으로 조직 구성원 개개인이 자신의 업무를 선택하게 하고, 반복되는 업무를 인기 온라인 게임처럼 전환하거나 매우 다양한 직무를 수행하는 역할을 창출해야 함을 의미한다. 지난 100년에 걸쳐 비효율성을 없애는 측면에서 엄청난 진보가 이루어졌다. 이제 경영 혁신자들이 업무에 재미를 더해야만 하는 시대가 왔다.

쇄신을 촉진하라

탐사 항목 10. 방향 설정 작업을 공유하라

어제의 선각자들은 특히 변화가 극심한 지금의 세상에서 내일의 기회를 쟁취하지 못할 것이다. 비즈니스 환경이 더욱 복잡해지고 격동에 휘말림에 따라, 소수의 최고 경영진이 조직 쇄신의 내용과 그 방향을 공유하기가 점점 더 어려워질 것이다. 따라서 미래의 방향을 정하는 조직의 책임이 널리 공유되어야 한다. 참다운 참여 프로세스를 구축함으로써 직원들이 업무에 사력을 다하도록 해야 한다. 미래의 방향을 설정할 때는 권한과 지위가 높은 사람보다 식견과 통찰력 있는 사람의 의견을 들어야 한다.

탐사 항목 11. 진화의 힘을 활용하라

격동의 시대에는 한 치 앞을 알 수 없고 장기 계획의 가치는 제한

된다. 하향식 분석 방법을 통해 유일한 최선의 전략을 찾는 경영 프로세스는 다양성(수많은 의견 발생)과 선택(핵심 전제를 신속히 테스트하기 위해 저비용의 실험 활용), 유치(시장에서 가장 잘 통하는 아이디어에 자원 투입을 늘림)의 생물학적 원칙에 기반을 둔 모델로 대체되어야만 한다.

탐사 항목 12. 조직을 파괴하고 분해하라

기회가 빛의 속도로 나타났다 사라지는 환경에서 조직은 신속히 역량과 인프라를 재편할 수 있어야 한다. 하지만 유감스럽게도 많은 기업에서는 단위 조직 간의 견고한 벽, 기능적 사일로functional silos, 정치적 지배권 등으로 인해 역량과 자산을 신속히 재편하지 못하고 있다. 대규모 조직 단위에서는 하나의 사고방식이 우세한 경향이 있으며, 그로 인해 실험의 범위가 제한된다. 기업은 적응성을 더 높이기 위해 조직을 더 작은 단위로 재편하고 더 유동적인 프로젝트 기반 체계를 구축해야 한다.

탐사 항목 13. 아이디어와 인재, 자원을 배분하기 위한 내부 시장을 만들라

장기적으로 볼 때 계층제 구조에 비해 자원 배분이 원활한 시장에서 더 나은 결과가 나온다. 기업에서 자금 제공에 관한 의사 결정은 흔히 하향식으로 이루어지며 정치적 요인의 영향을 많이 받는다. 반대로 뉴욕증권거래소 같은 시장 기반 시스템에서 자원 배분은 매우 분권화되어 있으며 정치와 관련이 없다. 그렇다. 시장은 단기적인 사실 왜곡에 취약하지만, 결국에는 대규모 조직에 비해 적절한 기회

뒤에 있는 적절한 자원을 확보하기 용이하다. 자원 배분을 더욱 유연하고 비정치적으로 실현하기 위해 기업들은 새로운 계획과 낡은 정책이 인재와 자본을 확보하기 위해 대등한 경쟁 상황에 놓이는 내부 시장을 만들어야만 한다.

탐사 항목 14. 의사 결정에서 정치색을 없애라

거의 모든 기업에서는 직위가 높은 사람이 중요한 결정을 내린다. 이와 같은 의사 결정 과정에서 고위 관리자들은 좀처럼 일반 직원들에게 의견을 구하지 않는다. 이런 태도는 적어도 세 가지 점에서 문제가 된다. 첫째, 최고위층의 의사 결정은 흔히 경영진의 자만심, 지위적 편견, 불완전한 자료로 인해 왜곡된다. 둘째, 일선 직원들은 중대한 전략의 창출이나 삭제에 관한 실질적 문제를 평가하는 데 최적의 위치에 있다. 셋째, 비즈니스 환경이 갈수록 복잡해지고 있어서 핵심적인 의사 결정을 좌우하는 변수들이 계속 증가할 것이다. 이 모든 이유 때문에 기업들은 정치적 중립이 유지되고, 조직의 집단적 지혜를 활용하고, 다양하고 폭넓은 관점과 생각을 수렴하는 의사 결정 프로세스를 마련해야 한다.

권한을 분산하라

탐사 항목 15. 자연적이고 유연한 계층제를 형성하라

계층제는 인간 조직에 한결같이 나타나는 특성이지만, 하향식 권한 구조로 인한 폐해를 시급히 막아야 할 필요성이 대두되었다. 계층제의 전형적인 문제는 무엇일까? 계층제 조직에서는 새로운 사고를 억누르고 경험을 우선시하고, 부하 직원들에게 상사를 선택할 수 있는 영향력을 거의 부여하지 않으며, 역량의 차이가 무시된 권한의 불균형이 지속된다. 또한 권한이 분배되어야 하는데도 보상책을 만들어 관리자들이 권한을 축적하게 하고, 공식 권한이 거의 없는 직원들의 자부심을 약화시킨다. 이런 폐단을 없애기 위해 공식 계층제를 자연적인 계층제로 대체해야 한다. 자연적인 계층제에서는 직위가 아닌 기여도에 따라 지위와 영향력이 달라진다. 엄격한 계층제는 더욱 역동적으로 발전되어야 한다. 그래야 가치를 창출했거나 창출하지 못한 사람을 향해 권한이 자연스럽게 흘러가거나 흘러나오게 된다. 또한 단일의 계층제보다는 핵심 기술 영역에서 전문성의 척도가 될 만한 계층제가 수없이 많이 형성되어야 한다.

탐사 항목 16. 자율성의 범위를 확대하라

대개 대규모 조직의 일선에서 일하는 개인들은 변화를 주도할 만한 힘을 지니지 못한다. 또 자율적인 시간의 부족, 엄격한 관료적 지침들, 자본 접근 제한 등의 요인으로 일선 직원들의 자율권이 제한되고 조직의 자발적 쇄신 역량이 약화된다. 조직의 적응성과 직원들의 몰입도를 높이기 위해 직원들의 자율권 범위를 대폭 확대해야만 한다. 경영 시스템은 지역적인 실험과 현장 직원들의 자발적 활동을 촉진하는 방향으로 운영되어야 한다.

탐사 항목 17. 리더십의 초점을 협동과 멘토링으로 재조정하라

자연적인 계층제에서는 자연적인 리더들, 즉 공식 권한이 없어도 사람들을 동원할 수 있는 개인들을 필요로 한다. 리더는 더 이상 '위엄 있는 선지자'나 '가장 현명한 의사 결정권자', '대담한 협상의 해결사'가 아니라 '사회적 설계자'나 '헌법 작성자', '의미를 전달할 수 있는 기업가'로 인식되어야 한다. 또한 리더는 동료들이 협력하고 혁신하며 역량을 발휘할 수 있는 환경을 조성하는 것을 주요한 책무로 삼아야만 한다.

탐사 항목 18. 정보를 민주화하라

관리적 권한은 대대로 정보의 통제력에 따라 결정되었다. 정보를 숨기는 경우, 직원들이 영향력을 박탈당하고 불신이 조장되며 현장에서 신속히 의사 결정을 하기가 어려워진다. 기업은 실적 정보를 조직 전반과 공유해야 하며, 일선 직원들에게 최대한 많은 정보를 제공해야 한다. 미래에는 기업들이 3차원 정보 시스템을 구축해야 할 것이다. 그래야 전 직원이 조직의 최대 이익을 추구하는 데 필요한 데이터와 지식을 갖추게 된다.

탐사 항목 19. 반대자에게 힘을 실어주라

대개 자리를 지키고 있는 사람들보다는 반대자들이 업계를 재편한다. 왜 그럴까? 오랫동안 자리를 지켜온 간부들은 흔히 그들만의 견고한 신념을 깨뜨리려고 하지 않는다. 이단적인 사고를 자극하고 반대 의견을 정당화하는 경영 시스템을 구축하라. 힘 있는 경영진이 불편한 아이디어를 죽이지 못하게 하는 경영 시스템을 구축하라. 그것이 해법이다.

조화를 추구하라

탐사 항목 20. 전체적인 성과 측정 척도를 개발하라

기존의 성과 평가 시스템에는 결함이 많다. 첫째, 분기 수익 목표 달성과 같은 일부 목표 달성을 과대평가하는 반면에 신성장 플랫폼 구축과 같은 다른 목표 달성을 과소평가한다. 둘째, 최고 경영층의 의사 결정에 들어가는 환경적·사회적 비용을 무시한다. 셋째, 고객 중심 혁신의 범위와 규모 등 창조적 경제에서 가치를 일으키는 요소들과 잘 조화되지 않는다. 이러한 왜곡과 한계를 극복하기 위해 전체적인 성과 측정 척도를 개발해야 한다.

탐사 항목 21. 전통적인 트레이드오프를 뛰어넘어라

예부터 기업 조직은 규모와 유연성, 수익과 성장, 집중과 실험, 통제와 자율 등 외견상 도저히 양립할 수 없는 상충 상황에 놓여왔다. 모든 직급의 직원들이 그러한 상충 관계를 얼마나 잘 관리하는가에 따라 조직의 성공이 좌우된다. 이러한 경향이 갈수록 심해지고 있다. 전통 경영 시스템은 대개 보편적인 정책에 기반을 두었는데, 다른 목표를 훼손시키면서 구조적으로 특정한 목표를 선호하는 식이었다. 이와 반대로 미래의 경영 시스템은 일선 직원들이 순간의 상충 상황을 최적화할 수 있도록 정보와 자율권을 제공함으로써 상반된 목표 사이의 건전한 경쟁을 촉진시키는 기능을 해야 한다. 목표는 분권화된 네트워크만큼 유연하고, 단단히 통제된 계층제만큼 효율적인 조직을 구축하는 것이다.

탐사 항목 22. 경영의 시간적 틀과 시야를 확장하라

보상과 인센티브 시스템 때문에 경영의 시간적 틀이 좁아지고 경영의 우선순위가 왜곡되는 경우가 많다. 한 연구 조사에 따르면 실행 가능한 새로운 계획에 투자하여 분명히 순 현재가치를 상승시킬 수 있는데도 현재의 수익이 줄어드는 경우 경영진이 투자를 기피한다는 점이 시사되었다. 경영진이 장기적인 주주 가치를 창출하는 데 집중하게 하는 인센티브 시스템을 마련하는 것이 경영 혁신의 최우선 순위이다.

의식구조를 개조하라

탐사 항목 23. 오른쪽 두뇌를 단련하라

경영자 훈련은 대대로 연역적 추론, 분석적 문제 해결, 솔루션 엔지니어링 등을 훈련시키면서 좌뇌형 사고를 단련하는 데 중점을 두었다. 갈수록 격변하는 세상에서는 이원 학습$_{\text{double-loop learning}}$, 시스템적 사고, 디자인적 사고, 창조적 문제 해결, 사회적 의식 등 새로운 인지 기술cognitive skills이 요구된다. 경영대학원과 기업은 경영자들이 그런 기술을 습득할 수 있도록 경영자 훈련을 재설계해야 한다.

탐사 항목 24. 열린 세계를 위해 경영을 재편성하라

오늘날 가장 성공한 비즈니스 모델은 대부분 조직의 경계를 초월하는 가치 창출 네트워크와 사회적 생산 형태를 밑바탕으로 하고 있다. 이와 같은 환경에서는 보통의 경영 도구들이 비효율적이거나 비생산적일 수도 있다. 예컨대 자발적 참여자들과 독립적 행위자들의 네트워크에서는 리더가 공동체를 관리하기보다 공동체에 활력을 불어넣고 자율권을 부여해야 한다. 열린 혁신과 가상 협력이 벌어지는 세계에서 승리하기 위해 인간의 노력을 집결시키고 조정하는 새로운 방법을 개발해야 한다.

탐사 항목 25. 경영의 철학적 토대를 재건하라

미래의 조직은 탁월한 관리 능력 이상의 역량을 갖춰야 한다. 또한 미래의 조직은 변화에 적응하고 혁신하고 영감을 고취하며 사회적 책임을 다해야 한다. 이런 역량을 조직에 고취시키기 위해 경영학자들과 경영 실천가들이 경영의 철학적 토대를 재고해야 한다. 이를 위해 인류학, 생물학, 디자인, 정치학, 도시계획, 신학 등 다양한 분야에서 새로운 경영 원칙을 탐색해야 한다. 매니지먼트 2.0 시대를 열어나가기 위해 우리는 기술자와 회계사 이외의 사람들에게 도움을 구해야 한다. 또한 우리는 예술가, 철학자, 디자이너, 생태학자, 인류학자, 신학자 등 각계각층 사람들의 아이디어를 활용해야 한다.

이분법적 사고를 넘어서

이 탐사 항목들을 실천해나간다면 우리의 조직을 탈관료화하고 인간 역량의 굴레를 벗어던지는 데 도움이 될 것이다. 그래도 오늘날의 경영 관행에서 비롯되는 이점을 포기하지 않으면서 현재의 한계를 극복하는 것을 목표로 삼아야 한다.

부주의와 비능률이 부작용으로 나타났다면, 조직의 편협함과 타성을 치유하는 방안을 찾는 것은 이치에 닿지 않는다. 현재의 문제에 적합한 해법을 찾아야 한다. 더불어 지금보다 훨씬 더 적응을 잘하고 혁신하고 영감을 고취하면서도, 그에 못지않게 효율적이고 성과 중심적이며 기강 있는 조직을 만들어야 한다.

이를 위해 우리는 목적과 수단을 구분해야 한다. 경영진이 중대한 사업 목표를 달성하는 덜 관료적인 방법을 찾지 못해서 해묵은 경영 관행을 고수하는 경우가 많다. 예컨대 기업들은 보통 출장에 관한 세부적인 규정을 운영하고 있다. 직원들은 출장을 가기 전에 허가를 받아야 하며, 엄격한 지출 규정을 따라야 한다. 출장 경비 지출 내역을 감독하는 것에 반발하는 직원은 거의 없지만, 그러한 목적을 달성하는 덜 관료적인 방법이 없는지 고민해야 한다. 전 직원의 지출 내역을 내부 전산망에 공개하여 낭비벽 심한 직원들이 동료들의 압박을 받게 하는 것도 하나의 대안이다. 실제로는 투명성을 지키는 것이 규정집의 내용을 철저히 지키는 것만큼 효과가 있다. 그렇게 하면 감시자가 필요 없기 때문에 언제나 더 융통성 있게 일을 처리할 수 있고 비용도 줄일 수 있다.

이 책을 시작했던 시점으로 되돌아가 보자. 글로벌 금융 위기를 떠올려보라. 세계 최대 은행들이 오만과 탐욕의 화염에 휩싸였을 때 놀란 눈으로 재앙을 지켜본 사람이, 문제가 어느 정도는 관료제에 있는 것이 아닐까 궁금해하는 것도 무리가 아니다. 결국에는 직원들을 통제하고 감독하는 관료제 장치(수많은 규정, 철저한 감독, 정기적 평가)가 문제다. 의심할 여지 없이 보너스에 탐닉한 은행가들에게 고삐를 채웠다면, 지금 모든 사람들이 더 나은 삶을 살고 있을 것이다.

역동적인 환경에서는 의사 결정권을 분배해야 한다. 그러지 않으면 조직이 상황에 따라 흔들리고 변화에 잘 적응하지 못한다. 일촉즉발의 위험이 도사리는 현대 금융 세계에서도 권력의 집중화와 엄격한 통제는 무분별한 위험 부담을 해결하는 최선의 방법은 아닐 것이다. 최전선에 있던 사람들, 즉 기이한 금융상품을 창안하고 판매한 '금융의 귀재들'은 재무제표상의 위험과 중기 수익성에 미친 영향에 대해 책임을 져야 한다. 그래도 최근 들어 그들 중 다수가 유독 상품을 폐기하는 수준에서 책임을 졌다. 은행가들에게도 여타 업종의 종업원들과 마찬가지로 장기적 비전을 견지하게 하는 장려책이 필요하다. 그래서 은행가들은 스스로를 막대한 보상에 자극받는 용병이 아니라 '재산 관리인'으로서 바라봐야 한다. 그래서 자신들을 신뢰하는 모든 이들의 이익을 보호할 책임을 져야 한다. 위험 관리 또한 중앙에서 전담하기보다 투명성 확보와 동료 평가를 밑바탕으로 하여 책임을 분산해야 한다. 실적을 중시하는 업종에서는 조직이 과도한 탐욕에 빠지지 않도록 고차원의 목적과 공동체의 소속감을 고취해야 한다.

내부로부터 감독하고, 경영의 시간적 틀을 향후 1년 이상으로 확대하라. 숭고한 사명을 위해 열정을 불태워라. 공동체 정신을 함양하라. 이런 탐사 항목들은 은행가들의 '식욕 이상', 즉 지난 세기 금융 서비스 산업을 특징짓는 '폭식 후 토해 내는 악순환'에 대한 장기적 해법의 필수 구성 요소가 될 것이다.

모든 탐사 항목이 새로운 것은 아니다. 많은 사람들이 대기업의 고질적인 문제들을 지적한다. 지금까지 탐사 항목들을 열거한 것은 장기간 곪은 문제들에 대한 새로운 해법을 찾아보자는 데 그 목적이 있다. 알려져 있듯이 게이츠 재단Gates Foundation은 말라리아 퇴치에 앞장서고 있다. 그런데 이는 새로운 목표가 아니다. 그 임무를 이끄는 사람들은 참신한 아이디어와 신치료법, 신배송체계가 결국에 역사적 결과로 이어질 것이라고 확신한다. 비슷한 맥락에서 낡은 신념에 좌우되지 않는 새로운 사고방식 그리고 인터넷에서 사회적 혁명의 불씨가 된 새로운 도구들이 우리가 인습적인 경영 관행의 한계에서 벗어나는 데 도움이 될 것이다.

도전이 두렵게 느껴질지 모르지만, 자신감을 갖길 바란다. 초창기 경영의 선각자들은 생각이 자유롭고 다루기 힘든 인간들을 말 잘 듣고 굽실대는 종업원으로 변화시켜야 했다. 그들은 인간의 본성을 못마땅하게 여겼다. 반면에 우리는 인간의 타고난 기질을 바탕으로 일하고 있다.

우리의 목표는 조직을 더욱 인간적으로 만드는 것이다. 대니얼 매컬럼Daniel McCallum(직무 기술서 개발자), 프레더릭 W. 테일러(과학적 관리법 창시자), 헨리 포드(포드 시스템 창시자) 등 초창기 경영의 선구자들은 그런 기회가 있는 우리를 부러워할 것이다.

이제 시작이다

여러분은 경영의 탐사 항목들 중 어느 하나를 실천할 만한 좋은 생각이 있을지도 모른다. 아마도 여러분은 가능과 불가능의 경계를 재정의하는, 통념을 벗어난 경영 방식을 떠올렸을지 모른다. 아니면 여러분은 다른 조직들이 어떻게 일반적인 경영의 한계를 극복하는지 호기심이 발동했을지 모른다.

그렇다면 경영 재창출이 목표인 세계 최초의 열린 혁신 프로젝트 www.hackmanagement.com을 방문해도 좋다. 사이트를 방문하면 세계 최고 혁신 기업들에 대한 풍부한 사례 연구가 눈에 들어온다. 또한 경영을 재정립하기 위한 과격한 계획들을 대거 확인하게 된다. 우리가 알고 있듯 그 모든 것들은 경영의 탐사 항목들을 바탕으로 수립되었다.

여러분이 이 책을 통해 한 가지는 깨달았으면 좋겠다. 우리에게는 새로 시작할 수 있는 기회가 있다. 비윤리적이고 융통성 없고 비인간적인 조직과 함께할 필요가 없다. 우리는 숭고한 사명을 추구하는 조직, 모든 창의적 충동을 높이 사는 조직, 시대에 앞서서 변화하는 조직, 관료제를 탈피한 조직을 구축할 수 있다. 쉽지는 않을 것이다. 그럼에도 이 책을 통해 영감을 얻고 경영 혁신을 위한 지침을 발견했기를 바란다.

그 어느 때보다도 지금 중요한 것은, 기존의 전제에 의문을 제기하면서 자만심을 버리고 기존의 원칙을 재고하며 시야를 넓히는 것이다. 그리고 다른 사람들에게도 이런 활동을 요구하는 것이다. 우리는 미래에 적합한 조직을 구축하기 위해 반드시 해야 할 일들을 대략적으로 알고 있다. 다만 문제는 '누가 이끌고 누가 따를 것인가?' 하는 것이다. 무엇보다 어떤 답이 나오는가가 가장 중요하다.

우리에게는 새로 시작할 수 있는 기회가 있다. 비윤리적이고 융통성 없고 비인간적인 조직과 함께할 필요가 없다. 우리는 숭고한 사명을 추구하는 조직, 모든 창의적 충동을 높이 사는 조직, 시대에 앞서서 변화하는 조직, 관료제를 탈피한 조직을 구축할 수 있다. 쉽지는 않을 것이다. 그럼에도 이 책을 통해 영감을 얻고 경영 혁신을 위한 지침을 발견했기를 바란다.

| 주 |

1장

1. 중요한 것을 앞에 두라

1. "Nurses Top Honesty and Ethics List for 11th Year", http://www.gallup.com/poll/145043/Nurses-Top-Honesty-Ethics-List-11-Year.aspx.
2. "Report: Socially Responsible Investing Assets in US Top $3 Trillion; Nearly 1 out of Every 8 Dollars Under Professional Management", https://ussif.org/news/releases/pressrelease.cfm?id=168.

2. 위기의 시련 속에서 학습하라

1. "Ex-CEO: 'Market forces' Killed Bear Stearns", http://www.msnbc.msn.com/id/36958429/ns/business-us_business/t/ex-ceo-market-forces-killed-bear-stearns/.
2. 2009 Financial Crimes Report, Federal Bureau of Investigation, http://www.fbi.gov/stats-services/publications/financial-crimes-report-2009/financial-crimes-report_2009#mortgage.
3. Gary Rivlin, "The Billion-Dollar Bank Heist", *Newsweek*, July 18, 2011, p. 10.
4. "How AIG Became Too Big to Fail", http://www.time.com/time/magazine/article/0,9171,1886538,00.html.
5. "World of Work Report 2008 - Global Income Inequality Gap Is Vast and Growing", http://www.ilo.org/global/about-the-ilo/press-and-media-centre/news/WCMS_099406/lang--en/index.htm.

3. 땀의 가치를 재발견하라

1. Franklin Roosevelt's First Inaugural Address, http://en.wikisource.org/wiki/frankiln_Roosevelt%27s_First_Inaugural_Address.

4. 자본주의의 위험한 자만심을 버려라

1. Shiela M.J. Bonini, Kerrin McKillop, and Lenny T. Mendonca, "The Trust Gap Between Consumers and Corporations", *Mckinsey Quarterly*, 2007, Number 2, pp. 7~10.
2. "Congress Ranks Last in confidence in Institutions", http://www.gallup.com/poll/141512/congress-ranks-last-confidence-institutions.aspx.

2장

1. 혁신을 고수하라

1. Data from Angus Maddison, *The World Economy: A Millennial Perspective*, Organization for Economic Cooperation and Development, Paris: Organization for Economic Cooperation & Development, 2001
2. 미하이 칙센트미하이, 《몰입, FLOW》, 한울림(2005).
3. 탈 벤 샤하르, 《해피어》, 위즈덤하우스(2007).

2. 세계 최고의 혁신 기업 목록을 만들라

1. "The World's Most Innovative Companies 2010", http://www.fastcompany.com/mic/2010.
2. "The 50 Most Innovative Companies 2010", http://www.businessweek.com/interactive_reports/innovative_companies_2010.html.
3. "The Journal's Top 10", *The Wall Street Journal*, http://online.wsj.com/public/resources/documents/info-GREATEST08.html.
4. "IFI CLAIMS Announces Top Global Companies Ranked by 2010 U.S.Patents", http://www.ificlaims.com/news/top-patents.html.

5. "Will Intel Finally Crack Smartphones?" http://www.businessweek.com/magazine/content/11_25/b4233041946230.htm.
6. "IFI CLAIMS Announces Top Global Companies Ranked by 2010 U.S.Patents", http://www.ificlaims.com/news/top-patens.html.
7. 창조적 생각에 관한 IDEO의 접근법이 궁금하다면 다음의 책을 보라.
Tom Kelly, *The Art of Innovation*, Random House, 2001.
8. 2010년 7월 낸시 스나이더와의 전화 통화.

3. 디자인 의식을 고쳐시켜라

1. 2009년 10월 5일 IDEO의 CEO 팀 브라운과의 개인적 대화.

4. 혁신의 문외한을 혁신의 프로로 만들라

1. Ben Hogan, *Five Lessons: The Modern Fundamentals of Golf*, New York: Simon & Schuster, 1957.
2. "Your Guide to Cutting the Cord to Cable TV", http://www.pbs.org/mediashift/2010/01/your-guide-to-cutting-the-cord-to-cable-tv008.html.
3. "Some Chinese Kids' First English Word: Mickey", http://www.businessweek.com/magazine/content/11_25/b4233024744691.htm.

5. 애플을 해부하고 분석하라

1. Corporate Financials Online, http://www.cfonews.com/atxa/d092898z.txt.html.
2. "Nine out of 10 Premium-Priced PCs Sold at U.S. Retail Is a Mac", http://www.betanews.com/joewilcox/article/Nine-out-of-10-premiumpriced-PCs-sold-at-US-retail-is-a Mac/1265047893.
3. "Apple iTunes: 10 Billion Songs Later", http://tech.fortune.cnn.com/2010/02/24/apple-itunes-10-billion-songs-later/.
4. 필자의 분석.
5. "Android's Pursuit of the Biggest Losers", http://www.asymco.com/2010/08/17/androids-pursuit-of-the-biggest-losers/.
6. "Financial History of the Apple Retail Store", http://www.macworld.com/article/159499/2011/05/applestoreinancials.html.

7. "Apples for Sale on New York City's Upper West Side", http://abcnews.go.com/Technology/AheadoftheCurve/apple-store-opens-york-citys-upper-west-side/story?id=9074803.
8. http://en.wikipedia.org/wiki/App_Store_(iOS).
9. Apple Events, January 2010, http://www.apple.com/apple-events/january_2010/.

3장

2. 엔트로피의 적이 되라

1. Alexis de Tocqueville (trans. by Arthur Goldhammer), *Tocqueville: Democracy in America*, New York: Library of America, 2004, p. 12.
2. Dinesh D'Souza marshals the evidence for this assertion in *What's So Great About Christianity?* Washington, D.C.: Regnery, 2007.
3. John Meacham, "The End of Christian America", *Newsweek*, April 4, 2009.
   See also chapter 13, "Religion and Good Neighborliness", in Robert D. Putnam and David E. Campbell, *American Grace: How Religion Divides and Unites Us*, New York: Simon & Schuster, 2010.
4. John Meacham, "The End of Christian America".
5. Ibid.
6. David T. Olson, *The American Church in Crisis*, Grand Rapids, MI: Zondervan, 2008, p 36.
7. Ibid., pp. 35~36.
8. David Kinnaman and Gabe Lyons, *Unchristian*, Grand Rapids, MI: Baker Books, 2009, p. 25.
9. ARIS (American Religious Identification Survey) 2008, http://www.americanreligionsurvey-aris.org/reports/ARIS_Report_2008.pdf.
10. Thomas S. Rainer and Sam S. Rainer III, "Surprising Insights", *Outreach*, January-February 2007.
11. ARIS(American Religious Identification Survey) 2008, http://www.americanreligionsurvey-aris.org/reports.ARIS_Report_2008.pdf.
12. "Making Sight Affordable", http://www.mitpressjournal.org/doi/pdf/10.1162/

itgg. 2007.2.4.35.

5. 조직의 미래 경쟁력을 강화하라

1. "Can Google Stay on Top of the Web?" //http://www.businessweek.com/magazine/content.09_41/b4150044749206.htm.
2. "Toyata Adopts New Flexible Assembly System", http://wardsautoworld.com/ar/auto_toyota_adopts_news/, and "Toyota's Global Body Shop", http://money.cnn.com/magazines/fortune/fortune_archive/2004/02/09/360102/index.htm.

4장

1. 불미스러운 작은 비밀을 드러내라

1. "Towers Perrin Global Workforce-Global Report, 2007-2008", pp.4, http://www.towersperrin.com/tp/getwebcachedoc?webc=HRS/USA/2008/200803/GWS_Global_Report20072008_31208.pdf
2. Ibid., p. 5
3. 다음의 책을 읽으면 직원 몰입도와 실적의 연관성을 깊이 고찰할 수 있다. 라젠드라 시소디어, 데이비드 울프, 잭디시 세스, 《위대한 기업을 넘어 사랑받는 기업으로》, 권영설 등역, 럭스미디어(2008).
4. "Apple Now Bigger Than Nokia in Mobile Biz", http://blogs.computer-world.com/18171/apple_now_bigger_than_nokia_in_mobile_biz.

2. 조직보다 조직 구성원 개개인을 먼저 생각하라

1. "Nurses Top Honesty Ethics List for 11th Year", http://www.gallup.com/poll.145043/nurses-top-honesty-ethics-list-11-year.aspx.
2. "Trust in Business Rises Globally, Driven by Western Economies", http://www.scribd.com/full/26268655?access_key=key_1 ovbgbpawooot3hnsz3u.
3. "Kraft Rebuked for Broken Pledge on Cadbury Factory", http://www.guardian.co.uk/business/2010/may/26/kraft-censured-over-cadbury-take over-pledge.
4. "Congressional Performance", http://www.rasmussenreports.com/public_content/

politics/mood_of_america/congressional_performance.
5. "The Shape of the Emerging 'Deal': Insights from Towers Watson's 2010 Global Workforce Study", http://www.towerswatson.com/assets/pdf/global-workforce-study/TWGWS_Exec_Summary.pdf.
6. "Challenging Work and corporate Responsibility Will Lure MBA Grads", http://www.gsb.standford.edu/NEWS/research/montgomery_mba.html.
7. "Jobless Recovery in the U.S. Leaving Trail of Recession-Weary Employees in Its Wake, According to New Study", http://www.towerswatson.com/press/1365.

3. 열정의 공동체를 구축하라

1. "Church of England Sees Greater Decline in church Attendance", http://www.ekklesia.co.uk/node.11080.
2. "Attendance", http://www.churchsociety.org/issues_new/church/stats/iss_church_stats_attendance.asp.
3. "Churchgoing in the UK", http://news.bbc.co.uk/2/shared/bsp/hi/pdfs/03_04_07_tearfundchurch.pdf.
4. "WhyChurch: Belonging and Believing", http://www.whychurch.org.uk/trends.php.

5장

1. 경영 이념에 이의를 제기하라

1. W. Carus, ed., *Memoirs of the Life of the Reverend Charles Simeon*, London: Hatchard and Son, 1847, p. 47.
2. Max Weber, *The Theory of Social and Economic Organization*, ed. and trans. A. M. Henderson and Talcott Parsons, New York: Free Press, 1947, p.337.
3. Max Weber, speech to the Verein fur Sozialpolitik (Association for Social Policy) in 1909. From J. P. Mayer, *Max Weber and German Politics*, Appendix I, London: Faber & Faber, 1944, pp. 125~131. Quoted selection excerpted from: http://www.faculty.rsu.edu/users/f/felwell/www/Theorists/Weber/Max1909.html#Max.

3. 관리 부담에서 벗어나라

1. 이번 장은 〈하버드 비즈니스 리뷰〉 2011년 12월 호에 실린 내 논문 〈먼저, 관리자들을 모조리 해고하자First, Let's Fire All the Managers〉를 토대로 했다. 모든 저작권은 하버드 경영대학원 출판사에 있으며, 이 장의 내용은 하버드 경영대학원 출판사의 허락을 얻어 인용했다.
   참고 http://hbr.org/product/first-let-s-fire-all-the-managers/an/R1112B-HCB-ENG.
2. '구매위원회'는 모닝스타의 상향식 체제를 잘 보여주는 사례다. 모닝스타에서는 구매가 분권화되어 있지만, 동료들은 유사 물품을 대량구매하거나 동일한 판매회사와 거래할 때, 구매력을 결집시킴으로써 비용을 절약한다. 이를 위해 동료들은 여러 구매위원회를 구성하여 정기적으로 구매활동을 조정한다.
3. 현금 흐름이 고갈되면 어떻게 될까 궁금해할지도 모르겠다. 그런데 모닝스타는 강한 현금 유동성을 갖추고 있어서 매년 상당한 자본투자를 할 수 있다. 또한 장기 채무가 생길 일을 벌이지 않지만, 수익성이 충분히 있는 경우에는 단기 채무를 발생시키기도 한다.
   그래도 간혹 벌여놓은 사업에 비해 현금흐름이 부족한 경우 투자를 미루기도 한다. 다른 건 다 그렇다 쳐도 모닝스타의 재무담당자는 자금을 할당하기보다 자금을 확보하는 데 주력한다.

4. 조직의 피라미드를 뒤집어라

1. "The World's Most Modern management-in India", http://money.cnn.com/2006/04/13/magazines/fortune/fastforward_fortune/index.htm.
2. "HCL Best Employer in India, Says Hewitt Study", http://www.financial-express.com/news/hcl-best-employer-in-india-says-hewitt-study/442332/.
3. "The WorldBlu List", http://www.worldblu.com/awardee-profiles/2011.php.
4. Vineet Nayar tells the story of HICLT's transformation in *Employees First, Customers Second*, Boston: Harvard Business School publishing, 2010.

5. 원대한 목표를 향해 나아가라

1. 이번 장은 〈하버드 비즈니스 리뷰〉 2009년 2월 호에 실린 내 논문 〈매니지먼트 2.0 시대를 향한 25가지 탐사 항목Moon Shots for Management〉을 토대로 했다. 모든 저작권은 하버드 경영대학원 출판사에 있으며, 하버드 경영대학원 출판사의 허락을 얻

어 인용했다.
참고 http://hbr.org/2009/02/moon-shots-for-management/ar/1.
2. 전체 리스트는 아래에서 찾아볼 수 있다.
"Grand Challenges for Engineering", http://www.engineeringchallenges.org.

지금 중요한 것은 무엇인가

2012년 9월 17일 초판 1쇄 발행
2017년 6월 15일 초판 6쇄 발행

지은이 | 게리 해멀
옮긴이 | 방영호
발행인 | 이원주
책임편집 | 김효선
책임마케팅 | 조아라

발행처 | (주)시공사
출판등록 | 1989년 5월 10일(제3-248호)
브랜드 | 알키

주소 | 서울시 서초구 사임당로 82(우편번호 06640)
전화 | 편집(02)2046-2864 | 마케팅 (02)2046-2883
팩스 | 편집·마케팅 (02)585-1755
홈페이지 | www.sigongsa.com

ISBN 978-89-527-6686-1   13320

본서의 내용을 무단복제하는 것은 저작권법에 의해 금지되어 있습니다.
파본이나 잘못된 책은 구입한 서점에서 교환하여 드립니다.

알키는 (주)시공사의 브랜드입니다.